Pfister
Philosophie

Jonas Pfister

Philosophie

Ein Lehrbuch

Reclam

Dieser Band ergänzt den Band *Klassische Texte der Philosophie. Ein Lesebuch* (UB 18838)

MEINEN ELTERN

RECLAMS UNIVERSAL-BIBLIOTHEK Nr. 18767
2006, 2011 Philipp Reclam jun. GmbH & Co. KG,
Siemensstraße 32, 71254 Ditzingen
Druck und Bindung: Canon Deutschland Business Services GmbH,
Siemensstraße 32, 71254 Ditzingen
Printed in Germany 2018

ISBN 978-3-15-018767-8

www.reclam.de

Inhalt

*Die mit einem Sternchen * gekennzeichneten Abschnitte sind etwas anspruchsvoller.*

Vorwort zur ersten Auflage

Dieses Buch möchte den neugierigen Leser auf eine wahrscheinlich ungewohnte Weise in die Philosophie einführen: Antworten auf die großen Fragen der Philosophie – Antworten berühmter Philosophen von Sokrates und Platon über Descartes, Hume und Kant bis zu Wittgenstein und Quine – werden kurz dargestellt. Im Anschluss werden die Antworten Einwänden ausgesetzt. Und nun ist der Leser gefragt: Treffen die Einwände zu? Gibt es zu diesem oder jenem Einwand eine Entgegnung? Ließe sich nicht auch noch ein anderer Einwand vorbringen? Eine endgültige Antwort auf die Fragen wird dabei nicht geliefert. Jeder ist vielmehr gefordert, die Argumente genau zu prüfen und sich eine eigene Meinung zu bilden, eine Meinung, die er oder sie auf dem gegenwärtigen Stand der Erkenntnis mit gutem Grund vertreten kann.
Wo soll man beginnen? Zum Beispiel am Anfang: historisch und systematisch – in der Antike und bei der Philosophie. Aber das muss nicht sein. Wer sich für ein Thema besonders interessiert, der kann gleich im entsprechenden Kapitel einsteigen. Die Kapitel sind als eigenständige Texte konzipiert und können somit in jeder beliebigen Reihenfolge gelesen werden. Auch die Positionen innerhalb der Kapitel können grundsätzlich einzeln bearbeitet werden, wenngleich hier die Kenntnis der anderen Positionen jeweils wichtige Bezüge schaffen kann. Einige der Abschnitte sind anspruchsvoller als andere. Sie sind mit einem Sternchen gekennzeichnet.
Wie kann man das Buch einsetzen? Auf nahezu beliebige Weise. Man kann es einfach durchlesen. Oder man kann es als Einstieg in die Lektüre eines Primärtextes benutzen. Ebenfalls sinnvoll kann es sein, die Darstellung und die Einwände im Buch erst nach der Lektüre eines Primärtextes zu lesen, um damit das Verständnis zu vertiefen und die Gedanken anzuregen. Wer sich hingegen einen Überblick über die

Philosophiegeschichte verschaffen möchte, der kann die Einwände bei einer ersten Lektüre auslassen und nur die Darstellung der Positionen lesen. Allerdings dient die Auseinandersetzung mit den Einwänden nicht nur dem Nachdenken über die jeweilige Position, sondern kommt auch deren Verständnis zugute.

Noch ein Wort zum Anhang: Wer sich mit philosophischen Argumenten auseinandersetzt, der wird früher oder später auf Fragen der logischen Form treffen. Was ein gültiges Argument ist und wie man ein solches erkennt, wird im Kapitel »Logik« erläutert.

Nun wünsche ich dem Leser eine lehrreiche Lektüre. Ganz herzlich bedanken möchte ich mich bei Thomas Ruprecht für den unabsichtlichen Anstoß zur Idee dieses Buches und für Kommentare zu einer ersten Version; bei Klaus Petrus für Hinweise und Anregungen, wie sie kein anderer geben kann; bei Verena Thaler für die konstruktive Kritik seit Schreibbeginn und Unzähliges mehr; bei Andreas Graeser für die konstante Unterstützung; bei Annina Schneller für die Lektüre einer früheren Fassung; bei meinen Schülerinnen und Schülern am Gymnasium Bern-Neufeld, die eine frühere Version lesen mussten; bei Andreas Bächli, Sarah-Jane Conrad, Martina Fierz, Andreas Hohn, Guido Löhrer, David Lüthi, Laura Mercolli und nicht zuletzt bei Dietrich Klose für wertvolle Hinweise.

Bern, im April 2006 *J. P.*

Vorwort zur zweiten Auflage

Für die zweite Auflage wurden kleinere Fehler korrigiert, einige Literaturhinweise ergänzt und zwei neue Kapitel hinzugefügt, »Mensch« und »Angewandte Ethik«.

Bern und Freiburg i. Br., im August 2010 *J. P.*

Antike

Die Anfänge

Mit dem Übergang vom Mythos zum Logos beginnt in der Antike die Philosophie. Der Mythos ist die sagenhafte Erzählung, das Märchen. Der Logos ist die Vernunft, die vernünftige, wissenschaftliche Erklärung. Was den antiken Philosophen zunächst der Erklärung zu bedürfen scheint, ist das Problem des Einen und des Vielen: Wie ist die Vielheit der natürlichen Formen durch ein einziges Prinzip zu erklären? Für Thales von Milet (um 624–546 v. Chr.), der als einer der ersten Philosophen gilt, ist der Urstoff, aus dem alles hervorgegangen ist, das Wasser. Andere sehen den Urstoff in der Luft und wieder andere behaupten, das grundlegende Prinzip sei das Unendliche. Heraklit (um 550 – um 480 v. Chr.) sagt: »Alles fließt« (*panta rhei*) und betont damit die Vielfalt und Veränderlichkeit des Vielen auf Kosten des Einen, während Parmenides (um 540 – um 470 v. Chr.) die Realität von Erscheinungen als bloßen Schein entlarvt und stattdessen eine Wirklichkeit setzt, die eins ist, zusammenhängend und unveränderlich.

Wanderlehrer, die ihr Wissen für Geld verkaufen, sogenannte Sophisten, zum Beispiel Gorgias (485 – um 380 v. Chr.) und Protagoras (um 480 – um 410 v. Chr.), lenken die philosophische Diskussion von der Natur auf den Menschen und machen das Denken und die Sprache selbst zum Gegenstand der Untersuchung. Die meisten Sophisten vertreten einen starken Relativismus. Der Relativismus behauptet, dass alle Meinungen und Aussagen relativ sind, dass es keine objektive Wahrheit gibt. Protagoras verkündet, der Mensch sei das Maß aller Dinge (Homo-mensura-

Satz), was üblicherweise als die These interpretiert wird, dass die Wahrheit einer Aussage über die Welt vom Menschen abhängt. Dieser Relativismus führt viele Sophisten zu einem falschen Verständnis der Philosophie (s. S. 23f.): Da es keine objektive Wahrheit gibt, gehe es in der Philosophie nur darum, den Gesprächspartner durch geschickte Rhetorik von der eigenen Meinung zu überzeugen. Mit der Überwindung dieser These durch Sokrates beginnt die klassische Periode der antiken griechischen Philosophie.

Klassische griechische Philosophie

Zentrum der klassischen Periode der griechischen Philosophie (4. Jahrhundert v. Chr.) ist Athen. In diesem Stadtstaat (*polis*) ist die Demokratie organisch gewachsen und strahlt auf andere Stadtstaaten aus. Die freien Männer haben Muße, sich dem philosophischen Gespräch zu widmen, während den Frauen der Zugang dazu verwehrt bleibt. Drei Denker beherrschen die philosophische Szene: Sokrates, Platon und Aristoteles.

Sokrates, geboren um 470 v. Chr. in Athen, von dem man wenig weiß, weil er selbst nichts geschrieben hat, ist noch heute für viele ein Vorbild, sowohl in philosophischer als auch in menschlicher Hinsicht. In philosophischer Hinsicht ist besonders seine Auseinandersetzung mit den Sophisten zu nennen. Davon überzeugt, dass es die objektive Wahrheit gibt, strebt Sokrates unermüdlich nach Erkenntnis. In menschlicher Hinsicht ist die mit dem Streben nach Erkenntnis verbundene Bescheidenheit zu nennen. Diese drückt sich in seiner Einsicht aus, nichts zu wissen: »Ich sehe ein, dass ich nichts weiß.« Doch möchte er gerne wissen, was Wissen (oder Weisheit) ist. Auch auf diese Frage erhält er von niemand eine befriedigende Antwort. Laut Platon und anderen erklärt die heilige Pythia, die Priesterin beim Orakel zu Delphi, in ihrer gewohnt geheimnisvollen Art auf die Frage, wer der weiseste Mensch sei, Sokrates sei der Weiseste.

Sokrates versteht diese Antwort zunächst nicht. Er interpretiert sie dann dahingehend, dass er deshalb der Weiseste sei, weil er erkenne, dass er über die Einsicht in sein Unwissen hinaus keine Erkenntnis besitze. Diese Erkenntnis führt zu einer neuen Interpretation der Inschrift beim delphischen Orakel: »Erkenne dich selbst« (*gnothi seauton*). Traditionell wurde die Inschrift so verstanden, dass der Mensch seine sterbliche Natur erkennen soll, die ihn von den Göttern, den Unsterblichen, unterscheidet. Zieht man die Erkenntnis von Sokrates hinzu, besagt die Inschrift, dass der Mensch auch erkennen soll, dass er nicht zur vollkommenen Erkenntnis gelangen kann, denn diese besitzen nur die Götter.

Sokrates hält am Grundsatz fest, dass Unrecht zu tun schlimmer sei als Unrecht zu leiden. Höchstes Ziel im Leben ist das Glück, und dieses besteht darin, eine gerechte Seele zu besitzen (s. S. 33–35). Diese Einstellung wird ihm zum Verhängnis. Von der athenischen Regierung 399 v. Chr. der Gottlosigkeit und Jugendverführung angeklagt und zum Tode verurteilt, unterlässt es Sokrates, zu fliehen. Aufgrund der Einsicht, dass er mit einer Flucht Unrecht täte, nimmt er den Tod durch den Schierlingsbecher freimütig an.

Von diesem Ereignis erschüttert, entschließt sich Platon (427–347), der begabteste Schüler von Sokrates, die Gedanken seines Lehrers niederzuschreiben. Das Resultat, eine Sammlung von etwa dreißig Dialogen, gehört zum Kanon der großen Werke der abendländischen Philosophie. In den frühen Dialogen *Protagoras*, *Menon*, *Gorgias* und anderen wird hauptsächlich die Frage nach dem guten Leben diskutiert. In den Werken der mittleren Periode, zu denen die Meisterwerke *Phaidon*, *Symposion* und *Phaidros* zählen, geht es im Hintergrund immer um die Frage, wie sich die unveränderlichen abstrakten Formen des Seins, die platonischen Ideen, erkennen lassen, ebenso wie in der von vielen als Hauptwerk angesehenen *Politeia*, deren zentrale Frage die nach dem gerechten Staat ist. In seinen späten Werken, zum Beispiel im *Theaitetos*, *Sophistes* und *Politikos*, entwickelt Platon seine Gedanken weiter. Neben dem Schreiben ist Platon vor allem als Lehrer tätig und gründet 387 v. Chr. in Athen eine Schule, die als »Platonische Akademie« bekannt und noch jahrhundertelang bestehen wird.

Platons bekanntester Schüler ist Aristoteles (384–322 v. Chr.). Kurz nach Platons Tod zieht er nach Mazedonien, betätigt sich dort als Lehrer Alexanders des Großen und kehrt 335 v. Chr. nach Athen zurück. Hier gründet er die peripatetische Schule (so benannt nach dem Umherwandeln – *peripatein* – während der gemeinsamen Diskussion). Seine Hauptwerke sind die Schriften zur Logik (bekannt als *Organon*), die *Metaphysik* und die *Nikomachische Ethik*. Im *Organon* entwickelt Aristoteles den Syllogismus, die Form des logischen Schlusses, die für Jahrtausende maßgebend sein wird. In der *Metaphysik* argumentiert Aristoteles gegen Platons Annahme von Ideen, die losgelöst von den Einzeldingen existieren, und dafür, dass das Wesen der Dinge in ihnen selbst liege. In der *Nikomachischen Ethik* legt er eine Theorie des guten Lebens vor, welche die Ausbildung eines tüchtigen Charakters fordert. Wie Platon hatte auch Aristoteles einen sehr großen Einfluss auf die Philosophie.

Hellenismus

Das Ende der klassischen Zeit der griechischen Philosophie mit dem Tod von Aristoteles ist zugleich das Ende der griechischen Stadtstaaten. Diese verschwinden nach dem Aufstieg des Reiches von Alexander dem Großen ab 323 v. Chr. Die sich anschließende Periode des Hellenismus

(3. Jahrhundert v. Chr. bis 3. Jahrhundert n. Chr.) zeichnet sich in der Philosophie vor allem durch zwei rivalisierende Schulen aus: die der Stoiker (Stoa) und die von Epikur.
Die Stoiker teilen die Philosophie in Logik, Physik und Ethik ein. In der Logik erweitern sie die Syllogistik von Aristoteles. In der Physik lassen sie nur wahrnehmbare Gegenstände als wirklich gelten und vertreten einen strikten Determinismus, d. h., sie sind der Ansicht, dass die gegenwärtige Situation durch die vorherige bestimmt ist. In der Ethik entwickeln sie Sokrates' Gedanken weiter zu einer Askese, die sich auf das Wesentliche konzentriert. Gegründet wird die Stoa von Zenon von Kition (um 332 – um 265 v. Chr.), systematisiert von seinem Schüler Chrysipp (um 281 – um 206 v. Chr.). Zu den späten Stoikern zählen die römischen Philosophen Seneca (4 v. Chr – 65 n. Chr.) und Epiktet (50–138 n. Chr.).
Epikur (um 342 – 271 v. Chr.) und seine Jünger, die Epikureer, vertreten in der Physik die These, dass einige der kleinsten sich bewegenden Teile ihre Richtung durch Zufall verändern. Sie lehnen den Determinismus der Stoiker ab und glauben, damit die Willensfreiheit des Menschen zu retten (s. S. 49–53). In der Ethik vertreten sie einen Hedonismus, d. h., sie sind der Ansicht, das einzige Ziel sei die Lust. Auch damit stehen die Epikureer im Gegensatz zu den Stoikern. Allerdings sind diese Unterschiede nicht zu überschätzen, denn beide Schulen sehen das höchste Gut in der Tüchtigkeit, nur ist dieses für die Epikureer deshalb das höchste Gut, weil es die höchste Lust darstellt, für die Stoiker, weil es ein Wert an sich ist.
Die skeptische Akademie, eine dritte hellenistische Schule, wurde von Pyrrhon von Elis (um 365 – um 275 v. Chr.) gegründet. Der Römer Sextus Empiricus (um 200 – 250 n. Chr.) hat seine Gedanken dann systematisiert. Die Skeptiker behaupten, es gebe zu jedem Urteil ein gleich starkes Gegenurteil. Daraus ziehen sie den Schluss, nur die Urteilsenthaltung führe zur ersehnten Seelenruhe.

Das Ende der antiken Philosophie markiert Plotin (um 204 – 270 n. Chr.), dessen neuplatonische Lehre von einem geistigen Weg zur höchsten Idee (Gott) zugleich den Übergang zum Mittelalter weist.

Literaturhinweise

Hans Joachim Störig, *Kleine Weltgeschichte der Philosophie*, Frankfurt a. M.: Fischer, 1997.
Diese Geschichte der Philosophie ist spannend, leicht verständlich und bietet dem Einsteiger einen guten Überblick.

Wolfgang Röd (Hrsg.), *Geschichte der Philosophie*, 12 Bde., München: Beck, 1986 ff.
Diese Reihe enthält ausführliche Darstellungen zu einzelnen Epochen der Philosophiegeschichte, geschrieben von ausgewiesenen Kennern.

Ansgar Beckermann / Dominik Perler (Hrsg.), *Klassiker der Philosophie heute*, Stuttgart: Reclam, 2004.
Dieses Buch bietet einen Überblick über die Geschichte der Philosophie in 37 Einzelkapiteln, in denen jeweils ein Philosoph und sein Denken anhand eines für ihn bedeutsamen Problems vorgestellt wird.

I. Philosophie

Was ist Philosophie? Im Sinn der ursprünglichen altgriechischen Begriffe *philein* ›lieben‹ und *sophia* ›Weisheit‹ ist Philosophie die Liebe zur Weisheit, oder – freier übersetzt – die Suche nach Erkenntnis. Damit ist jedoch noch wenig gesagt, denn dies unterscheidet die Philosophie nicht von anderen Wissenschaften, etwa der Physik, der Psychologie oder der Geschichtswissenschaft. Die Frage, was die Philosophie auszeichnet, ist wiederum eine philosophische Frage. Und wie in der Philosophie so üblich, besteht auch in Bezug auf diese scheinbar fundamentale Frage keine Einigkeit. Diese Uneinigkeit mag ein Grund dafür sein, dass sich einige Vorurteile in Bezug auf die Philosophie und ihren Wert herausgebildet haben: Wenn keine Einigkeit besteht, dann zeigt dies, dass man gar nichts wissen kann; dass Philosophieren eine nutzlose Tätigkeit ist, bei der man nur um Meinungen streitet; dass es also sinnlos ist, sich überhaupt mit ihr abzugeben. Wer so spricht, weiß oft gar nicht, was Philosophie ist. Deshalb soll zunächst geklärt werden, was Philosophie ist, oder zumindest, was man darunter verstehen kann. Danach sollen die Vorurteile als Kritikpunkte noch einmal aufgenommen und genau untersucht werden. Abschließend wird versucht, die Frage zu beantworten, wozu Philosophieren gut ist.

1. Was ist Philosophie?

Einer der einflussreichsten Denker überhaupt, der griechische Philosoph Platon (427–347 v. Chr.), stellt in seinem Werk *Politeia* den Beginn der Philosophie mit einem Gleichnis dar, dem sogenannten »Höhlengleichnis«. Man denke sich Menschen, die angekettet in einer Höhle auf eine Wand schauen und nur Schatten von Dingen sehen, von denen sie jedoch glauben, sie seien die Wirklichkeit, weil sie nichts anderes kennen. Wird einer dieser Menschen von den Ketten befreit und wagt es, aus der Höhle herauszutreten, so wird er die wahren Ursachen der Schatten erkennen. Kehrt er zurück und will den anderen von seiner Entdeckung erzählen, so wird er von diesen verlacht, da seine Erzählung nicht dem entspricht, was sie täglich wahrnehmen.

Das Gleichnis stellt den Beginn der Philosophie dar: Philosophieren beginnt damit, dass man Gedanken über die Welt hinterfragt, seien es die eigenen oder die von anderen. Eine bestimmte Meinung wird nicht mehr bloß hingenommen, sie wird hinterfragt. Doch was genau heißt »hinterfragen«? Wer eine Meinung hinterfragt, der verlangt zweierlei: Er oder sie will wissen, was die Meinung genau bedeutet, und will wissen, ob die Meinung auch gut begründet ist. Mit Fragen dieser Art beschäftigt sich die Philosophie hauptsächlich: mit Bedeutungsfragen und mit Begründungsfragen.

Bedeutungsfragen

Solange nicht klar ist, was die Begriffe in einer geäußerten Meinung bedeuten, ist nicht klar, was die Meinung genau besagt. Äußert eine Person die Meinung, Philosophieren sei nutzlos, fragt die Philosophin oder der Philosoph nach: Was ist Philosophie? Was heißt »Philosophieren«?[1] Solange diese Frage nicht geklärt ist, kann man die Mei-

1 Wird ein Begriff nicht *gebraucht*, sondern *erwähnt*, um über ihn zu reden, werden Anführungszeichen gesetzt. Der Unterschied wird an folgenden Sätzen deutlich: »Bern ist die Hauptstadt der Schweiz«; »›Bern‹ bezeichnet die Hauptstadt der Schweiz«; »Bern hat einige hunderttausend Einwohner«; »›Bern‹ hat vier Buchstaben«.

nung auch nicht beurteilen, denn man weiß nicht einmal, worüber man spricht.

Bedeutungsfragen sind Fragen nach der Bedeutung von Begriffen. Doch nicht nach der Bedeutung irgendwelcher Begriffe fragt die Philosophie. Es geht ihr nicht um die Bedeutung von »Nähmaschine«, »Fußball« oder »Spazierstock«. Der Grund dafür ist jedoch nicht, dass diese Dinge zu weltlich wären oder dass sich über diese Begriffe nicht auch philosophieren ließe, sondern dass dies Begriffe sind, die zu wenig *allgemein* sind. Die Philosophie ist am Allgemeinen interessiert, oder, wie man auch sagen kann, am Prinzipiellen. Zum Beispiel fragt die Philosophie: Was ist ein materielles Objekt? Was ist der Geist? Wann ist der Mensch frei? Was gilt als ein Kunstwerk? Wann ist eine Gesellschaft gerecht? Was unterscheidet ein Zeichen, das Bedeutung hat, von einem, das keine Bedeutung hat? Worin besteht ein glückliches Leben? – Dies sind Fragen, mit denen sich die Philosophie beschäftigt.

Wie untersucht die Philosophie solche Bedeutungsfragen? Zum einen kann die Philosophie eine Definition für einen allgemeinen Begriff *setzen*. Sie kann zum Beispiel sagen: Wir nennen »materielles Objekt« etwas, das eine Ausdehnung hat. In diesem Fall ist die Definition weder richtig noch falsch, sie wird einfach gesetzt. Welche Definition einer anderen vorgezogen werden soll, hängt dann davon ab, wie leistungsfähig der Begriff in einer bestimmten Theorie ist, d. h. innerhalb einer Gruppe von Aussagen, die dazu dient, die Welt zu erklären. Zum anderen – und dies ist häufiger der Fall – versucht die Philosophie einen bestehenden Begriff zu *analysieren*, d. h., ihn in einfachere Begriffe zu zerlegen. Im Idealfall führt eine solche Begriffsanalyse zu einer Definition des Begriffs, die genau bestimmt, was unter den Begriff fällt. Leider ist ein solches Resultat eher selten. Dies ist einer der Gründe, weshalb auch die Begriffsanalyse umstritten ist.

Worin eine Begriffsanalyse genau besteht und auf welchen

Grundlagen sie beruht, sind schwierige Fragen. Meist wird angenommen, dass mit der Begriffsanalyse unsere Intuitionen in Bezug auf die korrekte Anwendung des Begriffs herausgearbeitet werden. Wir tragen die Lösung bereits in uns und müssen sie nur ausformulieren oder, wie Platon schreibt, uns an sie wieder erinnern. Die Richtigkeit der Begriffsanalyse wird somit unter anderem an der Übereinstimmung mit unseren Intuitionen geprüft. Diese können sich durch Nachdenken auch ändern. Die Analyse ist dann entsprechend anzupassen.

Selbst dann, wenn nicht genau bestimmt werden kann, was das Resultat einer Begriffsanalyse sein soll, lässt sich dennoch sagen, wie es nicht aussehen darf. Zwei wichtige Bedingungen sind hier zu nennen: Eine Begriffsanalyse darf nicht zirkulär sein. Zirkulär ist eine Analyse dann, wenn sie einen Begriff mit demselben Begriff zu erklären versucht. Eine zirkuläre Definition ist deshalb schlecht, weil sie nichts aussagt. Beispielsweise zu sagen, mit »Philosophie« sei die »philosophische Tätigkeit« gemeint, hilft nicht weiter. Zweitens darf eine Begriffsanalyse keine Widersprüche enthalten. Wenn eine Theorie einen Widerspruch enthält, lässt sich aus ihr jede Aussage ableiten. Wenn sich jede Aussage ableiten lässt, dann lässt sich mit der Theorie alles erklären. Mit einer Theorie, die einen Widerspruch enthält, ließe sich somit auch zeigen, dass sich die Erde um die Sonne dreht und Gras blau ist. Eine solche Theorie wäre witz- und nutzlos.

Die Philosophie besteht also in der Analyse von Begriffen, wobei die Resultate weder zirkulär noch widersprüchlich sein dürfen. Doch was ist zu tun, wenn es mehrere Analysen gibt, wenn verschiedene Meinungen bestehen, die alle die beiden Bedingungen erfüllen? Dann ist zu untersuchen, ob die Meinungen auch gut begründet sind. Damit rückt die zweite Art philosophischer Fragen ins Blickfeld.

Begründungsfragen

Begründungsfragen sind Fragen nach der Begründung von Meinungen. Gesucht sind gute Gründe für die Annahme einer bestimmten Meinung. Solange eine Meinung nicht durch eine Begründung gestützt wird, ist sie eine bloße Meinung und kein Wissen. Und da die Philosophie nach Wissen strebt, verlangt sie nach Begründungen.

Das Wissen, nach dem die Philosophie sucht, ist allerdings kein Faktenwissen. Sie vermag auch gar kein solches zu liefern, da sie keine empirische Wissenschaft ist, d. h. keine Wissenschaft, die zu ihren Erkenntnissen mit Hilfe der Erfahrung gelangt. Sie untersucht die Welt nicht direkt, sondern indirekt. Philosophieren ist nicht primär ein Nachdenken über die Welt, sondern ein Nachdenken über das Denken über die Welt. Die Art, wie wir über die Welt nachdenken, muss begründet werden. Wie macht man das?

Man begründet eine Meinung, indem man ein Argument zur Stützung dieser Meinung vorlegt. Ein Argument besteht aus Aussagen, von denen aus argumentiert wird (Prämissen), und aus einer Aussage, für die argumentiert wird (Konklusion). Die Verbindung zwischen Prämissen und Konklusion ist derart, dass derjenige, der die Prämissen akzeptiert, auch verpflichtet ist, die Konklusion zu akzeptieren. Dies ist jedoch nur dann der Fall, wenn das Argument auch *gültig* ist. Ein Argument ist gültig, wenn die Konklusion logisch aus den Prämissen folgt, d. h., wenn die Konklusion wahr sein muss, sofern die Prämissen wahr sind.

Nun gibt es jedoch auch Argumente, bei denen die Konklusion nicht logisch aus den Prämissen folgt. Solche Argumente sind *ungültig*. Die Logik ist die philosophische Disziplin, welche die Frage untersucht, wie gültige von ungültigen Argumentationsformen unterschieden werden können. Sie bietet deshalb ein wichtiges Hilfsmittel bei der Beantwortung von Begründungsfragen (s. Anhang).

Über die Gültigkeit hinaus muss ein gutes Argument auch *stichhaltig* sein, d. h., es muss von wahren oder zumindest von als wahr anerkannten Prämissen ausgehen. Nur wenn auch dies der Fall ist, kann von einem stichhaltigen Argument gesprochen werden.
Wie bei Bedeutungsfragen ist die Philosophie auch bei Begründungsfragen am Allgemeinen interessiert. Sie sucht nicht in erster Linie nach Begründungen, die diese oder jene Meinung stützen, sondern nach Begründungen von allgemeinen Meinungen, d. h. von Aussagen, die generell gelten. An zwei Beispielen sei dies veranschaulicht:
Wenn eine Naturwissenschaftlerin ihre Ergebnisse damit begründet, dass sie diese mit dem vor ihr stehenden Instrument gemessen habe, so wird ein Philosoph zum Beispiel fragen, ob die Messung verlässlich sei. Er will nicht wissen, ob genau das von ihr gebrauchte Instrument einen Fehler aufweise, sondern er will wissen, ob Messinstrumente und überhaupt unsere Sinne eine verlässliche Quelle für Wissen sein können.
Wenn jemand ein Stück Fleisch essen will und diesen Willen damit begründet, dass er Lust darauf habe, so wird eine Philosophin zum Beispiel fragen, ob dies ein guter Grund sei. Sie will nicht wissen, ob es der tatsächliche Grund ist, warum er so handelt, sondern ob der Grund auch gut ist, d. h., ob der Grund diese Handlung in jeder vergleichbaren Situation rechtfertigen würde.

Zusammenfassend kann man sagen:

»Philosophieren« heißt, mit Hilfe der Begriffsanalyse nach der Bedeutung von allgemeinen Begriffen und mit Hilfe der Logik nach der Begründung von allgemeinen Meinungen zu suchen.

2. Ist Philosophie nutzlos?

Angenommen, man akzeptiert diese Definition von Philosophie, dann muss man damit noch nicht zugestehen, dass Philosophieren auch eine nützliche Tätigkeit ist. Gegen die These, Philosophieren sei nützlich, lassen sich mindestens folgende drei Einwände vortragen.

Einwand 1. Philosophie ist lediglich ein Streit um Meinungen. Wer philosophiert, der äußert seine eigene Meinung und streitet mit einer Person, die ihre Meinung vertritt. Ein Streit um Meinungen ist sinnlos, da jeder seine eigene Meinung hat. Es mag sein, dass ich die Meinung eines anderen nicht teile, aber das heißt nicht, dass seine Meinung falsch wäre. Es ist seine Meinung und sie ist ebenso wahr wie die meinige. Jede Meinung ist gleich wahr wie jede andere; es gibt keine objektive Wahrheit; es gibt kein Kriterium, das zeigen könnte, dass die eine Meinung wahr, die andere falsch ist. Dies ist die These des radikalen *Relativismus.* Wenn es keine objektiven Wahrheiten gibt, dann gibt es auch kein Wissen. Danach zu suchen, was es nicht gibt, ist sinnlos. Also ist Philosophieren eine sinnlose Tätigkeit.
Erwiderung. Wenn es so ist, dass jede Meinung wahr ist, dann müsste auch die Meinung wahr sein, dass die Meinung »Jede Meinung ist wahr« falsch ist. Dies ist ein Widerspruch: Wenn die Behauptung, dass jede Meinung wahr ist, wahr ist, dann ist die Behauptung falsch, denn es gibt eine Meinung, die besagt, dass diese Meinung falsch ist. Eine Meinung kann aber nicht zugleich wahr und falsch sein. Es ist deshalb gar nicht möglich zu behaupten, dass jede Meinung wahr ist, ohne sich in einen Widerspruch zu verstricken. Der Relativismus ist in dieser radikalen Form nicht haltbar. Der Einwand, Philosophie sei lediglich ein Streit um Meinungen, von denen alle wahr seien, ist deshalb entschieden zurückzuweisen.

Dass es eine objektive Wahrheit gibt, heißt noch nicht, dass wir sie auch erkennen können. So kann es sein, dass zwei Personen in einem philosophischen Gespräch an einen Punkt kommen, an dem sie ihre Ansichten nicht mehr weiter begründen können, aber auch nicht bereit sind, die Ansicht des anderen zu übernehmen. Und dies hat seinen Grund: Die grundsätzlichsten Ansichten können nicht weiter begründet werden und hängen von Wertungen ab, die von Mensch zu Mensch verschieden sind. Es gibt einen Punkt, an dem die Frage nach einer weiteren Begründung keinen Sinn mehr macht.

Dass man in einem philosophischen Gespräch auch zu einem Punkt kommen kann, an dem man seine Meinung nicht mehr weiter begründen kann, heißt jedoch nicht, dass die Gesprächspartner nicht doch in vielen Fällen zu einer Einigung kommen. Auch ist daraus nicht zu schließen, dass die nun erreichte Situation der ursprünglichen Situation gleichzusetzen ist. Die alte Situation war unreflektiert. In der neuen Situation hat man ein Bewusstsein dessen, worum es geht und was auf dem Spiel steht. Dieses Bewusstsein macht einen Unterschied aus. Auch hat dazwischen ein Prozess stattgefunden, der selbst einen Wert hat. Welcher Wert gemeint ist, wird noch erläutert werden.

Einwand 2. Philosophinnen und Philosophen stellen hirnverrückte Fragen, Fragen, auf die es keine Antworten gibt. Sie stellen alles in Frage, vor allem das, was jedem klar ist und erst durch die Frage zum Problem wird. Ohne die Philosophie gäbe es diese Probleme gar nicht. Sie führen zu einer unnötigen Verunsicherung und halten uns dadurch vom Handeln ab. Wenn es wenigstens objektive Antworten gäbe, dann könnte man sich daran halten. Aber solche Antworten gibt es nicht. Und so steht man nach dem Philosophieren schlechter da als zuvor: Ist man sich zunächst seiner Überzeugungen und Wünsche sicher, ist man nach dem Philosophieren verunsichert und weiß nicht mehr, was tun. Philosophieren ist somit nicht nur nutzlos, sondern sogar schädlich.

Erwiderung. Eine der Begründungen für diesen Einwand lautet, die Philosophie stelle alles in Frage. Es ist richtig, dass im Prinzip alles hinterfragbar ist. Das heißt jedoch nicht, dass alles zugleich hinterfragt würde. Dies wäre auch weder theoretisch noch praktisch möglich.

Otto Neurath (1882–1945), der sich vor allem für Wissenschaftstheorie interessierte, hat dies mit einem eindrucksvollen Bild umschrieben: »Wie Schiffer sind wir, die ihr Schiff auf offener See umbauen müssen, ohne es jemals in einem Dock zerlegen und aus besten Bestandteilen neu errichten zu können.«[2] Das heißt, jede Planke kann ausgewechselt werden, doch nicht alle Planken auf einmal. Das Gleichnis veranschaulicht, dass im Prinzip jede Meinung oder Überzeugung hinterfragbar ist, jedoch nicht alle zugleich.

Mit dem Gleichnis lässt sich noch mehr zeigen, zum Beispiel, dass die Philosophie nicht etwas ist, das keinen Bezug zum Leben hätte. Das Schiff auf offener See sind wir. Wenn wir philosophieren, dann geht es um uns, um unsere Meinungen. Auch dass Philosophie in jedes Leben gehört. Die Schiffe sind nicht von Anfang an perfekt und für alle Ewigkeiten gebaut. Also muss geprüft und immer wieder geprüft werden, ob die Planken etwas taugen und nicht morsch geworden sind. Wir haben immer wieder zu prüfen, ob das, was wir glauben, auch kritischen Einwänden standhält.

Der Einwand verfehlt somit die Tätigkeit der Philosophie. Denn Philosophieren ist keine Tätigkeit, die uns

2 Otto Neurath, »Protokollsätze«, in: *Erkenntnis* 3 (1932/33) S. 204–214, hier S. 206.

vom Handeln abhält, sondern im Gegenteil eine, die das überlegte Handeln fördert, indem es uns zu begründeten Meinungen führt.

Einwand 3. Philosophie ist destruktiv. Sie zerstört das, was andere zum Teil mit großer Mühe entwickelt haben. Die Philosophie stellt nicht nur unsere Meinungen, sondern auch wissenschaftliche Theorien in Frage. Sie kritisiert nur und liefert keine konstruktiven Beiträge.
Erwiderung. Dieser Einwand fußt auf einer falschen Vorstellung des Hinterfragens. Das Hinterfragen von Meinungen ist nicht nur eine destruktive Methode, mit der die Schwächen von Begründungen und die Unklarheiten von Begriffen aufgedeckt werden. Das Hinterfragen dient auch der Konstruktion von neuen Theorien. Die Philosophie zeichnet sich gerade durch ein Streben nach Wissen aus, was sich daran zeigt, dass Philosophinnen und Philosophen immer wieder neue Theorien aufstellen, die zum Teil von den Wissenschaften übernommen werden. Für die Zeit von der Antike bis zur Aufklärung gilt dies aus dem einfachen Grund, dass die Philosophie nicht von den anderen Wissenschaften getrennt war. Doch auch heute noch liefert die Philosophie konstruktive Beiträge, wie zahlreiche Beispiele aus der neueren Wissenschaftsgeschichte belegen. Dieser Einwand ist deshalb ebenfalls zurückzuweisen.

3. Wozu soll man philosophieren?

Selbst wenn einem die Erwiderungen auf die Einwände einleuchten sollten, bleibt immer noch die Frage bestehen, ob es denn einen positiven Grund gibt, sich der Philosophie zu widmen. Wozu soll man philosophieren?

Der wichtigste Grund zum Philosophieren ist die Klärung der Gedanken. Ludwig Wittgenstein (1889–1951) schreibt im *Tractatus Logico-Philosophicus* (§ 4.112): »Der Zweck der Philosophie ist die logische Klärung der Gedanken.« Dies ist der Wert der Philosophie, der bereits zuvor erwähnt wurde. Nicht alle Philosophinnen und Philosophen würden dem zustimmen. Das ist auch gut so, denn die Philosophie würde einiges an Spannung und Anziehungskraft verlieren, wenn sich alle darüber einig wären, was sie ist und was nicht. Einmal angenommen, die Philosophie führe zur Klärung der Gedanken: Warum ist diese Klärung wertvoll?

Vielleicht am deutlichsten ist der Wert der gedanklichen Klärung bei einer bestimmten Art von Gedanken zu sehen, nämlich bei denen, die unsere Lebensführung betreffen. Wir gehen ins Theater, weil wir Lust dazu haben; wir erweisen anderen einen Dienst, weil wir uns dazu verpflichtet fühlen; wir treiben Sport, um unseren Körper fit zu halten; und vieles mehr. Diese Tätigkeiten vollziehen wir nicht unbewusst, wie die Begründungen zeigen. Nun können wir weiter fragen, ob dies auch gute Begründungen sind. Diese Frage ist wertvoll aus einem Grund, der uns existentiell betrifft: Nur ein geprüftes Leben ist lebenswert. Wollen wir ein lebenswertes Leben führen, müssen wir prüfen, ob das, was wir tun, auch gut ist. Dies legt uns allen voran der stets nach Erkenntnis strebende Sokrates (um 470 – 399 v. Chr.) nahe. Das Interessante an der Forderung nach einer Überprüfung der eigenen Lebensweise ist, dass es vor einer solchen Prüfung kein Entkommen gibt. Versucht man, die Ansicht zu bestreiten, so willigt man ein, darüber zu diskutieren, und hat damit bereits verloren, denn zu diskutieren bedeutet, Begründungen abzugeben, d. h., sein Leben nicht ungeprüft an sich vorbeigehen zu lassen.

Das, was für Gedanken bezüglich des guten Lebens gilt, trifft auch auf theoretische Gedanken zu, d. h. auf Gedanken, die nicht unsere Lebensführung betreffen, sondern die Art, wie wir über die Welt denken, wie wir sie einteilen und erklären. Wir wollen nämlich nicht nur etwas glauben, sondern auch begründen können, warum wir genau dies glauben. Dies geschieht aus dem einfachen Grund, dass wir nach Wissen streben.

Der Begriff »Klärung« enthält eine leicht zu übersehende Zweideutigkeit. Die Klärung der Gedanken ist sowohl die Tätigkeit des Klärens als auch das Resultat dieser Tätigkeit, die geklärten Gedanken. Wer philosophiert, der klärt seine Gedanken und strebt nach klaren Gedanken. Und noch mehr. Da sich der Bedarf nach gedanklicher Klärung immer wieder neu stellt, ist die Fähigkeit zu klarem Denken gefragt. Die Philosophie strebt nicht nur danach, in einer einzelnen Situation eine Klärung zu finden, sondern darüber hinaus auch danach, die Fähigkeit auszubilden, bei neuen Problemen zu Lösungen zu kommen. Wer philosophiert, der lernt, klarer zu denken.

Die Fähigkeit zu klarem Denken ist bereits an und für sich ein erstrebenswertes Ziel. Darüber hinaus ist diese Fähigkeit in vielen Gebieten gefragt, vom Alltag bis hin zu den theoretischen Wissenschaften. Somit schult die Philosophie eine Tätigkeit, die allgemein im Leben von Nutzen ist. Einige Leute empfinden dies als eine Instrumentalisierung der Philosophie. Der Wert der Philosophie darf ihrer Meinung nach nicht über ihren Nutzen für andere Tätigkeiten bestimmt werden. Doch sollte man kein Problem darin sehen, auf einen solchen Nutzen hinzuweisen, wenn er besteht.

Philosophieren ist auch jene Tätigkeit, die eine Antwort auf ein bestimmtes Bedürfnis verspricht, nämlich das Bedürfnis nach einer Gesamtsicht oder Tiefsicht über uns in dieser Welt. Wer dieses Bedürfnis verspürt, der wird sich auf natürliche Weise zur Philosophie hingezogen fühlen. Allerdings darf eine solche Person nicht enttäuscht sein, wenn das Bedürfnis nicht sofort befriedigt wird. Im Unterschied zu religiösen Lehren liefert die Philosophie keine letzten Antworten. Es sind viele Antworten möglich, und welche man wählt, hängt entscheidend davon ab, was man außerdem noch glaubt. Eine widerspruchslose Gesamttheorie mag ein Ziel sein, doch ist bisher noch keine gefunden worden, die allein alle Probleme zu lösen vermöchte.

Nicht zuletzt stellt Philosophieren auch ein Vergnügen dar. So wie einige Menschen gerne Fußball spielen und andere mathematische Gleichungen lösen, finden wiederum andere – vielleicht auch dieselben – Gefallen daran, sich mit dem Denken auseinanderzusetzen.

Zusammenfassung

»Philosophieren« heißt, mit Hilfe der Begriffsanalyse nach der Bedeutung von allgemeinen Begriffen und mit Hilfe der Logik nach der Begründung von allgemeinen Meinungen zu suchen. Die so definierte Tätigkeit des Philosophierens wird manchmal als nutzlos beschrieben: erstens, weil sie lediglich ein Streit um Meinungen sei, zweitens, weil sie uns vom Handeln abhalte, indem sie alles hinterfrage, und drittens, weil sie destruktiv sei, indem sie Theorien als falsch ausweise, ohne selbst konstruktive Beiträge zu liefern. Alle drei Einwände sind in diesem Kapitel zurückgewiesen worden. Philosophieren ist nicht nur ein Streit um Meinungen, sie hinterfragt nicht alles gleichzeitig und sie ist auch nicht nur destruktiv. Und wozu soll man philosophieren? Philosophieren hilft einem, die Gedanken zu klären, die Lebensführung zu prüfen, das Denken zu schulen und das Bedürfnis nach Tiefsicht zu stillen.

Literaturhinweise

Klassische Texte

Platon, *Der Staat (Politeia)*, übers. von Karl Vretska, Stuttgart: Reclam, 1982 [u. ö.].
Wie viele andere Werke Platons kann auch dieser als sein Hauptwerk geltende Dialog als Auseinandersetzung mit der Frage gelesen werden, was Philosophie ist. Darin findet sich auch die Darstellung des Höhlengleichnisses (514–521).

Platon, *Menon*, griech./dt., übers. von Margarita Kranz, Stuttgart: Reclam, 1994 [u. ö.].
In diesem Dialog veranschaulicht Platon die These der Erkenntnis als Wiedererinnerung (82a–85d).

Platon, *Die Apologie des Sokrates*, griech./dt., übers. von Manfred Fuhrmann, Stuttgart: Reclam, 1986 [u. ö.].
In diesem Dialog lässt Platon Sokrates den Gedanken vortragen, dass nur ein geprüftes Leben lebenswert ist (38a).

Einführungen

Jay F. Rosenberg, *Philosophieren. Ein Handbuch für Anfänger*, übers. von Brigitte Flickinger, Frankfurt a. M.: Klostermann, [5]2006.
Dieses Buch ist eine ausgezeichnete Einführung in das Handwerk des Philosophierens. Rosenberg zeigt auf, wie man Argumente ihrer Form und ihrem Inhalt nach bewertet, wie man Argumente kritisiert und wie man einen philosophischen Essay schreibt.

Peter Strawson, *Analyse und Metaphysik. Eine Einführung in die Philosophie*, übers. von Charlotte Hochkeppel, München: Deutscher Taschenbuch-Verlag, 1994.
Dieses Buch bietet eine klare und verständliche Einführung in die Begriffsanalyse und in die Philosophie allgemein. Nach einer generellen Bestimmung der Philosophie behandelt Strawson vor allem Fragen der Metaphysik, der Erkenntnistheorie und der Sprachphilosophie.

Thomas Nagel, *Was bedeutet das alles? Eine ganz kurze Einführung in die Philosophie*, übers. von Michael Gebauer, Stuttgart, Reclam 1990 [u. ö.].

Diese Einführung, von einem der bekanntesten gegenwärtigen Vertreter des Fachs geschrieben, zeichnet sich vor allem durch ihre Kürze, ihren systematischen Aufbau und ihre verständliche Sprache aus. Bewusst wird dabei auf den Verweis auf Namen und Werke verzichtet; im Zentrum stehen die Argumente. Das Buch ist in zehn Kapitel gegliedert, in denen zentrale philosophische Fragen von der Gewissheit des Wissens über die Bedeutung von Wörtern bis zum Sinn des Lebens diskutiert werden.

Nigel Warburton, *Was können wir wissen, was dürfen wir tun? Einstieg in die Philosophie*, übers. von Martin Suhr, Reinbek bei Hamburg: Rowohlt, 1998.

Dies ist ebenfalls eine leicht verständliche Einführung. Es wird keine durchgehende Argumentation, sondern ein nach Themen geordneter Überblick über verschiedene Fragen und Positionen geliefert. Der Akzent liegt auf den Argumenten für und wider eine Ansicht. Das Buch ist für Einsteiger sehr zu empfehlen, allerdings sind die vielen interessanten Fragen, die im Text angesprochen werden, nicht immer genügend miteinander verbunden, und dem Text fehlt zuweilen die nötige Genauigkeit.

Simon Blackburn, *Denken. Die großen Fragen der Philosophie*, übers. von Gudrun Schäfer, Darmstadt: Primus, 2001.

Dieses Buch ist eine gute Einführung in die Philosophie. Es bietet sowohl einen Einstieg in große Fragen der Philosophie – u. a. die Frage, was wir wissen können, ob wir frei sind und was wir tun sollen – als auch eine Auseinandersetzung mit Textstellen aus den Werken von großen Philosophen wie Descartes, Locke, Hume und Kant.

David Papineau (Hrsg.), *Philosophie. Eine illustrierte Reise durch das Denken*, übers. von Nikolaus de Palézieux, Darmstadt: Wissenschaftliche Buchgesellschaft, 2006.

In diesem Band führen sechs Autoren in sechs verschiedene Gebiete der Philosophie ein. Zu verschiedenen Themen werden auf jeweils einer bis vier Seiten die wichtigsten Thesen, Ansätze und Diskussionen kurz und verständlich vorgestellt.

II. Glück

Wenn man behauptet, jemand habe Glück, dann meint man, dieser Person widerfahre mehr oder weniger durch Zufall Gutes. Dies ist das Glück als Schicksal. Wenn man behauptet, jemand fühle sich glücklich, dann meint man, diese Person befinde sich im Zustand froher Zufriedenheit. Dies ist das Glück als höchstes Gefühl. Wenn man behauptet, jemand habe ein glückliches Leben, dann meint man, diese Person führe ein erfolgreiches, gelungenes Leben. Dies ist das Glück als gelungenes Leben. Glück in diesem dritten Sinn bedingt wahrscheinlich Glück im ersten Sinn, jedoch auch zuweilen Unglück im zweiten Sinn. Was ist das Glück in diesem dritten Sinn genau? Um diese Frage geht es in diesem Kapitel.

Im antiken Griechenland wurde ein wohlgeratenes, gesegnetes und wunschgemäßes Leben zu führen *eudaimonia* genannt (wörtlich: »einen guten Dämon besitzen«). Dass alle Menschen danach strebten und dies das oberste Ziel sei, darin stimmen alle Leute überein, schreibt Aristoteles (384–322 v. Chr.). Das heißt: Das Glück ist ein Endziel. Wir verfolgen es um seiner selbst willen, und nicht, um damit etwas anderes zu erreichen, wie etwa dann, wenn wir Geld verdienen, um damit Nahrung und Kleider zu kaufen. Wir streben nach dem Glück nicht als Mittel zu einem Zweck, sondern um seiner selbst willen. Darin sind sich alle Menschen einig. Doch unterscheiden sich ihre Charakterisierungen des Glückes. Was also ist *eudaimonia* genau?

Eine in der Antike geläufige Antwort besteht darin, dass ein glückliches Leben eines ist, das von Reichtum, Ruhm und Gesundheit geprägt ist. Eine solche Auffassung kann jedoch nicht zutreffen, denn auch ein Mensch, der alle genannten Dinge besitzt, kann ein unglückliches Leben führen. Eine reiche, angesehene und gesunde Königin, die von der Wahnvorstellung getrieben wird, zu wenig Geld zu haben, obwohl sie reich ist, ist nicht glücklich. Dies bestätigt das noch heute gebräuchliche Sprichwort: »Geld allein macht nicht glücklich«. Das bedeutet noch nicht, dass materielle Dinge nicht notwendig sind, aber es zeigt, dass sie zum Glück nicht ausreichen.[3] Andererseits kann es auch sein, dass man das Leben eines Menschen, der arm, verspottet und krank ist, glücklich nennt – etwa ein Hans im Glück, der so viel Glück im ersten und zweiten Sinn besitzt, dass man ihm kaum ein glückliches Leben absprechen kann. Doch wie auch immer man hier antworten mag, die Ansicht bleibt am Äußerlichen haften. Dies ist nach Auffassung der antiken Philosophen ein Fehler. Das glückliche Leben besteht ihrer Ansicht nach im Besitz der eigenen Vollkommenheit oder Tüchtigkeit, in der *areté*. Damit sind die Tugenden gemeint, d. h. die für ein glückliches Leben erforderlichen Fähigkeiten und Charaktereigenschaften. Die Frage nach dem glücklichen Leben wird somit zur Frage nach der menschlichen Tüchtigkeit: Was ist *areté*? Drei Antworten sollen in diesem Kapitel vorgestellt werden: die Gewissensethik von Sokrates und Platon, die pragmatische Theorie von Aristoteles und der Hedonismus von Epikur.

1. Gewissensethik

Sokrates (um 470 – 399 v. Chr.), wie er in den Dialogen von Platon (427–347 v. Chr.) dargestellt wird, bemüht sich darum, die traditionelle, sich an Ruhm und Reichtum orientierende Auffassung von Glück zurückzuweisen. Dabei

3 Notwendig ist eine Bedingung *x* für das Vorhandensein von einem Ding *y* dann, wenn es nicht möglich ist, dass *y* ohne *x* vorhanden ist. Hinreichend für das Vorhandensein von *y* ist eine Bedingung *x* dann, wenn es nicht möglich ist, dass *x* ohne *y* vorhanden ist.

geht es ihm vorerst darum, seinen jungen Gesprächspartnern die Bedeutung der Frage klarzumachen. Sokrates fragt: Was ist diese Tüchtigkeit, von der immer gesprochen wird? Seine Gesprächspartner antworten jeweils wie folgt: Tüchtig ist, wer im Krieg tapfer kämpft. Oder: Tüchtig ist, wer Macht besitzt. Damit geben sie jedoch keine Antwort auf Sokrates' Frage, sondern legen lediglich ihr Unwissen an den Tag. Die Frage lautet nicht, was ein Beispiel für eine tüchtige Handlung oder Eigenschaft ist, sondern was die Tüchtigkeit selbst ist. Sokrates sucht nicht nach einem Beispiel, sondern nach dem Wesen der Tüchtigkeit oder, wie man auch sagen kann, nach einer Analyse des Begriffs »Tüchtigkeit«.

Einen der oben genannten Vorschläge umformend, lautet die von Polos im Dialog *Gorgias* und von Thrasymachos in der *Politeia* vorgetragene Meinung, dass die Tüchtigkeit genau und nur darin bestehe, der Stärkere zu sein und Macht zu haben. Dieser Ansicht widerspricht Sokrates. Wer seine Macht missbraucht, der kann weder tüchtig noch glücklich genannt werden. Tüchtig ist vielmehr derjenige, der über Gerechtigkeit verfügt. Dabei ist mit Gerechtigkeit nicht das Recht des Stärkeren gemeint, sondern die Einstellung, das Gute zu tun.

Die so charakterisierte Position kann als »Gewissensethik« bezeichnet werden. Während Sokrates, der scheinbar keine genaue Vorstellung von Gerechtigkeit besitzt, von einem *daimonion* spricht, das ihm als innere Stimme den Weg weist, sucht Platon nach der genauen Definition von »Gerechtigkeit«. Sein Hauptwerk, die *Politeia*, ist diesem Ziel gewidmet.

Der Titel, *Politeia*, meist mit »Der Staat« übersetzt, weist auf die staatliche Gerechtigkeit hin. Platon geht es über weite Strecken auch genau um die Bestimmung eines gerechten Staates. Er zieht allerdings ebenso eine Parallele zur Gerechtigkeit der Seele. Der ideale Staat auf der einen Seite besteht aus drei Klassen von Bürgern: erstens der

Klasse der Bauern, Handwerker und Händler, die für die Produktion und den Vertrieb des materiellen Wohlstandes zuständig sind; zweitens der Klasse der Wächter, welche den materiellen Wohlstand und die Freiheit der Bürger verteidigen; und drittens der Klasse der Könige, die den Staat regieren. Die Seele auf der anderen Seite besteht ebenfalls aus drei Teilen: einem begehrenden, einem tatkräftigen und einem rationalen Teil. So wie in einem gerechten Staat jeder Bürger der drei Klassen das Seine tut, so tut auch in einer gerechten Seele jeder der drei Seelenteile das Seine. Gerechtigkeit besteht genau in diesem harmonischen Zusammenwirken der drei Teile, wobei die Aufgabe der Könige im Staat bzw. des rationalen Teils in der Seele entscheidend ist, denn sie lenken den Staat bzw. die Seele. Die Könige lenken den Staat nach den Grundsätzen der Gerechtigkeit. Dazu gehören die Tugenden der Besonnenheit, Mäßigkeit und Tapferkeit. Hinter diesen Grundsätzen steht eine einzige Idee, die Idee des Guten. Zur Gerechtigkeit gehört die Einsicht in diese Idee. Diese Einsicht vermag ein Mensch aufgrund des rationalen Teils seiner Seele zu erlangen. Der Mensch, der die Idee des Guten erkannt hat, wird auch das Gute tun. Seine Seele ist dann in einem Zustand der Harmonie und Gesundheit. Die ungerechte Seele hingegen befindet sich in einem Zustand der Disharmonie und Krankheit. Wer Unrecht tut, der schädigt sich selbst. Der gerechte Mensch hingegen »herrscht über sich selber in Ordnung und Freundschaft zu sich selbst und stimmt die Seelenteile [den rationalen, den begehrenden und den tatkräftigen Teil] ab, wie die Hauptsaiten der Lyra […] all das bindet er zusammen und wird so aus vielem wahrhaft einer, besonnen und harmonisch« (443c). Der Mensch, der so lebt, führt ein glückliches Leben.[4]

4 Eine interessante Weiterentwicklung hat die Gewissensethik durch die Stoiker erfahren. Sie interpretieren die Selbstbeherrschung noch stärker psychologisch. Sprichwörtlich geworden ist die Rede von der stoischen

Einwand 1. Wer behauptet, es komme nur auf die Gerechtigkeit, die richtige Einstellung zum Leben an, um glücklich zu sein, der vertritt eine weltfremde Position. Unser Glück hängt entscheidend auch von äußeren Umständen ab. Aristoteles schreibt dazu in der *Nikomachischen Ethik*: »denn mit dem Glück des Mannes ist es schlecht bestellt, der ein ganz abstoßendes Äußeres hat oder eine niedrige Herkunft, oder ganz allein im Leben steht und kinderlos ist. Noch weniger kann man von Glück sprechen, wenn jemand ganz schlechte Kinder oder Freunde besitzt oder gute durch den Tod verloren hat« (1099b).
Erwiderung. Äußere Dinge an sich haben keinen Wert. Sie sind äußerlich, sie bestimmen nicht notwendig die Einstellung des Menschen, und auf diese allein kommt es an, wenn man erläutern will, was ein glückliches Leben ist.

Einwand 2. Selbst wenn man zugesteht, dass Glück keine äußere, sondern eine innere Angelegenheit ist, so reicht dennoch die bloße Einstellung für das Glück nicht aus. Offensichtlich gibt es tüchtige und gute Menschen, die dennoch nicht glücklich sind. Aristoteles bringt auch diesen Einwand auf den Punkt: »Wenn aber manche Philosophen sagen, der Mensch auf der Folter oder der von schwerem Mißgeschick Getroffene sei glücklich, wenn er nur die innere Trefflichkeit habe, so

Ruhe. Diese besteht genau genommen in der Affektfreiheit, wobei Affekte unreflektierte Gefühlsregungen sind. Sich beispielsweise unnötig zu fürchten oder nach Luxus zu lechzen sind sinnlose und unvernünftige Ausschweifungen. Die Tüchtigkeit besteht nach stoischer Lehre in der Askese, d. h. in der Loslösung von unvernünftigen Ausschweifungen und der Konzentration auf das Wesentliche. Der Stoiker Epiktet formuliert dies wie folgt (S. 15): »Verlange nicht, dass das, was geschieht, so geschieht, wie du es wünschst, sondern wünsche, dass es so geschieht, wie es geschieht, und dein Leben wird heiter dahinströmen.« (Angemerkt sei, dass dies hauptsächlich für diejenigen Dinge gilt, die man nicht verändern kann.)

sprechen sie, mit oder ohne Absicht, einfach Unsinn« (1153b).

Erwiderung. Ein glückliches Leben führen bedeutet, in Harmonie mit sich selbst zu sein. Wenn ein Mensch wegen des Einstehens für seine Ideale leiden muss, so bleibt er ein glücklicher Mensch, wie groß auch immer die Leiden sind.

2. Pragmatische Theorie

Der Ansicht von Sokrates und Platon hält Aristoteles folgende Glücksdefinition entgegen: Das Glück ist das »Tätigsein der Seele im Sinne der ihr eigenen wesenhaften Tüchtigkeit« (1098a) und Ausgestattetsein mit den notwendigen äußeren Bedingungen. Man kann diese Ansicht als »pragmatische Theorie« bezeichnen, und dies in zweierlei Hinsicht.

Zum einen ist die Theorie von Aristoteles nicht an einer übersinnlichen Idee des Guten orientiert, sondern an den praktischen Belangen der Lebensführung. Tüchtig ist, wer sich in verschiedensten Situationen zu helfen weiß, und dabei sind verschiedene Tugenden erforderlich, insbesondere die charakterlichen Tugenden, die Aristoteles von Platon übernimmt (Besonnenheit, Tapferkeit, Mäßigkeit und Gerechtigkeit). Eine allgemeine Bestimmung der Idee des Guten lässt sich allerdings nach Aristoteles nicht finden.

Der Renaissance-Künstler Raffael hat diese eher weltliche Einstellung des Aristoteles auf dem Fresko »Die Schule von Athen« (1511) malerisch dargestellt. Im Zentrum ist Platon zu sehen, der mit dem Finger in den Himmel zeigt, daneben Aristoteles, der mit der Hand zur Erde weist. Allerdings kann eine solche Darstellung auch in die Irre führen, denn der Gegensatz zwischen den beiden Philoso-

phen ist in anderer Hinsicht weit weniger groß. Auch Aristoteles geht es nämlich um den rationalen Teil der Seele. Es gibt ihm zufolge neben den charakterlichen Tugenden auch intellektuelle Tugenden, allen voran die Einsicht. Glücklich ist der, der nach Einsicht strebt und sich der geistigen Schau, der Kontemplation, hingibt. Doch ist es dazu allein nicht hinreichend, sich in einer bestimmten Einstellung zu befinden; zusätzliche Bedingungen müssen erfüllt sein. Zum Beispiel muss man über einen gesunden Körper und materielle Mittel verfügen. Auch Freunde sind Aristoteles zufolge unerlässlich. Da der Mensch ein Gemeinschaftswesen (*zoon politikon*) ist, kann er nur in Gemeinschaft mit Freunden glücklich werden.
Zum anderen ist die Theorie insofern pragmatisch, als mit ihr die Ansicht vertreten wird, das Glück habe notwendigerweise Handlungscharakter (griech. *pragma* ›die Tat‹). Die Erkenntnis des Guten allein ist nicht hinreichend für das Erreichen des Glücks: Man muss die als gut erkannte Handlung auch ausführen. Nur ein tätiger Mensch führt ein glückliches Leben. Entscheidend ist dabei der Charakter des Menschen. Diesen zu bilden ist nach Aristoteles das Ziel der Philosophie: »Wir philosophieren nämlich nicht, um zu erfahren, was ethische Werthaftigkeit sei, sondern um wertvolle Menschen zu werden« (1103b). Glücklich ist, wer ein tüchtig handelnder Mensch ist; das höchste Glück erlangt, wer sich der Kontemplation hingibt.

Einwand 1. Die pragmatische Theorie von Aristoteles trifft nicht den Kern des Glücks. Materielle Güter sind für das Glück nicht nötig, wie das Beispiel des Menschen zeigt, der glücklich für seine Ideale leidet. Das Wesentliche an einem glücklichen Leben bleibt die Einstellung des Menschen.
Erwiderung. Das Glück besteht in der Kontemplation. Die Kontemplation ist eine anstrengende Tätigkeit,

die einen gesunden Körper und materielle Güter erfordert.

Einwand 2. Wir sind nicht nur dann glücklich, wenn wir handeln. Wir sind es auch, wenn wir in Ruhe verweilen. Das höchste Glück besteht, wie Aristoteles selbst behauptet, in der Kontemplation.
Erwiderung. Die Kontemplation ist nicht eine Form der Ruhe, sondern eine Praxis. Es ist gemäß Aristoteles sogar die höchste Form der Aktivität (*energeia*).

3. Hedonismus

Glücklich sei der, der über eine harmonische Seele verfügt, meinen Sokrates und Platon, glücklich sei der tüchtig handelnde Mensch, meint Aristoteles. Doch ist in beiden Charakterisierungen etwas Entscheidendes unberücksichtigt geblieben, meint Epikur (um 342 – 271 v. Chr.). Er greift auf den Gedanken zurück, dass das Glück als Lebensglück mit dem Glück als Gefühl zusammenhängt. Dieses Gefühl nennt Epikur »Lust« (griech. *hedoné*), seine Position wird deshalb auch »Hedonismus« genannt. Die Grundthese des Hedonismus lautet: Das Ziel des Lebens ist die Lust.
Bei der Interpretation der hedonistischen Grundthese ist allerdings Vorsicht geboten. Epikur, der traditionellen Auffassung folgend, meint mit »Lust« nicht jede Art von angenehmer sinnlicher Erfahrung. Er meint etwas Spezifisches: den Zustand der körperlichen Schmerzfreiheit und der seelischen Unaufgeregtheit (*ataraxia*), der Seelenruhe. Nicht eine hemmungslose Triebbefriedigung ist Lust, sondern die Beruhigung der Seele bis zur vollständigen Ruhe. In dieser besteht die Lust. Es mag auch sein, dass eine schmerzliche Tätigkeit in Kauf genommen werden muss,

um später eine größere Lust zu empfinden. Der rationale Teil der Seele muss abwägen, welche Tätigkeit zur Seelenruhe führt. Somit kommt dem rationalen Teil der Seele ein ähnlich hoher Stellenwert zu wie in den Theorien von Sokrates, Platon und Aristoteles. Allerdings besteht auch ein gewichtiger Unterschied: Das Ziel ist die Lust. Sie ist es, die ein Leben zu einem gelungenen Leben macht. Glücklich sind wir, wenn wir ein Leben in Lust verbringen, nicht, wenn wir gerecht sind oder uns der Kontemplation hingeben. Entscheidend ist dabei wie bei den Stoikern, dass wir uns von unsinnigen Affekten befreien, insbesondere von irrationalen Ängsten, etwa von der Angst vor dem eigenen Tod, der Angst zu sterben.

Dass das Glück die Lust ist, erscheint Epikur einleuchtend. Er argumentiert für diese These, indem er darauf hinweist, dass bereits kleine Kinder alles daransetzen, das Lustvolle zu erlangen und das Schmerzliche zu meiden. Nicht nur bei den Kindern ist dieses Verhalten zu beobachten, sondern auch bei Erwachsenen. Alle Menschen streben letztlich nur nach Lust und meiden den Schmerz. Das, wonach jeder Mensch letztlich strebt, ist aber das Glück. Also ist die Lust das Glück.

Einwand 1. Die Argumentation für den Hedonismus ist ungültig. Der Satz »Der Mensch strebt nach Lust« beschreibt eine Tatsache. Er beschreibt, wie etwas ist. Er sagt nicht, wie etwas sein soll. Ein Satz, der beschreibt, wie etwas ist, ist ein *deskriptiver* Satz. Ein Satz, der vorschreibt, wie etwas sein soll, ist ein *normativer* Satz. Im Argument für den Hedonismus wird von einem deskriptiven Satz auf einen normativen Satz geschlossen. Ein solcher Schluss ist jedoch nicht erlaubt: Aus einem Sein lässt sich kein Sollen schließen. Welche Sätze auch immer wir als Prämissen wählen: wenn sie kein »sollen« enthalten, dann kann auch die Konklusion kein »sollen« enthalten. Wer dennoch einen normativen

Satz aus einem deskriptiven ableitet, begeht einen Sein-Sollens-Fehlschluss.
Dieser Fehlschluss, der von David Hume (1711–1776) klar herausgearbeitet wurde, lässt sich auch an einem Beispiel veranschaulichen. Angenommen, es sei eine Tatsache, dass viele Eltern ihre Kinder schlagen und dass dies ein natürliches Verhalten sei. Nun könnte jemand daraus folgern, dass Eltern ihre Kinder schlagen sollen. Aber das folgt nicht. Denn wenn die Erziehung des Kindes einzig der Entwicklung des Kindes dienen soll, dann kann man nicht glauben, dass man Kinder schlagen soll, denn Schlagen fördert die Entwicklung des Kindes nicht. Damit ist auch an einem Beispiel gezeigt, dass sich aus einem deskriptiven Satz kein normativer Satz ableiten lässt.

Einwand 2. Die Lust, von der Epikur hier spricht, ist nicht die Lust als Seelenruhe, welche er in der Beschreibung seiner Position meint. Kleine Kinder streben nicht nach Seelenruhe, sondern nach der Befriedigung ihrer unmittelbaren Wünsche. Epikur verwechselt diese zwei Lustbegriffe. Sein Argument beruht somit auf einer unerlaubten Gleichsetzung von zwei gleichlautenden, aber nicht gleichbedeutenden Begriffen, also auf einer Äquivokation (s. S. 256). Wenn in einem Argument Begriffe nicht in derselben Bedeutung gebraucht werden, dann fehlt der Bezug zwischen Prämissen und Konklusion. Epikurs Argument ist somit zurückzuweisen.

Einwand 3. Der Hedonismus bestimmt das glückliche Leben nicht hinreichend. Er besagt, dass die Lust das Ziel des Lebens sei, aber da nicht jede Lust wählenswert ist, kann die Lust allein nicht das höchste Ziel sein. Man denke an Handlungen, die zwar Lust bereiten, aber nicht zum Glück führen. Wer raucht, der verspürt zwar Lust, aber er schädigt seine Gesundheit.

Erwiderung. Das Gesagte trifft zu, schlägt aber genau in die Bresche des Hedonismus: Glück ist die Lust der Seelenruhe; Rauchen ist nicht erstrebenswert, weil es nicht zur Seelenruhe führt.

Einwand 4. Es gibt Menschen, die eine große Lust aus einer bestimmten Handlung ziehen, die nicht schädigend ist, die wir dennoch als schlecht betrachten. Ein Mensch, der Lust am Töten hat, der soll dennoch nicht töten. Töten ist schlecht, ganz unabhängig davon, welchen Zustand dies in der handelnden Person auslöst.

Zusammenfassung

Worin besteht ein glückliches Leben? Gemäß der Gewissensethik von Sokrates und Platon besteht es in der Gerechtigkeit, denn nur eine gerechte Seele ist eine harmonische und gesunde Seele. Der Gewissensethik wird vorgeworfen, Gerechtigkeit sei keine hinreichende Bedingung, denn auch gerechte Menschen könnten ein unglückliches Leben führen. Gemäß der pragmatischen Theorie von Aristoteles lässt sich keine allgemeine Idee des Guten finden, und ein glückliches Leben kann nur ein tätiger, charakterstarker Mensch führen, wobei auch äußerliche Dinge wie Wohlstand und Freunde nötig sind. Gegen die pragmatische Theorie wird eingewendet, dass äußerliche Dinge für die Bestimmung des Glücks nicht relevant sind. Gemäß Epikurs Hedonismus ist das Ziel des Lebens die Lust. Damit ist jedoch nicht ein Leben gemeint, das auf sinnlichen Genuss allein abgestimmt ist; die hier gemeinte Lust ist die Lust der Seelenruhe. Gegen Epikurs Argument, der Hedonismus sei überzeugend, weil bereits kleine Kinder nach Lust strebten, wird eingewendet, es enthalte einen Sein-Sollens-Fehlschluss und eine Äquivokation. Dem Hedonismus wird zudem vorgeworfen, er bestimme das glückliche Leben nicht hinreichend und führe zu falschen Urteilen, zum Beispiel dazu, dass ein Mörder glücklich ist.

Literaturhinweise

Klassische Texte

Platon, *Gorgias oder Über die Beredsamkeit*, übers. von Friedrich Schleiermacher, neu hrsg. von Kurt Hildebrand, Stuttgart: Reclam, 1989 [u. ö.].
In diesem nach dem berühmten Sophisten benannten Dialog argumentiert Platon gegen die Auffassung, dass der Mächtige glücklich sei (470e–507c).

Platon, *Der Staat (Politeia)*, übers. von Karl Vretska, Stuttgart: Reclam, 1982 [u. ö.].
Dieser als Platons Hauptwerk geltende Dialog ist der Frage gewidmet, was Gerechtigkeit ist. Zu Beginn wird die Auffassung zurückgewiesen, dass der Stärkere gerecht und glücklich sei; bis zum Ende des vierten Buches wird für die These argumentiert, dass nur der Gerechte glücklich sei. Es folgen umfangreiche Abhandlungen über den genauen Aufbau des idealen Staates, zur Metaphysik und zur Erkenntnistheorie.

Aristoteles, *Nikomachische Ethik*, übers. von Franz Dirlmeier, Stuttgart: Reclam, 1969 [u. ö.].
Aristoteles liefert ausführliche Erörterungen über das Gute, die Tüchtigkeit, die Lust, die Freundschaft und das Glück (zu Letzterem insbesondere in Buch I und X).

Epikur, »Brief an Menoikeus«, in: Epikur, *Briefe, Sprüche, Werkfragmente*, griech./dt., übers. und hrsg. von Hans-Wolfgang Krautz, Stuttgart: Reclam, 1980 [u. ö.], S. 41–51.
In diesem Brief finden sich die Hauptthesen von Epikurs Hedonismus.

Epiktet, *Handbüchlein der Moral*, übers., mit Einl. und Anm. von Ernst Neitzke, Stuttgart: Reclam, 1992 [u. ö.].
Dies ist ein klassischer Text der stoischen Ethik.

Einführungen

Günther Bien, *Glück – was ist das?*, Frankfurt a. M.: Knecht, 1999.
Dies ist eine kurze Einführung in die Frage des Glücks. Bien stellt sorgfältig die verschiedenen Bedeutungen von »Glück« dar und wirft viele wichtige Fragen auf.

Christoph Horn, *Antike Lebenskunst*, München: Beck, 1998.
Dieses Buch bietet einen verständlich geschriebenen Überblick über antike Glückstheorien.

Malte Hossenfelder, *Antike Glückslehren: Kynismus und Kyrenaismus, Stoa, Epikureismus und Skepsis*, Stuttgart: Kröner, 1996.
Dieses Buch enthält hilfreiche Einführungen zu den darin abgedruckten Originaltexten.

Maximilian Forschner, *Über das Glück des Menschen: Aristoteles, Epikur, Stoa, Thomas von Aquin, Kant*, Darmstadt: Wissenschaftliche Buchgesellschaft, 1993.
Dies ist eine weitere gute Einführung in die verschiedenen antiken Glückstheorien und deren Weiterentwicklung im Mittelalter und in der Neuzeit.

III. Freiheit

Sind wir frei, darüber zu entscheiden, was wir tun? Diese Frage mag seltsam anmuten, betrachten wir uns doch gewöhnlich als Menschen, die zumindest gewisse Handlungen frei wählen. Wir entscheiden, ob wir heute Abend ins Kino gehen oder Lyrik lesen, ob wir in den Süden oder in den Norden in die Ferien fahren, ob wir ein anspruchsvolles Studium beginnen oder uns in die abenteuerliche Ungewissheit einer Weltreise begeben. Wir sind frei, darüber zu entscheiden, was wir tun, und wir sind uns bewusst, dass wir diese Freiheit haben.

Natürlich besitzen wir keine grenzenlose Freiheit. Wir können uns beispielsweise nicht dafür entscheiden, allen armen Menschen dieser Welt zu Reichtum zu verhelfen oder ohne Wasser in der Wüste zu überleben. Diese Dinge liegen nicht im Bereich dessen, was uns möglich ist. Auch können wir keine Weltreise machen, wenn wir das Geld dazu nicht besitzen, kein Studium beginnen, wenn wir die Aufnahmebedingungen nicht erfüllen. Wer sich für eine Handlung frei entscheiden kann, der muss zumindest in der Lage sein, diese Handlung auszuführen.

Wir müssen weiter im Besitz eines gewissen Bewusstseins sein. Wenn wir völlig unkontrollierte Bewegungen machen, dann handeln wir gar nicht. Wer zum Beispiel völlig betrunken ein Bierglas zu Boden wirft, der führt keine Handlung aus.

Damit wir eine Handlung ausführen, müssen wir sie in irgendeiner Form beabsichtigen. Das, was wir unabsichtlich tun, ist keine freiwillige Handlung von uns. Tragisches Beispiel in der Weltliteratur ist Ödipus, der von der Pythia erfahren hat, dass er seinen eigenen Vater ermorden werde, und bald darauf im Streit an einer Wegkreuzung einen alten Mann erschlägt. Ödipus tötet absichtlich den Mann, aber unabsichtlich seinen eigenen Vater, denn er weiß nicht, dass der fremde Alte sein Vater ist. In einem solchen Fall kann man nicht behaupten, Ödipus habe freiwillig seinen Vater ermordet. Er hatte nicht diese Absicht. Das wichtigste Merkmal der Freiheit ist jedoch die zu Beginn genannte Wahl: Wir können uns entscheiden, dieses oder jenes zu tun, das heißt, wir könnten an Stelle dieser Handlung auch eine andere ausführen. Diese kurze Diskussion lässt sich wie folgt zusammenfassen: Eine Person ist genau dann frei, eine bestimmte Handlung zu vollziehen, wenn sie

(1) in der Lage ist, diese Handlung auszuführen,
(2) bei hinreichendem Bewusstsein ist, um die Handlung zu vollziehen,
(3) die Handlung absichtlich vollzieht und
(4) an Stelle dieser Handlung auch eine andere ausführen könnte.

Dieser Versuch einer Definition der Freiheit mag an der einen oder anderen Stelle zu präzisieren sein, doch in den Grundzügen scheint er richtig: Die vier Bedingungen sind einzeln notwendig und zusammen hinreichend.
Problematisch ist allerdings, wie man die vierte Bedingung genau interpretiert, wie das folgende Beispiel von Aristoteles zeigt:
Ein mit Seeleuten besetztes und mit Nahrungsmitteln beladenes Schiff gerät in einen Sturm. Die Seeleute entscheiden sich, die Ladung über Bord zu werfen, um sich vor dem Ertrinken zu retten. Hätten die Seeleute anders handeln können?
Erste Antwort: Die Seeleute wollten überleben. Aus diesem Grund haben sie sich für das Abwerfen der Ladung entschieden. Doch der Überlebenswille ist nicht etwas, das sie hätten ändern können. Der Überlebenswille ist ein biologischer Trieb eines jeden Lebewesens. Was die Seeleute taten, war deshalb vorbestimmt, determiniert. Also hätten sie nicht anders handeln können, weil sie keinen anderen Willen hätten haben können.

Zweite Antwort: Die Seeleute haben sich bewusst für das Wegwerfen der Ladung entschieden. Sie hatten sogar ein rationales Motiv dafür: Sie wollten ihr Leben retten. Auch wenn es nicht ihrem Wunsch entsprach, die Ladung über Bord zu werfen, so wollten sie es angesichts der Situation dennoch. Wenn sie es gewollt hätten, dann hätten sie die Ladung an Bord lassen und mit dem Schiff versinken können. Sie waren frei zu tun, was sie tun wollten. Also hätten sie auch anders handeln können, weil sie einen anderen Willen hätten haben können.

Diese zwei unterschiedlichen Interpretationen der vierten Bedingung legen den Kern des Problems offen: Können Menschen sich entscheiden, dies oder jenes zu tun? Haben sie einen freien Willen? Gibt es die sogenannte Willensfreiheit?

Wir gehen im Alltag und in den Wissenschaften davon aus, dass natürliche Ereignisse durch andere Ereignisse verursacht werden. Wir gehen sogar davon aus, dass jedes Ereignis eine Ursache hat. Wenn uns jemand erklären würde, dass das Dach seines Hauses ganz ohne Grund eingestürzt sei, so würden wir ihm sagen, dass er noch genauer nachforschen müsse. Wir würden nicht sagen, dass der Einsturz keine Ursache hatte. Ein Ereignis ohne Ursache können wir uns nicht vorstellen. Dahinter steckt das Kausalitäts- oder Determinismusprinzip. Dieses besagt: Alle Ereignisse sind determiniert, jedes Ereignis ist vollständig vorbestimmt durch das, was zuvor geschehen ist.

Nun könnte man argumentieren: Wenn der Zustand der Welt, inklusive der menschlichen Handlungen, vorbestimmt ist, dann hätten wir keine Willensfreiheit.

Dieses Argument beruht auf der Voraussetzung, dass der Determinismus wahr ist. Dies ist jedoch alles andere als sicher. In der modernen Physik, insbesondere in der Quantenphysik, bestehen Theorien, die festlegen, dass es Ereignisse gibt, die keine Ursachen haben. Dies ist die These des Indeterminismus. Sie besagt, dass es Ereignisse gibt, die nicht durch das bestimmt sind, was zuvor geschehen ist.

Wenn der Indeterminismus wahr ist, wenn es zum Beispiel auf quantenphysikalischer Ebene Ereignisse gibt, die keine Ursache haben, d. h. Ereignisse, die zufällig eintreten, dann sind nicht wir es, die unsere Handlung bestimmen, sondern der Zufall. Wenn aber der Zufall unser Handeln bestimmt, dann sind wir nicht frei. Daraus ergibt sich das Fazit: Ob durch Zufall oder Notwendigkeit bestimmt, unser Wollen bleibt unfrei.

Der Gedankengang lässt sich verkürzt als Argument wie folgt darstellen:

(1) Entweder ist die Welt deterministisch oder indeterministisch.
(2) Wenn die Welt deterministisch ist, dann gibt es keinen freien Willen.
(3) Wenn die Welt indeterministisch ist, dann gibt es keinen freien Willen.

Daraus folgt: Es gibt keinen freien Willen.

Dies ist das Dilemma des Determinismus. Ein Dilemma ist eine Situation, in der man von zwei Möglichkeiten eine auswählen muss und beide Möglichkeiten zum selben schlechten Resultat führen oder zu Resultaten, die gleichermaßen schlecht sind. In diesem Fall müssen wir uns dafür entscheiden, ob wir die Welt als deterministisch oder indeterministisch betrachten wollen. Doch wie auch immer wir uns entscheiden: es gibt keine Freiheit.

Dieser Schluss scheint inakzeptabel. Wenn wir unfrei sind, dann können wir nicht mehr sagen, dass wir für unser Tun verantwortlich sind. Und darin besteht ein zentraler Bestandteil unseres Lebens: dass wir uns für unser Handeln und andere für ihre Taten zur Verantwortung ziehen. Wenn jemand nicht für das, was er tut, verantwortlich ist, dann kann man ihn dafür weder loben noch tadeln. Wenn es allerdings keine Freiheit gibt, dann gibt es auch keine

Verantwortung und somit auch kein Lob und keinen Tadel. Deshalb ist es derart wichtig für uns, dass wir frei sind. Nun lautet aber der Schluss des Arguments, dass wir unfrei sind. Was sollen wir tun? Das Argument ist gültig, der Schluss folgt logisch aus den Prämissen. Somit bleiben uns vier mögliche Auswege: Wir können die erste Prämisse verneinen und einen dritten Weg finden, wir können die zweite oder dritte Prämisse verneinen, oder wir können uns mit dem Schluss abfinden, indem wir erkennen, dass er gar nicht so schlecht ist, wie er zunächst erscheint.
Man betrachte zunächst den ersten möglichen Ausweg: Gesucht ist ein dritter Weg. Wenn wir zum Beispiel vor der Wahl stehen, entweder eine Schokolade oder ein Vanilleeis zu essen, dann besteht immer auch die Möglichkeit, gar nichts zu essen. Im Dilemma des Determinismus besteht jedoch kein solcher Ausweg: Entweder ein Ereignis ist durch das zuvor Geschehene vollständig bestimmt oder es ist nicht vollständig bestimmt. Entweder ist der Determinismus wahr, oder er ist nicht wahr. Wenn er nicht wahr ist, dann ist der Indeterminismus wahr. Ein Drittes gibt es nicht. Das Dilemma des Determinismus ist also ein echtes Dilemma: Wir haben keinen dritten Ausweg und müssen uns zwischen den zwei Optionen entscheiden. Der erste mögliche Ausweg ist uns verwehrt; die anderen drei möglichen Auswege sind hingegen nicht von vornherein auszuschließen und sollen nun nacheinander diskutiert werden.

1. Inkompatibilismus

Der Inkompatibilismus akzeptiert die zweite Prämisse: Wenn die Welt deterministisch ist, dann gibt es keinen freien Willen. Determinismus und Freiheit sind miteinander inkompatibel – deshalb wird die Position »Inkompatibilismus« genannt.

Inkompatibilisten akzeptieren die zweite Prämisse, aber nicht den Schluss. Sie sind Optimisten und glauben, dass es Freiheit gibt. Also verneinen sie die dritte Prämisse. Gemäß Inkompatibilismus gibt es den freien Willen, wenn die Welt indeterministisch ist.

Die Argumentation der Inkompatibilisten besteht aus zwei Schritten: In einem ersten Schritt versuchen sie zu zeigen, dass der Determinismus nicht wahr sein kann; daraus folgern sie, dass der Indeterminismus wahr sein muss. Damit ist jedoch noch nicht gezeigt, dass es in einer indeterministischen Welt Freiheit gibt. Dies muss in einem zweiten Schritt bewiesen werden.

Warum wird der Determinismus überhaupt verfochten? In der Antike glaubten viele Leute an das Schicksal, das *fatum*, das den Lauf der Dinge vorbestimmt. Wenn es das Schicksal gibt, dann ist die Welt deterministisch. Bereits von antiken Gelehrten und noch heute wird der Determinismus auch mit dem Verweis auf die Naturwissenschaften gestützt. Wir Menschen sind natürliche Wesen und bestehen als solche aus kleinsten physikalischen Teilchen. Diese Teilchen interagieren auf mechanische Weise, und da die Gesetze der Mechanik deterministisch sind, sind auch die Handlungen der Menschen vorbestimmt.

Dieses Argument weist einige Schwächen auf. Es setzt unter anderem voraus, dass sich die gesamte Welt mit mechanistischen Gesetzen erklären lässt; und das müsste erst einmal gezeigt werden. Andererseits werden in den Naturwissenschaften solche Gesetze gebraucht. Somit besteht zumindest ein guter Grund für die Annahme des Determinismus.

Es gibt allerdings stärkere Gründe, die gegen den Determinismus sprechen, meint Epikur (um 342 – 271 v. Chr.), einer der Ersten, der sich überhaupt mit dem Problem der Willensfreiheit auseinandersetzte. Er führt drei Argumente an. Erstens empfinden wir uns selbst nicht als vorbestimmt. Wenn zweitens der Determinismus wahr wäre, dann gäbe es keine Verantwortung. Drittens kann man gar nicht für den Determinismus argumentieren, denn wenn man zu argumentieren beginnt, setzt man bereits voraus, dass man auch anderer Meinung sein kann, d. h., man setzt voraus, dass der Determinismus falsch ist.

Das erste Argument ist nicht überzeugend, denn die Empfindung ist ein schlechter Ratgeber; wir könnten uns auch täuschen. Das dritte Argument ist ebenfalls nicht stichhaltig, denn man kann für den Determinismus argumentieren und glauben, dass die vorgetragene Argumentation selbst wieder determiniert ist. Das zweite Argument von Epikur hat hingegen etwas für sich. Wenn es so ist, dass der Determinismus dazu führt, dass es keine Verantwortung gibt, dann wäre damit vielleicht noch nicht gezeigt, dass der Determinismus falsch ist, aber zumindest hätten wir einen Grund dafür, den Determinismus zu verneinen. Allerdings ist dies kein hinreichender Grund, denn unser Wunsch nach Verantwortung kann die Verantwortung nicht herbeizaubern.

Wir können die endgültige Beantwortung der Frage offen lassen und dem Inkompatibilisten zugestehen, dass es einige mehr oder weniger gute Gründe gegen den Determinismus gibt. Der Inkompatibilist hat nun immer noch zu zeigen, dass der freie Wille in einer indeterministischen Welt möglich ist.

Der Indeterminismus ist die These, dass die momentane Situation nicht durch das zuvor Geschehene bestimmt ist. Diese These muss insbesondere auch für menschliche Gedanken und Handlungen gelten. Das, was ein Mensch denkt und will, soll nicht vorbestimmt sein. Was nicht vorbestimmt ist, wird, so kann man annehmen, durch den Zufall bestimmt. Wenn es aber durch den Zufall bestimmt wird, dann sind uns die Gedanken wiederum vorgegeben und wir sind unfrei. Mit diesem Ergebnis ist der Inkompatibilist nicht einverstanden. Es ist nicht der Zufall, der unsere Gedanken bestimmt, sondern wir bestimmen unse-

re Gedanken. Wir wirken mit unserem Geist auf das Gehirn. Wir sind der erste Beweger, der selbst unbewegt ist. Während unbelebte Gegenstände sich nur dann bewegen können, wenn sie in Bewegung gesetzt werden, sind wir in der Lage, uns dank unseres Willens selbst in Bewegung zu setzen. Unser Wille ist deshalb frei. Die optimistische These des Inkompatibilisten lautet: Wir haben einen freien Willen, weil wir unbewegte Beweger sind, d. h. als Geist auf die Materie wirken können.
Diese Idee des unbewegten Bewegers geht auf Aristoteles zurück, der sich jedoch selbst nicht explizit zum Problem der Willensfreiheit geäußert hat. Sie ist in neuester Zeit vom amerikanischen Philosophen Roderick Chisholm (1916–1999) wiederaufgenommen worden.[5]

Einwand 1. Der Inkompatibilist erklärt nicht hinreichend, wie Indeterminismus und Freiheit zusammen möglich sind. Die Annahme, dass wir unbewegte Beweger sind und mit dem Geist auf die Materie wirken, erklärt die menschliche Freiheit nicht, denn es wird dabei auf den Begriff des Geistes zurückgegriffen, der nicht klarer ist als der Begriff der Freiheit. Wenn wir sagen, der Geist wirke auf den Körper, dann sagen wir damit nichts Neues. Es ist, als würden wir sagen, die Menschen seien frei, weil sie frei sind.

Einwand 2. Das Wirken von Geist auf Materie führt nicht nur zu keiner Klärung, es widerspricht auch dem Prinzip der Geschlossenheit des Physischen. Dieses

5 Einen etwas anderen Inkompatibilismus vertritt Immanuel Kant (1724–1804). Er rettet die Freiheit, indem er den Menschen in zwei verschiedene Welten setzt, als Körper in die deterministische Welt der Erscheinungen, als Vernunftwesen in die indeterministische Verstandeswelt. Als Körper haben wir keinen freien Willen, als Vernunftwesen sind wir frei. Die drei Einwände gegen den Inkompatibilismus des unbewegten Bewegers lassen sich etwas angepasst auch gegen Kants Inkompatibilismus vortragen.

Prinzip besagt, dass nur Physisches auf Physisches kausal wirken kann.

Erwiderung. Das Prinzip der Geschlossenheit des Physischen ist nicht begründet und lässt sich auch nicht begründen.

Erwiderung auf die Erwiderung. Die Physik beruht auf diesem Prinzip. Dies ist Grund genug, es anzunehmen. Zudem ist es schwer, sich vorzustellen, was überhaupt mit »Verursachung« gemeint sein könnte, wenn dieses Prinzip nicht gilt.

Einwand 3. Die Idee des freien Willens als die eines unbewegten Bewegers entspricht nicht dem, was wir unter unserem Willen verstehen. Ein unbewegter Beweger wird von nichts beeinflusst, er setzt aus dem Nichts heraus etwas in Bewegung. Wir als Menschen können aber nicht aus dem Nichts heraus handeln. Wir sind durch unsere Erfahrungen bestimmt. Die Idee des freien Willens als die eines unbewegten Bewegers ist die Idee eines überirdischen Willens. Wir sind jedoch auf der Suche nach einem irdischen Willen, der immer auch von der vorherigen Situation mitbestimmt ist.

2. Kompatibilismus

Wenn die Antwort des Inkompatibilisten nicht überzeugt, ist man wieder vor das Dilemma des Determinismus gestellt. Der Inkompatibilist hat in einem ersten Schritt zu zeigen versucht, dass der Determinismus falsch ist, und zwar unter anderem mit dem Argument, dass es ansonsten keine Verantwortung gäbe. Doch stimmt dies? Gibt es keine Verantwortung und keine Freiheit, wenn der Determinismus wahr ist? Nein, sagen die Vertreter des Kompatibilismus. Determinismus und Freiheit schließen sich nicht aus, sondern sind kompatibel miteinander. Wie argumentiert der Kompatibilist für diese auf den ersten Blick wenig plausible Antwort?

Wenn wir genau darauf achten, wie wir den Begriff der Freiheit in der Alltagssprache verwenden, dann erkennen wir, dass damit eine Art von Freiheit gemeint ist, die mit dem Determinismus sehr wohl vereinbar ist. Einen freien Willen haben wir dann, wenn wir frei sind, uns für diese oder jene Handlung zu entscheiden, d. h., wenn es uns offen steht, dieses oder jenes zu tun. Dies ist, wie oben beschrieben, dann der Fall, wenn wir erstens in der Lage sind, diese Handlung auszuführen, zweitens bei hinreichendem Bewusstsein sind, um die Handlung zu vollziehen, drittens die Handlung absichtlich vollziehen und viertens an Stelle dieser Handlung auch eine andere ausführen könnten. Die vierte Bedingung besagt in der Lesart des Kompatibilismus nicht mehr und nicht weniger als Folgendes: Wir sind physisch in der Lage, eine andere Handlung auszuführen, und werden von niemandem davon abgehalten. Im Beispiel der Seeleute, die ihre Ladung im Sturm über Bord werfen, handeln die Seeleute freiwillig, denn sie könnten eine andere Handlung ausführen und werden von niemandem davon abgehalten.

Wann sind wir dann unfrei? Unfrei sind wir aus kompatibilistischer Sicht nur dann, wenn wir zu unserer Handlung gezwungen werden. Gezwungen sind wir zu einer Handlung, wenn wir nichts anderes tun können. Wann ist dies der Fall? Genau genommen ist dies nur dann der Fall, wenn wir gar nicht handeln. Unfrei sind wir nur dann, wenn wir entweder nicht bei vollem Bewusstsein sind, beispielsweise unter dem Einfluss von Drogen stehen, oder wenn uns jemand physisch zu etwas zwingt, beispielsweise wenn uns jemand ins Schwimmbecken stößt. Was wir dann machen, sind reine Körperbewegungen, keine Handlungen.

Wir wollen zwischen Handlungen und reinen Körperbe-

wegungen in diesem Sinn unterscheiden, weil wir Menschen nur für ihre Handlungen zur Verantwortung ziehen wollen. Wer sich für eine bestimmte Handlung entscheidet, der ist für diese verantwortlich. Das Problem der Freiheit hat laut Kompatibilismus eine einfache Antwort: Solange wir es sind, die (im alltäglichen Sinn des Wortes) entscheiden, sind wir frei.
Der Kompatibilismus ist in der Antike von den Stoikern wie Chrysipp (um 281 – um 208 v. Chr.) und Cicero (106–43 v. Chr.) vertreten worden. Weitere berühmte Kompatibilisten sind Baruch de Spinoza (1632–1677), David Hume (1711–1776), Peter Strawson (1919–2006) und Daniel Dennett (geb. 1942).

Einwand 1. Die von kompatibilistischer Seite vorgetragene Freiheit ist nicht die Freiheit, die wir meinen, wenn wir von der Freiheit reden. Sicherlich sind wir in einem viel stärkeren Maße unfrei, wenn uns jemand mit Gewalt zu einer Handlung zwingt, doch heißt dies nicht, dass wir dann, wenn wir nicht gezwungen werden, frei handeln. Wenn unser Wille zu diesen Handlungen vorbestimmt ist, dann haben wir entgegen der kompatibilistischen Behauptung keinen freien Willen.
Erwiderung. Welche Art der Freiheit ist denn gemeint, wenn wir von der Freiheit reden? Wir meinen damit den freien Willen von uns Menschen. Als Menschen sind wir Wesen mit einem bestimmten Charakter und einer bestimmten Geschichte. Diese bestimmen zumindest zum Teil, was wir wollen und tun. Der Wille im Sinne eines unbewegten Bewegers hingegen ist ein Wille, der durch nichts vorbestimmt ist. Dies kann kein menschlicher Wille sein, denn der menschliche Wille ist immer durch Geschichte und Charakter vorbestimmt. Einen absoluten Willen im Sinne eines unbewegten Bewegers kann kein Mensch haben. Wenn wir von einem Menschen sagen, sein Wille sei frei, dann meinen wir

damit, er könne sich ohne Zwang für diese oder jene Handlung entscheiden.

Einwand 2. Wenn der Kompatibilismus wahr ist, dann sind wir zwar frei, aber wir sind nicht für unsere Handlungen verantwortlich, da diese wie auch unser Wille vorbestimmt sind. Also ist der Kompatibilismus keine vertretbare Position, da er die inakzeptable Konsequenz nach sich zieht, dass es dann keine Verantwortung gäbe.
Erwiderung. So wie wir als Menschen keine absolute Freiheit haben, sind wir auch nicht für unsere Handlungen in einem absoluten Sinn verantwortlich. Wir können nichts dafür, dass wir als ruhigere oder ehrgeizigere, langsamere oder neugierigere Menschen als andere geboren wurden. Solche Charaktereigenschaften bestimmen unseren Willen. Aber für unsere Handlungen sind wir verantwortlich, denn wir haben uns frei dazu entschieden. Wir hätten auch etwas anderes machen können.

3. Pessimismus

Wenn der Optimismus einiger Inkompatibilisten nicht einleuchtet und der Kompatibilismus nicht von der richtigen Freiheit zu sprechen scheint, bleibt nur noch der Ausweg zu sagen: Es gibt keine Freiheit. Dies ist die These des Pessimismus.
Der Pessimist verneint, dass der Mensch einen freien Willen hat. Er akzeptiert das Argument und zieht folgerichtig den Schluss daraus, dass wir unfrei sind. Genau genommen muss sich der Pessimist nicht darauf festlegen, ob die Welt deterministisch ist oder nicht, denn die Unfreiheit des Willens besteht in beiden Fällen.

Nun stellt sich die Frage: Wenn der Pessimist Recht hat, folgt dann daraus, dass unser Wille keinerlei Einfluss auf den Lauf der Dinge hat? Dies ist die Ansicht des Fatalisten, des Schicksalsgläubigen. Er argumentiert wie folgt: Da die Welt vorbestimmt ist, wird die Welt gleich aussehen, was auch immer ich mache. Wenn die Welt gleich aussehen wird, was auch immer ich mache, dann kann ich mich zurücklehnen. Es wird in jedem Fall das passieren, was das Schicksal bestimmt hat. Diese Argumentation ist allerdings nicht stichhaltig. Daraus, dass alles vorbestimmt ist, folgt nicht, dass der Wille keinen Einfluss auf den Lauf der Dinge hätte. Wenn ich meinen Willen umsetze und jetzt ein Tiramisu zubereite, dann steht in einigen Stunden ein Dessert auf dem Tisch. Wenn ich mich zurücklehne, dann steht kein Dessert auf dem Tisch. (Vielleicht bringt zufällig eine Freundin ein gekauftes Tiramisu vorbei, aber das wäre kein von mir gemachtes Tiramisu. Wenn dies geschähe, würde dies nicht zeigen, dass mein Wille keinen Einfluss auf die Welt hat.) Der Fatalist hat also Unrecht. Wir können uns nicht einfach zurücklehnen, denn wir können mit unserem Willen die Welt beeinflussen.

Der Pessimismus berücksichtigt dies: Der Wille ist zwar nicht frei, aber die Umsetzung des Willens verändert die Welt. Bezeichnenderweise heben die beiden berühmtesten Vertreter des Pessimismus, die deutschen Philosophen Arthur Schopenhauer (1788–1860) und Friedrich Nietzsche (1844–1900), die große Wichtigkeit des Willens hervor. Schopenhauer spricht gar davon, dass sein Wille die Welt sei. Nietzsche unterscheidet zwischen einem schwachen und einem starken Willen und plädiert dafür, ohne Rücksicht auf traditionelle Moralvorstellungen den eigenen Willen durchzusetzen. Wer dem eigenen Willen folgt, zeigt, dass dieser Wille stark ist. Schopenhauer und Nietzsche verneinen, dass unser Wille frei ist, nicht jedoch, dass wir einen Willen haben.

Einwand 1. Die These, dass es keine Freiheit gibt, ist absurd. Tagtäglich erfahren wir uns als freie Menschen. Wer das Gegenteil behauptet, behauptet Unsinn.
Erwiderung. Man kann daraus, dass wir uns als frei erfahren, nicht schließen, dass wir frei sind. Wir könnten uns auch täuschen.

Einwand 2. Wenn es keine Freiheit gibt, dann gibt es keine Verantwortung. Wir wollen aber andere Menschen für ihre Handlungen zur Verantwortung ziehen. Wir wollen, wenn uns etwas an den Handlungen anderer missfällt, diese Menschen tadeln. Und in Bezug auf unsere eigenen Erfolge wollen wir uns selbst als ihre Urheber betrachten. Wenn es keine Freiheit gibt, dann können wir weder uns selbst noch anderen Verantwortung zuschreiben.
Erwiderung. Ganz recht, könnte ein Pessimist sagen: es gibt keine Freiheit und auch keine Verantwortung. Wenn wir andere loben und tadeln, dann tun wir so, als gäbe es Verantwortung. In Wirklichkeit ist kein Mensch für das, was er tut, verantwortlich.

Zusammenfassung

Sind wir frei? Nein, denn entweder ist die Welt deterministisch oder sie ist indeterministisch. Ist sie das erste, sind wir unfrei, ist sie das zweite, sind wir auch unfrei. Daraus folgt: Wir sind in jedem Fall unfrei. Gegen dieses Argument wenden die Inkompatibilisten ein, dass Freiheit in einer indeterministischen Welt möglich ist, da wir als Menschen mit unserem Willen die ersten Beweger einer Bewegungskette sein können. Dagegen lässt sich einwenden, dass diese Art der Freiheit nicht der irdischen Freiheit entspricht, nichts erklärt und dem Prinzip der Geschlossenheit des Physischen widerspricht. Die Kompatibilisten weisen darauf hin, dass die Art von Freiheit, von der wir im Alltag sprechen, auch dann gegeben ist, wenn die Welt deterministisch ist. Dagegen lässt sich einwenden, dass dies nicht die Art von Freiheit ist, nach der wir suchen. Die Pessimisten verneinen, dass es Freiheit gibt. Gegen den Pessimismus lässt sich einwenden, dass er die unplausible Konsequenz hat, dass wir weder uns selbst noch anderen Verantwortung zuschreiben könnten.

Literaturhinweise

Klassische Texte

Aristoteles, *Nikomachische Ethik*, übers. von Franz Dirlmeier, Stuttgart: Reclam, 1969 [u. ö.].

Buch III bietet einen guten Einstieg in Probleme der menschlichen Handlungsfreiheit.

Epikur, *De Natura* (34.26–30), in: Anthony A. Long / David N. Sedley (Hrsg.), *Die hellenistischen Philosophen. Texte und Kommentare*, übers. von Karlheinz Hülser, Stuttgart: Metzler, 2000, S. 120-121.

Dies ist die erste explizite Zurückweisung des Determinismus und der erste Versuch, einen optimistischen Inkompatibilismus zu begründen.

Cicero, *De fato* (21–25), in: Long/Sedley, S. 122–124.

Cicero setzt sich mit Epikurs Argumenten auseinander und stellt den Kompatibilismus von Chrysipp dar.

Spinoza, *Die Ethik*, lat./dt., Übers. von Jakob Stern revid. von Irmgard Rauthe-Welsch, Nachw. von Bernhard Lakebrink, Stuttgart: Reclam, 1977 [u. ö.].

Spinoza argumentiert in seinem Hauptwerk unter anderem dafür, dass der Determinismus wahr sei. Dennoch gebe es Freiheit. Die Freiheit besteht laut Spinoza darin, der Vernunft gemäß zu handeln, d. h. sich nicht von der Todesfurcht leiten zu lassen, sondern zu versuchen, das eigene Leben zu erhalten, indem man seinen eigenen Nutzen sucht.

David Hume, *Eine Untersuchung über den menschlichen Verstand*, übers. und hrsg. von Herbert Herring, Stuttgart: Reclam, 1967 [u. ö.].
In § 8 legt Hume seine kompatibilistische Ansicht dar.

Immanuel Kant, *Grundlegung zur Metaphysik der Sitten. Dritte Auflage*, hrsg. und eingef. von Theodor Valentiner, Stuttgart: Reclam, 1953 [u. ö.].
Kant begründet die menschliche Freiheit damit, dass der Mensch nicht nur der Sinneswelt, sondern auch einer anderen Welt angehöre, der sogenannten »Verstandeswelt«.

Arthur Schopenhauer, »Preisschrift über die Freiheit des Willens«, in: A. S., *Die beiden Grundprobleme der Ethik, behandelt in zwei akademischen Preisschriften*, Hamburg: Meiner, 1978–79.
Schopenhauer stellt in diesem Aufsatz seinen Pessimismus in Bezug auf die menschliche Willensfreiheit dar.

Friedrich Nietzsche, *Jenseits von Gut und Böse. Vorspiel einer Philosophie der Zukunft*, Stuttgart: Reclam, 1988 [u. ö.].
Nietzsche schlägt in diesem Buch vor, die Frage der Willensfreiheit als eine Frage nach einem starken oder schwachen Willen zu verstehen.

Roderick Chisholm, »Die menschliche Freiheit und das Selbst«, übers. von Christoph Taul, in: Ulrich Pothast (Hrsg.), *Seminar: Freies Handeln und Determinismus*, Frankfurt a. M.: Suhrkamp, 1978, S. 71–87.
Chisholm argumentiert dafür, dass es eine spezielle Form der Verursachung gibt, die nicht hinreichend ist, aber dennoch kausal wirkt: Die Person selbst ist die Verursacherin der Handlung.

Peter Strawson, »Freiheit und Übelnehmen«, übers. von Christoph Taul, in: Pothast, S. 201–233.
Strawson argumentiert in diesem Aufsatz dafür, dass wir nicht anders wollen und nicht anders können, als anderen Menschen Verantwortung und damit auch Freiheit zuzuschreiben.

Daniel Dennett, *Ellenbogenfreiheit: die wünschenswerten Formen vom freien Willen*, übers. von Uta Müller-Koch, Weinheim: Beltz Athenäum, [2]1994.
Dennett argumentiert in diesem Buch für eine kompatibilistische Position.

Einführungen

Peter Bieri, *Das Handwerk der Freiheit. Über die Entdeckung des eigenen Willens*, Frankfurt a. M.: Fischer, 2003.
Bieri diskutiert das Problem der Willensfreiheit ohne akademischen Jargon und dennoch mit großer Genauigkeit. Darin nimmt er auch auf den Roman *Verbrechen und Strafe* (*Schuld und Sühne*) von Fjodor Dostojewski Bezug, der eine meisterhafte literarische Umsetzung der Frage der Verantwortlichkeit darstellt.

Ted Honderich, *Wie frei sind wir? Das Determinismus-Problem*, Stuttgart: Reclam, 1995.
Dies ist eine gute kürzere Einführung in das Problem der Willensfreiheit.

Mittelalter

In der Antike wurde die Philosophie als die Wissenschaft angesehen, die alle Wissenschaften vereinigt; im Mittelalter wird sie zur »Magd der Theologie« (*ancilla theologiae*). Ihre Aufgabe ist es nun, die christlichen Glaubensinhalte verständlich zu machen und durch die Vernunft zu begründen. Das Studium von vorwiegend christlichen Texten findet hauptsächlich in Klöstern und ab dem 12. Jahrhundert in neu gegründeten, von der Kirche überwachten Universitäten statt. Ein eigenständiges Dasein hat die Philosophie in dieser Zeit nicht.
In der ersten Phase christlicher Philosophie, im noch spätantiken Zeitalter der Kirchenväter (3. bis 7. Jahrhundert), findet zunächst eine Systematisierung der theologischen Überzeugungen statt. Allen voran trägt Aurelius Augustinus (354–430) dazu bei, dessen Werk das erste einheitliche System der christlichen Dogmatik darstellt und dementsprechend große Wirkung auf die Geistesgeschichte hat. In den *Bekenntnissen* beschreibt er den Weg zur Selbsterkenntnis und weiter zur Erkenntnis Gottes. Berühmt ist auch seine Analyse der Zeit, die das Verhältnis zwischen subjektiver Zeit-Wahrnehmung und objektiv bestehender Ewigkeit beleuchtet.
In der zweiten Phase, der Scholastik (9. bis 15. Jahrhundert), versuchen Gelehrte die christlichen Glaubenslehren nicht mehr nur zu systematisieren, sondern durch die Vernunft zu begründen. Dazu entwickeln sie die scholastische Methode, die darin besteht, christliche Glaubenswahrheiten durch die Vernunft zu prüfen, indem Argumente für und wider (*pro et contra*) vorgetragen und einander gegenübergestellt werden. Was zählt, ist einerseits die Stichhaltigkeit der Argumente, andererseits die Autorität von antiken Philosophen und Kirchenvätern. Die an den Uni-

versitäten abgehaltenen Streitgespräche, die sogenannten Disputationen, folgen diesem Vorgehen getreu und zeigen ein zuweilen ausgesprochen feines Denken.
Eine der zentralen Fragen der Scholastik lautet, ob und wie Gottes Existenz bewiesen werden kann (s. S. 66–82). Der ontologische Gottesbeweis von Anselm von Canterbury (1033–1109), der als »Vater der Scholastik« gilt, versucht, die Existenz Gottes aus dem Begriff »Gott« selbst abzuleiten. Thomas von Aquin (um 1225 – 1274) stellt andere Beweise auf. Er verbindet in seinem Werk Gedanken von Augustinus mit solchen von Aristoteles. Dies ist nur möglich, weil arabische Gelehrte, deren Wissenschaft der europäischen zu jener Zeit weit überlegen war, die in Europa verlorenen Schriften des Aristoteles übersetzten und über Spanien wieder nach Europa brachten.
Eine zweite wichtige Frage der Scholastik gipfelt im sogenannten Universalienstreit. Es stellt sich die Frage, ob den Universalien, d. h. den Allgemeinbegriffen (z. B. »Pferd«), eine eigene Existenz zukommt, oder ob nur die Einzeldinge (z. B. dieses Pferd) wirklich existieren und die Universalien lediglich Namen sind. Die erste Position ist die des Universalien-Realismus, die zweite die des Universalien-Nominalismus. Ein wichtiger Vertreter des Nominalismus ist Wilhelm von Ockham (um 1280 – um 1348), der für das Prinzip berühmt wurde, dass nur solche Entitäten angenommen werden sollen, die notwendig sind (»Ockhams Rasiermesser«). Man soll also keine Universalien als Entitäten annehmen, weil sie nicht notwendig sind.
Neben der Scholastik entwickelt sich die Mystik. Die Mystik ist die Lehre von der Vereinigung mit Gott (*unio mystica*). Als einer ihrer wichtigsten Vertreter gilt Meister Eckhart (um 1260 – 1328).
Am Ende des Mittelalters steht ein eigenwilliger Denker, Nikolaus von Kues (1401–1464), der neuplatonische und mystische Gedanken mit mathematischer Spekulation verbindet.

Literaturhinweise

Hans Joachim Störig, *Kleine Weltgeschichte der Philosophie*, Frankfurt a. M.: Fischer, 1997.
Diese Geschichte der Philosophie ist spannend, leicht verständlich und bietet dem Einsteiger einen guten Überblick.

Wolfgang Röd (Hrsg.), *Geschichte der Philosophie*, 12 Bde., München: Beck, 1986 ff.
Diese Reihe enthält ausführliche Darstellungen zu einzelnen Epochen der Philosophiegeschichte, geschrieben von ausgewiesenen Kennern.

IV. Gott

Gibt es Gott? Um diese Frage zu beantworten, muss zunächst geklärt werden, wer oder was Gott ist, denn wenn man nicht weiß, was das ist, worüber man spricht, kann man auch nicht sagen, ob es existiert oder nicht.
Wer oder was ist Gott? Die traditionellen monotheistischen (also an einen einzigen Gott glaubenden) Lehren des Christentums, des Judentums und des Islams verstehen Gott als den allgegenwärtigen, allmächtigen und allwissenden Schöpfer des Universums, als eine körperlose Person, vollkommen, gut, unveränderlich und ewig. Diese Eigenschaften wurden von verschiedenen Menschen zu verschiedenen Zeiten unterschiedlich interpretiert, doch die Grundzüge des traditionellen Gottesbildes scheinen in diesen Begriffen erfasst zu sein.
Nun kann die Frage gestellt werden, ob es Gott überhaupt gibt. Bei der Beantwortung dieser Frage wird es nicht darum gehen, einen speziellen Glauben zu formulieren. Dies ist Aufgabe der Religionen. Die Frage kann nicht damit beantwortet werden, dass man an Gott glaubt oder nicht an ihn glaubt, denn eine solche Auffassung wäre dogmatisch, d. h. eine unbegründete Behauptung. Gesucht wird eine rational nachvollziehbare Begründung für die Existenz Gottes, ein sogenannter Gottesbeweis. Die berühmtesten Gottesbeweise sollen in diesem Kapitel diskutiert werden.

1. Das Wunderargument

Das Wunderargument geht von der Existenz von Wundern aus und leitet daraus die Existenz Gottes ab. Ein Wunder ist ein Ereignis, das keine natürliche Erklärung hat. Oftmals tauchen Wunder in religiösem Zusammenhang auf. Zu den bekanntesten Wundern in der christlichen Tradition zählen die Jungfrauengeburt und die Auferstehung von Jesus. Auch kleinere Wunder werden dazu gezählt, etwa die Erscheinung der Jungfrau Maria in einer Dorfkirche. Insbesondere im Mittelalter haben Mystiker, d. h. Menschen, die nach der Vereinigung mit Gott (*unio mystica*) streben, eindrucksvolle Zeugnisse von Gotteserfahrungen gegeben, die als Wunder angesehen werden können. Berühmte Mystiker sind Meister Eckhart (um 1260 – 1328) und Hildegard von Bingen (1098–1179).

Nehmen wir einmal an, es gebe tatsächlich Wunder. Wunder können keine natürlichen Ursachen haben, denn sonst wären es keine Wunder. Dass beispielsweise eine Jungfrau ein Kind gebärt oder jemand einen Blitz bei hellem Sonnenschein sieht, widerspricht den Naturgesetzen und gilt deshalb als Wunder. Dennoch müssen auch diese Phänomene eine Erklärung haben, sofern sie nicht zufällig geschehen. Wenn es für ein Ereignis keine natürliche Erklärung gibt, dann muss es eine übernatürliche Erklärung geben. In diesem Fall liefert Gott die übernatürliche Erklärung. Er hat in den Lauf der Natur eingegriffen, um den Menschen zu helfen und um ihnen ein Zeichen seiner Existenz zu geben. Daraus folgt: Gott existiert.

Häufig wird das tatsächliche Stattfinden der Wunder mit Zeugenaussagen untermauert. Diese oder jene vertrauenswürdige Person habe das Wunder mit eigenen Augen gesehen, und es sei sowohl ausgeschlossen, dass sie sich täusche, als auch, dass sie lüge. Bei großen Wundern werden mehrere Zeugen aufgezählt, die unabhängig voneinander zu verblüffend ähnlichen Schilderungen desselben Ereignisses kommen.

Einwand 1. Die Menschen neigen dazu, an Wunder zu glauben, weil sie das Unerklärliche fasziniert und es eine Stütze für ihren religiösen Glauben bietet. Der

Glaube an Wunder kann schon auf diese Weise erklärt werden.
Erwiderung. Es gibt Menschen, die Wunder selbst erlebt haben. Es ist unfair, diesen Menschen im Voraus eine ausgesprochen starke Faszination für das Übernatürliche zu unterstellen.

Einwand 2. Die Wunder, von denen wir Zeugnis haben, insbesondere die biblischen Wunder, liegen Jahrhunderte und Jahrtausende zurück. Von ihnen sind teilweise nur einzelne Zeugenberichte überliefert. Diese sind über viele Boten zu uns gelangt. Die Wahrscheinlichkeit, dass die Aussagen wahr sind, ist deshalb gering.
Erwiderung. Dass die Wunder weit zurückliegen, macht sie nicht unwahrscheinlicher, und von einigen sind mehrere vertrauenswürdige, voneinander unabhängige Zeugenberichte bekannt.

Einwand 3. Wer nur untersucht, wie wahrscheinlich es ist, dass der Zeuge sich täuscht oder lügt, der vergisst einen wichtigen Faktor: Es ist immer zu bedenken, wie wahrscheinlich das wundersame Ereignis selbst ist. Es gilt zu ermitteln, wie wahrscheinlich es ist, dass das genannte Ereignis tatsächlich stattgefunden hat, und wie wahrscheinlich es ist, dass es sich dabei um ein wirkliches Wunder handelt, also um ein Ereignis, das keine natürliche Erklärung hat. Dabei ergibt sich folgende Situation: Je wahrscheinlicher es sich beim genannten Ereignis um ein Wunder handelt, desto unwahrscheinlicher wird es, dass es stattgefunden hat; und je wahrscheinlicher der Zeugenbericht ist, desto eher wird man daran zweifeln, dass das Ereignis ein Wunder war. Wer also ein Wunder verteidigen will, der wird entweder zugeben müssen, dass es unwahrscheinlich ist, dass das Ereignis stattgefunden hat; oder dass es unwahrscheinlich ist, dass es ein Wunder war. Im besten Fall wird das

Verhältnis ausgeglichen sein. Doch wer dann dem Wunder den Vorzug gibt, der schreibt ihm bereits im Voraus eine größere Glaubwürdigkeit zu. Wer übernatürliche Eingriffe grundsätzlich als wenig wahrscheinlich betrachtet, wird sich davon jedenfalls nicht überzeugen lassen.

Einwand 4. Wunder kann es nicht geben. Die Naturgesetze schließen übernatürliche Eingriffe aus. Wer behauptet, es gebe Wunder, der behauptet etwas Unmögliches.
Erwiderung. Ein Wunder ist sehr schwer nachweisbar, doch ist seine Existenz logisch gesehen nicht unmöglich. Unmöglich ist es nur in einem geschlossenen System. Ein geschlossenes System ist ein System, das in keiner Weise von außerhalb des Systems beeinflusst werden kann. In der Physik wird mit solchen Systemen gerechnet, beispielsweise bei der Anwendung des Energieerhaltungssatzes. Die dahinterstehende Annahme ist das Prinzip der Geschlossenheit des Physischen. In der Realität sind geschlossene Systeme kaum anzutreffen. Ein Klassenzimmer, ein Land, ja selbst der gesamte Planet Erde sind keine geschlossenen Systeme (so strömt beispielsweise Luft ins Klassenzimmer, ein Land handelt mit seinen Nachbarländern, und auf die Oberfläche der Erde treffen Meteoriten). Damit Wunder ausgeschlossen werden könnten, müsste die Geschlossenheit des Universums erst bewiesen werden.
Erwiderung auf die Erwiderung. Es ist richtig, dass sich nicht nachweisen lässt, dass Wunder unmöglich sind. Aber Wunder widersprechen fundamentalen Annahmen der Naturwissenschaft: Die Naturgesetze schließen Wunder aus. Somit besteht ein guter Grund, nicht an Wunder zu glauben.

2. Der teleologische Gottesbeweis

Der teleologische Gottesbeweis versucht das Bestehen eines Plans, Zwecks oder Ziels (griech. *telos*) in der Natur nachzuweisen und daraus die Existenz eines Planers abzuleiten. Aristoteles (384–322 v. Chr.) und Thomas von Aquin (um 1225 – 1274) haben solche Beweise vorgelegt. Eine bekannte Version ist das Argument mit dem Uhrmacher von William Paley (1743–1805).
Wenn wir eine Uhr sehen, dann schließen wir aufgrund der Komplexität des Gegenstandes darauf, dass es einen intelligenten Erfinder gegeben haben muss, der die Uhr produziert hat. Schauen wir uns in der Welt um, sehen wir, dass es eine Vielzahl von Pflanzen und Tieren gibt, die um einiges komplexer sind als eine vom Menschen geschaffene Uhr. Derart komplexe Organismen können weder aus dem Nichts noch aus Zufall entstanden sein. Also muss es nach den Regeln der Analogie einen Planer oder Designer geben, der sie geschaffen hat. Diesen Designer nennen wir »Gott«. Das Argument ist damit sowohl ein Beweis für die Existenz Gottes als auch für seine Existenz als Schöpfer der Welt, der personenähnliche Züge aufweist.

Einwand 1. Der Schluss zeigt nicht das, was er zeigen sollte. Er sollte zeigen, dass es einen einzigen planenden Schöpfer gibt. Wird aber die Analogie weiter gezogen, so ist, da gewisse menschliche Produkte wie zum Beispiel Autos von mehreren Planern zusammen produziert werden, nicht auszuschließen, dass die Lebewesen von einer Gruppe von Göttern geschaffen wurden.

Einwand 2. Der Schluss ist nicht gültig. Aus gleichen oder ähnlichen Wirkungen lässt sich nicht auf eine ähnliche Ursache schließen. Dazu müssten alle alternativen Ursachen ausgeschlossen werden. Wird davon ausgegangen, dass es komplexe Lebewesen nur dann geben kann, wenn sie von einem Erfinder erschaffen wurden, dann wird genau das vorausgesetzt, was das Argument erst zeigen sollte. Dies ist eine *petitio principii.* Ein solches Argument ist zwar gültig, aber ohne Erkenntniswert.

Einwand 3. Angenommen, wir führen Gott als den Schöpfer der natürlichen Lebewesen als eine Hypothese ein und prüfen, wie gut sie sich in der Erklärung von verschiedenen Phänomenen erweist und inwieweit sie sich in bereits bestehende wissenschaftliche Theorien integrieren lässt. Wir stellen erstens fest, dass die Annahme Gottes relativ wenig erklärt. »Gott« scheint vielmehr bloß ein Name für unser Unwissen zu sein. Wir stellen zweitens fest, dass übernatürliche Eingriffe wie die Schöpfung im Widerspruch zu grundlegenden Annahmen in den Wissenschaften stehen, insbesondere zum Prinzip der Geschlossenheit des Physischen.

Einwand 4. Haben wir die Annahme Gottes als eine Hypothese eingeführt, steht sie in Konkurrenz zu anderen Hypothesen. Für das zu erklärende Phänomen, die Entstehung der Lebewesen, gibt es eine gute alternative Erklärung, nämlich die Evolutionstheorie. Diese Theorie nimmt der Behauptung, Gott habe die Lebewesen aus dem Nichts erschaffen, vieles an Glaubwürdigkeit.
Erwiderung. Dieser Einwand könnte von einem Theisten, d. h. von einem Menschen, der an Gott glaubt, in seine Erklärung der Welt integriert werden: Gott hat die Lebewesen nicht aus dem Nichts erschaffen, sondern mit Hilfe der Evolution. Den Gedanken weiterführend könnte er sagen: Gott ist die Erklärung für die Evolution.
Erwiderung auf die Erwiderung. Mit einer solchen Integrierung des Einwandes verlässt man den teleologi-

schen Gottesbeweis. Dieser besteht im Nachweis eines Planes, der die Entstehung der Lebewesen erklären soll. Wird Gott jedoch als Erklärung für das Bestehen der Evolutionstheorie gebraucht, muss auf eine andere Art von Gottesbeweis zurückgegriffen werden.

3. Der kosmologische Gottesbeweis

Der kosmologische Gottesbeweis versucht, durch größere Abstraktheit die Einwände gegen den teleologischen Gottesbeweis zu umgehen. Er leitet die Existenz Gottes nicht wie dieser von der Existenz konkreter Lebewesen ab, sondern von der Existenz der Welt, der abstrakten Ordnung der Welt, des geordneten Kosmos – daher der Name. Eine berühmte Version eines solchen Gottesbeweises hat Thomas von Aquin (um 1225 – 1274) formuliert.

Thomas von Aquin argumentiert wie folgt. Erstens: es gibt in der sichtbaren Welt Ursachen und Wirkungen, und die Ursache besteht zeitlich vor der entsprechenden Wirkung. Zweitens: es ist nicht möglich, dass etwas seine eigene Ursache ist, denn dann wäre es zugleich Wirkung und Ursache. Es muss eine Ordnung in den Ursachen und Wirkungen geben, eine Ursachenkette. Drittens: es ist nicht möglich, dass die Ursachenkette ins Unendliche geht, denn wenn sie ins Unendliche ginge, dann gäbe es keine erste Ursache und also überhaupt keine Ursachen. Daraus folgt: Es muss eine erste Ursache geben. Die erste Ursache ist Gott.

Der kosmologische Gottesbeweis ist in verschiedener Form auch von den griechischen Philosophen Platon und Aristoteles, von einer Reihe von arabischen und jüdischen Denkern und von den neuzeitlichen Philosophen Spinoza (1632–1677) und Leibniz (1646–1716) vorgetragen worden.

Einwand 1. Man nehme einmal an, es gebe eine Über- und Unterordnung in den Wirkungen und Ursachen, so dass sich eine Ursachenkette bildet. Es ist nicht ersichtlich, warum gerade Gott eine Ausnahme darstellen soll, die keiner weiteren Ursache mehr bedarf. Es könnte sein, dass Gott wiederum verursacht ist.

Einwand 2. Die dritte Prämisse ist zweifelhaft. Es ist nicht ersichtlich, warum das Zurückgehen in die Unendlichkeit unmöglich sein soll. Die Möglichkeit eines unendlichen Universums lässt sich nicht ausschließen.

Einwand 3. Der kosmologische Gottesbeweis fußt auf falschen Grundlagen. Es ist nicht erlaubt, Begriffe wie »Ursache« und »Wirkung«, die eine Bedeutung im Kontext unserer Alltagserfahrung haben, auf Gegebenheiten anzuwenden, die außerhalb davon stehen. Bereits die Frage, ob die Ursachenkette ins Unendliche gehe oder einen Anfang habe, ist unverständlich. Wir haben gar kein Verständnis davon, was jede der beiden Möglichkeiten beinhaltet. Deshalb ist es sinnlos, die Frage nach der Existenz Gottes auf diese Weise beantworten zu wollen.

Erwiderung. Gerade darum aber geht es in der Philosophie. Die Aufgabe der Philosophie ist es, darüber nachzudenken, was wir nicht mit Hilfe der Erfahrung wissen können. Dies schließt den Gebrauch von Begriffen über ihren normalen Anwendungsbereich hinaus ein.

4. Der ontologische Gottesbeweis

Der ontologische Gottesbeweis leitet die Existenz Gottes direkt aus dem Begriff »Gott« ab. »Ontologisch« bedeutet »das Sein betreffend«. Von der Existenz eines Begriffes wird auf die Existenz des damit Bezeichneten geschlossen. Da man dazu keiner Erfahrung bedarf, kann man den Schluss des Argumentes als eine Erkenntnis *a priori*[6] und das Argument als einen apriorischen Beweis ansehen. Eine der subtilsten Formen des ontologischen Gottesbeweises stammt von Anselm von Canterbury (1033–1109).

Anselm stellt sich einen Atheisten als Gegner vor. Der Atheist glaubt, dass es keinen Gott gibt. Was Gott ist, legt Anselm durch Definition fest: Gott ist das Wesen, über das hinaus Größeres nicht gedacht werden kann. Diese Aussage versteht auch der Atheist. Wenn das der Fall ist, existiert dieses Wesen zumindest im Bewusstsein des Atheisten. Dies sieht der Atheist ein. Er wird allerdings behaupten, dass dieser Gegenstand nicht in Wirklichkeit, sondern lediglich in seinem Bewusstsein existiert. Daraus ergibt sich für den Atheisten jedoch ein Problem. Wenn sich nämlich ein Wesen als im Bewusstsein existierend denken lässt, dann lässt sich auch ein gleiches Wesen denken, das in der Realität existiert. Das Wesen, das bloß im Bewusstsein existiert, ist weniger groß als das Wesen, das auch in Wirklichkeit existiert. Damit widerspricht sich der Atheist selbst, denn er behauptet zugleich, dass er an das Wesen denke, über das hinaus nichts Größeres gedacht werden kann, und dass es etwas Größeres als dieses Wesen gebe, nämlich das existierende Wesen. Anders gesagt: Der Atheist behauptet, er denke an das größte Wesen, aber dieses Wesen ist nicht das größte. Also muss die ursprüngliche Annahme des Atheisten, dass das größte We-

6 Lat. *prius*, wörtlich: das, was etwas vorausgeht, hier also: das, was der Erfahrung vorausgeht, bzw. ohne sie auskommt.

sen lediglich im Bewusstsein existiere, falsch sein. Der Atheist muss zugeben, dass dieses Wesen auch in der Realität existiert. Das heißt: Gott existiert.
Anselms Argument hat eine spezielle Form: Zu reinen Argumentationszwecken wird eine Annahme getroffen, dann wird gezeigt, dass daraus eine absurde Konsequenz folgt, woraus geschlossen wird, dass die ursprüngliche Annahme falsch sein muss. Diese Argumentationsform wird *reductio ad absurdum* genannt.

Einwand 1. Der ontologische Gottesbeweis beweist die Existenz eines größten Wesens, nicht die Existenz Gottes.
Erwiderung. Größe ist im übertragenen Sinn zu verstehen: Gott ist das Wesen, über dem sich nichts Mächtigeres und Vollkommeneres denken lässt.

Einwand 2. Ein Gegenargument: Angenommen, der Beweis ist stichhaltig. Nun ersetzt man den Ausdruck »Wesen, über das hinaus nichts Größeres gedacht werden kann« mit »der stärkste Mann, über den hinaus nichts Stärkeres gedacht werden kann« (oder »die gescheiteste Frau, über die hinaus sich kein gescheiteres Wesen denken lässt«). Wenn nun jemand behauptet, es gebe den stärksten Mann nicht, dann macht er sich eines Widerspruchs schuldig, denn ein existierender Mann ist stärker als ein bloß ausgedachter. Daraus folgt nun, dass es den stärksten Mann, über den hinaus nichts Stärkeres gedacht werden kann, tatsächlich gibt. Diese Konklusion ist jedoch absurd, denn es gibt keinen in diesem Sinn stärksten Mann. Daraus folgt, dass die ursprünglich angenommene Aussage falsch ist. Der Beweis ist nicht stichhaltig.
Erwiderung. Der Beweis gilt nur für genau ein Wesen, nämlich Gott. Wenn der genannte Mann tatsächlich der stärkste ist, dann ist er Gott, denn Gott ist das stärkste Wesen, das sich denken lässt.

Einwand 3. Ein zweites Gegenargument: Wenn Anselm behauptet, es gebe im Bewusstsein des Atheisten ein Wesen, über das nichts Größeres gedacht werden kann, und zugleich behauptet, es gebe dieses Wesen in der Realität, dann behauptet er selbst einen Widerspruch. Er behauptet dann nämlich, dass es ein größtes Wesen gebe, und zugleich, dass es noch ein Wesen gebe, das größer als dieses größte Wesen sei.

Einwand 4. In den bisherigen Einwänden wurde angenommen, Anselm habe Recht, wenn er behauptet, die Existenz eines Wesens füge diesem eine weitere Eigenschaft hinzu – eine unter Theologen und Philosophen in der Antike und im Mittelalter weit verbreitete Ansicht. Es lässt sich jedoch auch ein gewichtiger Einwand von außen gegen Anselms Argument vorbringen.
In Anselms Argument spielt der Ausdruck »sein« oder »existieren« eine entscheidende Rolle. Anselm tut so, als wäre »sein« ein reales Prädikat, ein Ausdruck, der eine Eigenschaft bezeichnet. Aber das stimmt nicht. In einem Urteil wie »Gott ist allmächtig« wird mit »ist« Gott keine zusätzliche Eigenschaft zugeschrieben. Vielmehr handelt es sich bei »ist« bloß um ein sprachliches Mittel, um das Subjekt »Gott« mit dem Prädikat »allmächtig« in Verbindung zu setzen.
Diesen Einwand hat als Erster Immanuel Kant (1724–1804) gegen René Descartes (1596–1650) formuliert, der ebenfalls eine Version des ontologischen Gottesbeweises vorgestellt hat. In der modernen Logik seit Gottlob Frege (1848–1925) wird »sein« als logischer Quantor angesehen, nämlich als Existenzquantor: »Es gibt ein *x*, für das gilt, dass …« (s. S. 185).

5. Ein Argument gegen die Existenz Gottes

Gottesbeweise zu kritisieren, ist eines; etwas anderes ist es, zu beweisen, dass Gott nicht existiert. Auch dies ist verschiedentlich versucht worden. Eines der berühmten Argumente gegen die Existenz Gottes basiert auf dem seit der Antike bekannten und immer wieder diskutierten Problem des Übels in der Welt. Das Argument lautet wie folgt:
Wir gehen davon aus, dass Gott allmächtig ist, d. h. sein Wille immer und unmittelbar vollzogen wird. Weiter gehen wir davon aus, dass Gott vollkommen gut ist, d. h. ein Wesen, das nur Gutes tun will. Verbindet man diese beiden Annahmen, folgt daraus, dass Gott nur Gutes geschaffen haben kann. Nun ist es aber ein Erfahrungsurteil, dass es Übel in der Welt gibt. Man denke an die unzähligen von Menschen angezettelten Kriege im Großen und im Kleinen und an die gewaltigen Naturkatastrophen in der Geschichte der Menschheit. Da die Annahme Gottes mit diesem Erfahrungsurteil im direkten Widerspruch steht, muss sie als falsch zurückgewiesen werden. Da es Übel in der Welt gibt, kann es keinen allmächtigen und vollkommen gütigen Gott geben.

Einwand 1. Das Problem ergibt sich dann nicht, wenn eine der beiden Annahmen, dass Gott allmächtig oder dass Gott vollkommen gut ist, fallen gelassen wird.
Erwiderung. Dieser Einwand führt zu einem Gottesbegriff, der weit vom traditionellen Gottesverständnis entfernt ist. Man stelle sich einen allmächtigen, aber zumindest zum Teil bösen Gott oder einen vollkommen gütigen, aber nur mäßig mächtigen Gott vor. Diese Vorstellungen entsprechen nicht dem traditionellen Gottesbild.

Einwand 2. Das Problem des Übels zwingt einen, das Bild von Gott genauer zu fassen und eventuell zu revidieren, jedoch nicht, es aufzugeben. Gott ist allmächtig. Als Allmächtiger ist er dennoch einigen Einschränkungen unterworfen. Beispielsweise kann er nicht das logisch Unmögliche wollen und schaffen. Nun steht aber das Übel in einem notwendigen Zusammenhang zum Guten. Das Gute gibt es nicht ohne das Übel, also hat Gott, wenn er Gutes schaffen wollte, auch das Übel schaffen müssen. Zudem wollte Gott den Menschen mit freiem Willen erschaffen. Die Willensfreiheit impliziert jedoch, dass der Mensch auch Falsches tun kann. Dieses Übel ist gegenüber der Güte der Willensfreiheit relativ klein. Deshalb bleibt Gott auch angesichts des Übels in der Welt vollkommen gut.

Solche Überlegungen wurden von dem antiken Denker Plotin (um 204 – 270), dem Kirchenvater Augustinus (354–430) und dem neuzeitlichen deutschen Philosophen Leibniz (1646–1716) vorgebracht. Seit Leibniz wird diese Art der Argumentation »Theodizee« genannt. Die Konklusion von dieser lautet: Die Welt, in der wir leben, ist trotz aller Übel die beste aller möglichen Welten.

Erwiderung. Das Prinzip, dass es das Gute nur dann gibt, wenn auch das Übel existiert, ist zweifelhaft. Es mag vielleicht plausibel erscheinen, dass wir das Gute nicht als solches erkennen könnten, wenn es kein Übel gäbe. Aber die Behauptung, es sei logisch ausgeschlossen, dass es das Gute geben kann, wenn es nicht auch das Übel gibt, leuchtet nicht ein. Selbst dann, wenn man dieses Prinzip annähme, würde es ein viel geringeres Maß an Übel rechtfertigen, als in der Welt real vorhanden ist. Auch wenn wir sagen, dass Gott den Menschen mit Willensfreiheit erschaffen wollte, ist das Problem noch nicht gelöst, denn damit blieben immer noch natürliche Übel wie Krankheiten und Naturkatastrophen unberücksichtigt. Ein vollkommen guter Gott dürfte solche Übel nicht zulassen.

6. Pascals Wette oder Ockhams Rasiermesser?

Welches Fazit ist aus der Diskussion zu ziehen? Welcher Annahme haben wir nun den Vorzug zu geben: dass Gott existiert oder dass er nicht existiert?

Blaise Pascal (1623–1662) lädt uns dazu ein, die Lage wie folgt zu beurteilen: Wir wissen nicht, ob es Gott gibt oder nicht. Wir scheinen es auch niemals wissen zu können. Aber wir wissen, dass es nur zwei Möglichkeiten gibt: entweder existiert Gott, oder er existiert nicht. Was sollen wir nun glauben? Wir müssen uns für den einen oder anderen Glauben entscheiden. Wir stehen in einer Wettsituation. Wenn wir darauf wetten, dass er nicht existiert, dann verlieren wir in jedem Fall. Wenn Gott nicht existiert, werden wir nach dem Tod nicht ins Paradies gelangen, denn dann gibt es weder Paradies noch Erretter; und wenn er existiert, ebenfalls nicht, denn Ungläubige werden nicht errettet. Wenn wir aber darauf wetten, dass Gott existiert, dann stehen wir zwar in dem Fall, in dem er nicht existiert, gleich schlecht da, wie wenn wir nicht daran geglaubt hätten, aber in dem Fall, in dem Gott existiert, werden wir von Gott erlöst. Wenn wir nicht an Gott glauben, verlieren wir in jedem Fall; wenn wir an Gott glauben, dann gewinnen wir wenigstens dann, wenn es ihn gibt. Also ist es ratsam und rational, an Gott zu glauben. Wenn man sich andererseits dafür interessiert, ob die Annahme Gottes sich in unser wissenschaftliches Weltbild einfügen lässt, so erkennt man, wie problematisch diese Annahme ist. Einfach so lässt sie sich nicht einfügen. Doch sei einmal vorausgesetzt, dass wir dies tun (und stattdessen andere Annahmen fallen lassen). Nun kann man sich fragen, ob unsere Theorien über die Welt damit an Erklärungskraft gewonnen haben. Die Antwort ist eindeutig negativ. Alles, was wir wissenschaftlich erklären können, können wir auch ohne Gott erklären. Der Verweis auf Gott ist lediglich der Ausdruck für unsere Unwissenheit. Der Begriff »Gott« kann somit ohne Verlust an Erklärungskraft gestrichen werden. Und wenn es so ist, dann sollte der Begriff gemäß »Ockhams Rasiermesser« auch gestrichen werden. »Ockhams Rasiermesser« ist ein Prinzip von Wilhelm von Ockham (um 1280 – um 1348), das besagt, dass keine Entitäten angenommen werden sollen, deren Existenz nicht notwendig ist. Also sollten wir auch den Begriff »Gott« streichen. (Ockham wäre allerdings mit dieser Argumentation nicht einverstanden, denn er begründet sein Prinzip damit, dass unnötige Entitäten die Allmacht Gottes schmälern würden.)

Zusammenfassung

Gibt es Gott? Eine bejahende Antwort auf diese Frage ist verschiedentlich versucht worden. Das Wunderargument verweist auf gut bezeugte übernatürliche Ereignisse. Untersucht man die Wahrscheinlichkeit, dass es sich dabei um ein Wunder handelt, verliert das Argument aber an Überzeugungskraft. Der teleologische Gottesbeweis schließt über eine Analogie zwischen den Lebewesen und menschlichen Produkten auf die Existenz eines intelligenten Erfinders. Die Analogie ist jedoch zu schwach, um den Schluss zu stützen. Zudem besteht mit der Evolutionstheorie eine Theorie, die weit größere Erklärungskraft besitzt. Der kosmologische Gottesbeweis schließt aus der Existenz des geordneten Kosmos, beispielsweise aus der allgemeinen Tatsache, dass es Ursachen und Wirkungen gibt, auf Gott als erste Ursache. Allerdings gibt es keinen guten Grund, die erste Ursache willkürlich bei Gott zu setzen. Der ontologische Gottesbeweis leitet die Existenz Gottes aus dem Begriff »Gott« ab. Dieser Beweis basiert auf einer sprachlichen Konfusion, da »existiert« kein reales Prädikat ist. Gegen Gottes Existenz wird mit dem Problem des Übels in der Welt argumentiert: Da Gott allmächtig und allgütig ist, kann er kein Übel geschaffen haben; in der Welt gibt es aber Übel; also kann Gott nicht existieren. Allerdings bestehen Versuche, das Problem zu lösen. Sollte weder ein stichhaltiger Beweis für noch gegen die Existenz Gottes gefunden werden und die Annahme Gottes für unsere Erklärungspraxis keinen Unterschied machen, so können wir entweder mit Pascal auf Gottes Existenz wetten oder mit »Ockhams Rasiermesser« den Begriff »Gott« aus unserer Theorie streichen.

Literaturhinweise

Klassische Texte

David Hume, *Eine Untersuchung über den menschlichen Verstand*, übers. und hrsg. von Herbert Herring, Stuttgart: Reclam, 1967 [u. ö.].
In §§ 10 und 11 trägt Hume seine Kritik des Wunderarguments und des teleologischen Gottesbeweises vor.

David Hume, *Dialoge über natürliche Religion*, übers. und hrsg. von Norbert Hoerster, Stuttgart: Reclam, 1981 [u. ö.].
Hume lässt in diesem Dialog verschiedene Personen über Argumente für und wider Gottes Existenz miteinander diskutieren.

Anselm von Canterbury, *Proslogion/Anrede*, lat./dt., übers. von Robert Theis, Stuttgart: Reclam, 2005.
Dies ist eine klassische Formulierung des ontologischen Gottesbeweises (2. Kapitel).

Thomas von Aquin, *Summa theologiae*, Stuttgart: Körner, 1934–38.
Thomas von Aquin verwirft den ontologischen Gottesbeweis und formuliert fünf Wege, Gott zu erkennen, darunter Versionen des teleologischen Gottesbeweises.

René Descartes, *Meditationes de Prima Philosophia / Meditationen über die Erste Philosophie*, übers. und hrsg. von Gerhard Schmidt, Stuttgart: Reclam, 1986 [u. ö.].

Descartes formuliert hier Versionen des teleologischen und ontologischen Gottesbeweises (*Meditationen* III und V).

Gottfried Wilhelm Leibniz, *Die Theodizee von der Güte Gottes, der Freiheit des Menschen und dem Ursprung des Übels*, in: G. W. L., *Sämtliche Schriften und Briefe*, Darmstadt: Akademie Verlag, 1985.
Leibniz argumentiert hier dafür, dass die Welt die beste aller möglichen Welten sei (Bd. II 1, 2) – eine Ansicht, über die sich Voltaire in seinem *Candide* lustig macht.

Blaise Pascal, *Gedanken: Über die Religion und einige andere Themen*, übers. von Ulrich Kunzmann, Stuttgart: Reclam, 2004.
Pascal stellt die Frage nach Gottes Existenz als eine Wette dar, die es rational erscheinen lässt, an Gott zu glauben.

Immanuel Kant, *Kritik der reinen Vernunft*, Stuttgart: Reclam, 1966 [u. ö.].
Kant weist die drei klassischen Gottesbeweise (den teleologischen, den kosmologischen und den ontologischen) zurück.

Einführung

John Leslie Mackie, *Das Wunder des Theismus. Argumente für und wider die Existenz Gottes*, übers. von Rudolf Ginters, Stuttgart: Reclam, 1985.
Das sorgfältig, klar und verständlich geschriebene Buch bietet eine ausgezeichnete Einführung in die verschiedenen Gottesbeweise.

Neuzeit

Die neuen Wissenschaften

Die Neuzeit setzt mit der Abkoppelung der Philosophie von der Theologie ein. Wegweisend für diesen Prozess ist der Übergang vom geozentrischen Weltbild des Ptolemäus aus dem 2. Jahrhundert mit der Erde als ruhendem Mittelpunkt des Universums, wie es von der Kirche gelehrt wurde, zum heliozentrischen Weltbild mit der Sonne als Mittelpunkt. Diese von Nikolaus Kopernikus (1473–1543) eingeleitete und deshalb als »kopernikanisch« bezeichnete Wende führt zu einem dynamischen Weltbild mit sich bewegenden Planeten. Die biblische Schöpfungsgeschichte verliert dadurch an Plausibilität.

Dieser Prozess ist für die Philosophie zugleich Segen und Fluch: Die Philosophie gewinnt zwar mit der Abkoppelung von der Theologie an Freiheit, verliert aber gegenüber den aufstrebenden Wissenschaften auch zunehmend an Bedeutung. Hat in der Scholastik die Autorität der antiken Philosophen und der Kirchenväter ein nicht zu unterschätzendes Gewicht, zählen nun als Erkenntnisgrundlage einzig die Vernunft und die Erfahrung. Die neue wissenschaftliche Methode, wie sie namentlich von Galileo Galilei (1564–1642) und Francis Bacon (1561–1626) entwickelt wird, verlangt, dass ausgehend von einzelnen Beobachtungen und Messungen hypothetische Verallgemeinerungen aufgestellt werden. Diese Hypothesen sollen dann an der Erfahrung überprüft werden. Gibt es zwei konkurrierende Hypothesen oder Theorien, so hat ein *experimentum crucis*, d. h. ein entscheidender Versuch, den Ausschlag zu geben. Die Philosophie hat dazu nichts beizutragen, da sie keine empirische Wissenschaft ist. Positiv gedeutet bedeutet dies: Die Philosophie kann sich auf das konzentrieren, was ihr eigentliches Geschäft ist: die Auseinandersetzung mit der Vernunft.

Descartes als Vordenker

Diese Rückbesinnung auf die Vernunft hat sich zumindest jener Denker zu Herzen genommen, der für die nachfolgende Philosophie von zentraler Bedeutung sein wird: der Mathematiker, Naturwissenschaftler und Philosoph René Descartes (1596–1650). Sein Projekt besteht darin, die aufstrebenden empirischen Wissenschaften, deren Erkenntnisse nicht absolut gewiss scheinen, weil sie sich auf die Erfahrung stützen, auf ein sicheres Fundament zu stellen und damit zugleich die Philosophie als Grundlage der Wissenschaften zu erhalten. Zu diesem Zweck setzt Descartes den methodischen Zweifel ein: Jede Überzeugung ist als Grundlage für die Wissenschaft zu verwerfen, wenn an ihrer Wahrheit auch nur gezweifelt werden kann. Es könnte sein, dass wir unseren Sinnen nicht trauen dürfen, ja dass wir nicht einmal mit Sicherheit davon ausgehen dürfen, dass es die Welt um uns herum gibt (s. S. 90–93). Descartes spielt den Zweifel durch und glaubt schließlich, in der Erkenntnis der eigenen Existenz eine sichere Basis gefunden zu haben: *cogito ergo sum* – Ich denke, also bin ich. Wie sicher diese Basis ist und was sich darauf gründen lässt, ist weiterhin Gegenstand philosophischer Diskussionen (s. S. 110–113).
Auf Descartes' Seite stehen die Rationalisten. Sie vertreten die These, dass unser Wissen ausschließlich oder zu einem großen Teil Wissen ist, das auf der Vernunft (lat. *ratio*) beruht, so auch unser Wissen von unserer eigenen Existenz. Der Rationalismus war vor allem in Kontinentaleuropa verbreitet. Weitere wichtige Vertreter sind Baruch de Spinoza (1632–1677) und Gottfried Wilhelm Leibniz (1646–1716).

Auf der anderen Seite stehen die Empiristen. Die Empiristen vertreten die These, dass unser Wissen ausschließlich oder zu einem großen Teil Wissen ist, das auf der Erfahrung (griech. *empeiria*) beruht. Der klassische Empirismus war vor allem in Großbritannien verbreitet. Seine wichtigsten Vertreter sind John Locke (1632–1704), George Berkeley (1685–1753) und David Hume (1711–1776).

Im Streit zwischen Rationalisten und Empiristen nimmt Immanuel Kant (1724–1804) eine besondere Stellung ein. Er glaubt, eine Synthese zwischen den beiden konkurrierenden Ansichten gefunden zu haben: Unser Wissen basiert auf Erfahrung, aber wir verfügen nur deshalb über Wissen, weil die Erfahrung durch unsere Vernunft bestimmt ist.

In einer zweiten Hinsicht ist Descartes wegweisend für die weitere Philosophie. Das Wesen, das sich selbst erkennt, ist nach Descartes ein denkendes Wesen und als solches grundsätzlich vom Körper verschieden. Dies ist die These des Substanzdualismus. Die Frage, wie Geist und Körper aufeinander wirken können, ist als das Geist-Körper-Problem bekannt, früher Leib-Seele-Problem genannt. Auch hier gelten Descartes' Arbeiten als Ausgangspunkt für die moderne Diskussion (s. S. 131–135).

Das Zeitalter der Aufklärung

Die Rückbesinnung auf die Vernunft wird in der Aufklärung weitergeführt. Immanuel Kant (1724–1804) charakterisiert sie wie folgt: »Aufklärung ist der Ausgang des Menschen aus seiner selbst verschuldeten Unmündigkeit. Unmündigkeit ist das Unvermögen, sich seines Verstandes ohne Leitung eines anderen zu bedienen.«[7]

7 Immanuel Kant, »Beantwortung der Frage: Was ist Aufklärung?«, in: *Was ist Aufklärung? Thesen und Definitionen*, hrsg. von Ehrhard Bahr, Stuttgart 1974, S. 8–17, hier: S. 9.

Die Aufklärung lässt sich auch als politische Bewegung verstehen, die an keine Partei gebunden ist. Sie wendet sich gegen Autoritätsgläubigkeit, Dogmatismus und Traditionsgebundenheit, zum Beispiel dagegen, dass der Staat, wie im Mittelalter so üblich, mit dem Verweis auf Gott legitimiert wird. Eine solche Legitimation hält der aufgeklärten Kritik nicht stand. Auch der Staat kann mit der Vernunft begründet werden. Hierzu bedient man sich der durch Thomas Hobbes (1588–1679) bekannt gewordenen Idee, dass die Menschen in einem gedachten Naturzustand einen Gesellschaftsvertrag abschließen (s. S. 149–166). Die Aufklärung fordert damit die Abschaffung der absolutistischen Staatsformen und den Aufbau von Staaten, in denen alle Macht dem Volk zukommt (Demokratie) und in denen die Machtausübung geteilt wird (Gewaltentrennung). Letzteres hebt insbesondere Montesquieu (1689–1755) hervor, Ersteres vor allem Jean-Jacques Rousseau (1712–1778), dessen Ideen die Französische Revolution beeinflussen. Ein weiterer beispielhafter Aufklärer ist der jeglichen Dogmatismus bekämpfende Voltaire (1694–1778). Als Vorreiterin des Feminismus, des Bestrebens, die jahrtausendelange Unterdrückung der Frauen zu überwinden, gilt Mary Wollstonecraft (1759–1797).
Mit der Aufklärung bekommt auch die Frage nach der moralischen Richtigkeit von Handlungen neue Brisanz. Zum einen versucht Kant eine Pflichtethik mit der Vernunft zu begründen und gelangt zu seinem berühmten kategorischen Imperativ. Zum anderen wird von Jeremy Bentham (1748–1832) und John Stuart Mill (1806–1873) der Utilitarismus entwickelt, der verlangt, dass immer der größtmögliche Nutzen erstrebt werden soll (s. S. 167–184).

Das 19. Jahrhundert

Das an das Zeitalter der Aufklärung (17. bis 18. Jahrhundert) anschließende 19. Jahrhundert ist zunächst durch eine starke Orientierung an Kants theoretischer Philosophie geprägt. Aus dieser entsteht eine einflussreiche philosophische Bewegung, der Deutsche Idealismus. Zu seinen wichtigsten Vertretern zählen Johann Gottlieb Fichte (1762–1814), Friedrich Ernst Daniel Schleiermacher (1768–1834), Georg Wilhelm Friedrich Hegel (1770–1831) und Friedrich Wilhelm Joseph Schelling (1775–1854).

Die von Hegel entwickelte Idee der Dialektik, die besagt, dass jede These in sich bereits ihre Antithese enthalte und dass diese beiden sich dann in einer Synthese aufheben, wird von Karl Marx (1818–1883) gesellschaftlich interpretiert und auf den Verlauf der Geschichte angewendet. Dies führt zur These des Historischen Materialismus: Die Geschichte der Gesellschaften ist eine Geschichte von Klassenkämpfen; Unterdrückende (These) und Unterdrückte (Antithese) liefern sich einen Kampf, der jeweils zu einem revolutionären Umsturz der gesellschaftlichen Ordnung (Synthese) führt. Die darauf aufbauende Lehre des Kommunismus besagt, dass sich die Arbeitnehmer in der industrialisierten Welt (die Proletarier) gegen die bürgerlichen Arbeitgeber (die Bourgeoisie) auflehnen werden, um eine neue, kommunistische Gesellschaft zu errichten, in der die Produktionsmittel allen gehören. Kaum eine andere Theorie hat derart gravierende gesellschaftliche Folgen gehabt wie die marxistische Lehre des Kommunismus.

Neben dem Deutschen Idealismus und Marx prägen drei Einzelgänger die Philosophie im 19. Jahrhundert. Arthur Schopenhauer (1788–1860) ist bekannt für das Diktum: »Die Welt ist meine Vorstellung.« Sören Kierkegaard (1813–1855) verlangt, dass die Philosophie mit der existentiellen Frage beginne, d. h. mit der Frage, was man aus seinem Leben macht. Friedrich Nietzsche (1844–1900) kritisiert das Christentum wie kaum ein Philosoph zuvor (»Gott ist tot«), vertritt einen radikalen Nihilismus (»radikale Ablehnung von Wert, Sinn und Wünschbarkeit«) und sieht die Bestimmung des Menschen im »Willen zur Macht«.

Literaturhinweise

Hans Joachim Störig, *Kleine Weltgeschichte der Philosophie*, Frankfurt a. M.: Fischer, 1997.
Diese Geschichte der Philosophie ist spannend, leicht verständlich und bietet dem Einsteiger einen guten Überblick.

Wolfgang Röd (Hrsg.), *Geschichte der Philosophie*, 12 Bde., München: Beck, 1986 ff.
Diese Reihe enthält ausführliche Darstellungen zu einzelnen Epochen der Philosophiegeschichte, geschrieben von ausgewiesenen Kennern.

V. Außenwelt

Gibt es die Außenwelt, die Welt, die uns umgibt und die wir täglich wahrnehmen? Nichts scheint naheliegender zu sein, als diese Frage zu bejahen. Selbstverständlich gibt es die Außenwelt. Doch gerade das Selbstverständliche wird von Philosophinnen und Philosophen nicht einfach hingenommen. Und so ist es auch hier. Es gibt Argumente, die zwar nicht gleich zeigen, dass es die Außenwelt nicht gibt, die aber zumindest zeigen, dass wir nicht wissen können, ob es sie gibt.

Die These, dass es die Außenwelt gibt, ist eine metaphysische Aussage. Sie sagt etwas darüber aus, was es gibt. Die These, dass wir nicht erkennen können, ob es die Außenwelt gibt, ist eine erkenntnistheoretische Aussage. Sie sagt etwas über die Möglichkeit und Grenzen unserer Erkenntnis aus. Genau genommen kann die These, dass es die Außenwelt gibt, auch dann wahr sein, wenn wir nicht erkennen können, dass es die Außenwelt gibt. Doch die metaphysische These allein hat wenig Überzeugungskraft. Wir möchten immer auch *wissen*, ob eine These wahr ist. Deshalb sind metaphysische Fragestellungen immer sehr eng mit erkenntnistheoretischen Fragestellungen verbunden.

In diesem Kapitel soll zuerst der radikale Skeptizismus vorgestellt werden. Danach werden einige bekannte Antworten darauf diskutiert: der Realismus, der Idealismus und der Transzendentale Idealismus. Abschließend wird ein Ausweg aus dem Skeptizismus vorgestellt.

1. Skeptizismus

Der Skeptizismus ist die Position, dass wir über bestimmte Dinge nichts wissen und nichts wissen können. Zum Beispiel behauptet ein Skeptiker in Bezug auf die Erkenntnis Gottes (ein Agnostiker), dass wir nicht wissen können, ob Gott existiert. Der radikale Skeptizismus verneint, dass wir überhaupt etwas über die Welt wissen können. Wir können folglich auch nicht wissen, ob sie existiert und wie sie beschaffen ist.

René Descartes (1596–1650), der selber kein Skeptiker ist, hat den Skeptizismus am radikalsten formuliert. In einem seiner Hauptwerke, den *Meditationen über die Erste Philosophie*, versucht er die durch das Aufkommen der experimentellen Methode in ihrer Gewissheit erschütterten Wissenschaften auf ein neues Fundament zu stellen. Er sucht nach einem Wissen, das absolut sicher ist. Dies ist sein Projekt: eine absolut sichere Basis für die Wissenschaft zu finden.

Dabei bedient sich Descartes des sogenannten methodischen Zweifels. Zweifeln bedeutet, die Wahrheit einer Überzeugung in Frage zu stellen. Descartes zweifelt nicht, um seine tatsächliche Skepsis auszudrücken, sondern sein Zweifel ist ihm das Mittel, um damit zu sicherem Wissen zu gelangen. Da bereits die Möglichkeit, dass eine Überzeugung falsch sein könnte, zeigt, dass die Überzeugung nicht gewiss ist, kann keine Überzeugung, die auch nur bezweifelt werden kann, eine sichere Basis für die neue Wissenschaft liefern. Aber woran kann man nicht zweifeln? Was kann als Basis für die Wissenschaft dienen?

Gemeinhin denken wir, dass sich unser Wissen auf die Sinneserfahrung stützt. Wenn wir einen Baum sehen, so glauben wir zu wissen, dass der Baum tatsächlich so ist, wie wir ihn wahrnehmen. Dürfen wir der Sinneserfahrung trauen? Nein, wir dürfen es nicht, denn manchmal täuschen uns die Sinne. Zum Beispiel erscheint uns ein gerader Stab, der ins Wasser getaucht wird, gebrochen. Und wenn die Sonne die Luft über der Erde sehr stark erhitzt, haben wir manchmal den Eindruck, es sei Wasser vorhanden, obwohl keines da ist: wir sehen eine Fata Morgana. Aus dem Bestehen von Sinnestäuschungen folgt, dass die Sinneserfahrung keine sichere Basis für die Wissenschaft liefern kann.

Dieser Zweifel scheint moderat. Dennoch muss untersucht werden, was er genau besagt. Er besagt nicht, dass wir uns manchmal täuschen und dann erkennen, dass wir uns getäuscht haben. Der Zweifel auf der ersten Stufe besagt bedeutend mehr: Wenn uns die Sinne einmal getäuscht haben, dann können wir nicht sicher sein, ob sie uns nicht auch gerade jetzt in diesem Moment täuschen. Wir haben kein Kriterium zur Unterscheidung der Fälle, in welchen wir den Sinnen trauen dürfen und in welchen nicht. Daraus folgt, dass wir nicht wissen können, wie die Welt wirklich aussieht.

Wenn wir nicht sicher sein können, ob die Welt so aussieht, wie wir sie wahrnehmen, so scheinen wir dennoch Gewissheit darin zu haben, dass unsere Wahrnehmungen von realen Objekten verursacht werden. Also können wir die Existenz der Objekte als die Basis für die Wissenschaften heranziehen. Doch dürfen wir wirklich davon ausgehen, dass es die Objekte der Außenwelt gibt? Nein, auch dies dürfen wir nicht. Manchmal träumen wir. Und wenn wir träumen, dann sehen wir lediglich die Produkte unserer Vorstellungskraft, Phantasiebilder, die nicht von den Objekten in der Welt verursacht werden, die wir wahrzunehmen glauben. Es könnte nämlich sein, dass wir jetzt in diesem Moment träumen. Diese Möglichkeit ist nicht auszuschließen, denn wir haben kein Kriterium, um zu beurteilen, ob wir in diesem Moment träumen oder nicht. Wir können vielleicht sagen, dass wir die Objekte im Wachzustand deutlicher erkennen als in vielen unserer Träume, aber wir können nicht ausschließen, dass diese

Wahrnehmungen, die wir jetzt haben, Traumvorstellungen sind.

Der Zweifel auf dieser Stufe ist radikaler. Aber auch hier ist genau zu untersuchen, was er besagt: Er besagt nicht, dass wir immer träumen, dass unser ganzes Leben nur ein Traum ist. Er besagt aber, dass wir weder in diesem noch in sonst einem Augenblick sicher sein können, ob das, was wir sehen, nicht ein Phantasiebild unserer Vorstellungskraft ist. Da wir kein Kriterium dafür haben, um den Wachzustand vom Traumzustand zu unterscheiden, können wir nicht sicher sein, ob wir in diesem Moment träumen oder nicht. Also kann auch die Existenz der Objekte der Außenwelt nicht mit Sicherheit erkannt werden und somit keine sichere Basis für die Wissenschaft liefern.

Wenn auch die Existenz der Objekte der Außenwelt nicht sicher ist, so scheinen wenigstens mathematische Sätze wie »2 + 2 = 4« sicher. Dürfen wir darauf vertrauen, dass die mathematischen Sätze wahr sind? Nein, selbst dies dürfen wir nicht. Wir können uns einen Betrügergott (*malin génie* oder *genius malignus*) vorstellen, der uns sogar in Bezug auf solche Sätze täuscht, sagt Descartes.[8]

Dieser Zweifel ist radikaler als alle anderen Zweifel zuvor.

8 Ein anderer, ähnlich radikaler Skeptizismus ist in neuester Zeit von dem amerikanischen Philosophen Hilary Putnam (geb. 1926) formuliert worden. Putnam lädt jeden von uns dazu ein, sich eine Situation vorzustellen, bei der uns von einem böswilligen Neurowissenschaftler das Gehirn entfernt worden ist. Daraufhin schloss der Neurowissenschaftler das Gehirn, das zur Erhaltung seiner Funktionen in einen mit Nährlösung gefüllten Tank gesetzt wurde, an einen Computer an, der mit Hilfe von elektrischen Impulsen in uns (vielleicht besser gesagt: in unserem Gehirn) die gleichen Eindrücke erzeugt, wie wenn wir als normale Menschen mit einem Körper in dieser Welt leben würden. Wenn wir zum Beispiel die Hand heben, dann haben wir den Eindruck, die Hand hebe sich, obwohl wir in Wirklichkeit nichts anderes mehr sind als ein an einen Computer angeschlossenes Gehirn im Tank (*brain in a vat*). Welchen Grund haben wir, anzunehmen, dass wir keine Gehirne im Tank sind? Es gibt kein Kriterium, um dies zu entscheiden. Somit können wir nicht wissen, ob die Welt, in der wir leben, nicht grundsätzlich anders aufgebaut ist, als wir denken.

Er besagt, dass wir im Grunde gar nichts wissen können, weil die Möglichkeit besteht, dass wir genau in diesem Augenblick in dem, was wir denken, von einem Betrügergott getäuscht werden. Damit werden selbst logische und mathematische Wahrheiten unsicher.
Ein solch radikaler Zweifel kann kaum aufrechterhalten werden, weil wir die Logik, die beim Fällen mathematischer Urteile vorausgesetzt wird, auch beim Argumentieren voraussetzen, also auch beim Argumentieren dafür, dass wir kein Wissen haben. Doch wie ist es mit dem Zweifel auf der zweiten Stufe? Müssen wir aufgrund dieses Zweifels davon ausgehen, dass es die Außenwelt, so wie wir sie kennen, nicht gibt?[9]

2. Realismus

Der Realismus vertritt die Position, dass eine Außenwelt unabhängig von einem menschlichen Bewusstsein existiert. Zwei Thesen sind darin enthalten: zum einen, dass es die Welt gibt, dass sie existiert, zum anderen, dass sie unabhängig von einem Geist ist, der sie wahrnimmt. Diese Position ist metaphysisch. Die entsprechende erkenntnistheoretische Aussage besagt, dass wir auch erkennen können, dass die Außenwelt existiert. Zusätzlich besagt der erkenntnistheoretische Realismus, dass wir erkennen können, wie die Welt beschaffen ist. Dies bedeutet nicht, dass wir alles über die Welt wissen, aber zumindest bedeutet es, dass wir etwas über sie wissen.
Man könnte sagen, dass wir wissen, wie die Welt beschaffen ist, weil sie so ist, wie sie uns erscheint. Dies ist die Auffassung des naiven Realismus. Sie ist höchst unplausi-

9 Descartes selbst ist kein Skeptiker. Er glaubt, eine positive Antwort auf den Zweifel gefunden zu haben. Was diese erste cartesianische Gewissheit ist, wird im Kapitel »Erkenntnis« erläutert (s. S. 110–113).

bel, denn die oben erwähnten Sinnestäuschungen zeigen, dass die Welt nicht immer so ist, wie sie uns erscheint. Wir könnten die These vertreten: Nicht immer, aber zumindest manchmal ist die Welt so, wie sie uns erscheint. Dies ist die Auffassung des aufgeklärten Realisten. Der aufgeklärte Realist ist vor die Aufgabe gestellt, Kriterien anzugeben, mit denen wir entscheiden können, in welchen Situationen die Welt so ist, wie sie uns erscheint. Zwei verschiedene Garanten für unsere Wahrnehmung sind vorgeschlagen worden: der gesunde Menschenverstand und die Wissenschaft.

Realismus des gesunden Menschenverstandes

Die Realisten des gesunden Menschenverstandes (*common sense*) glauben, der Menschenverstand gebe uns die nötige Sicherheit für die Behauptung, dass die Objekte der Welt in bestimmten Situationen so sind, wie wir sie wahrnehmen. Die von Descartes und anderen Philosophen getroffene Annahme, dass es Ideen gibt, die sozusagen zwischen den Objekten und uns stehen, ist zurückzuweisen, schreibt Thomas Reid (1710–1796). Stattdessen gilt: Wir nehmen die Objekte direkt wahr. Wenn wir sagen: »Ich sehe den Baum«, dann meinen wir damit, dass wir das Objekt in der Welt wahrnehmen. G. E. Moore (1873–1958) sieht dies als Beweis für die Existenz der Objekte der Außenwelt. Er hebt seine zwei Hände hoch über sein Gesicht und sagt: Dies ist eine Hand und dies ist eine Hand. Daraus können wir schließen, dass es die Hände (und damit die Außenwelt) gibt. Wer diesen Beweis der Außenwelt nicht akzeptiert, der widerspricht dem gesunden Menschenverstand.

Einwand. Es ist nicht ersichtlich, wie mit diesem Argument der Skeptizismus zurückgewiesen werden kann. Wenn ich meine Hand sehe, dann heißt das noch nicht, dass sie existiert. Es könnte gerade so gut sein, dass sie nur ein Produkt meiner Vorstellungskraft ist.

Wissenschaftlicher Realismus

Die wissenschaftlichen Realisten glauben, dass die Wissenschaft uns sagt, was real ist. Ein früher Vertreter dieser Ansicht ist John Locke (1632–1704). Er versucht zu zeigen, dass wir unterscheiden können zwischen den Vorstellungen von der Welt, wie sie tatsächlich ist, und den Vorstellungen, die von uns abhängen.

Locke untersucht, wie wir die Welt wahrnehmen. Er unterteilt die Wahrnehmung in die äußere Wahrnehmung der fünf Sinne und in die innere Selbstwahrnehmung, die Wahrnehmung der Gedanken und Gefühle. Beide Arten führen zu Ideen (*ideas*). Ideen sind Vorstellungen, die wir in unserem Geist haben. Wenn ich einen Baum sehe, dann habe ich eine Vorstellung, oder eben eine Idee von diesem Baum.

Die Ideen unterteilt Locke weiter in einfache, komplexe und abstrakte Ideen. Einfache Ideen (*simple ideas*) sind Ideen, die dem Geist dank der Sinneswahrnehmung unmittelbar bewusst sind. Dazu gehören die Ideen von Formen, Farben und Tönen. Zum Beispiel habe ich von einem Baum eine einfache Idee, genau genommen ein Bündel von einfachen Ideen: Ich sehe seine Form und verschiedene Farben.

Aus einfachen Ideen vermag der Geist komplexe und abstrakte Ideen zu bilden. Ein Beispiel einer komplexen Idee ist die Idee eines goldenen Bergs. Es gibt keinen goldenen Berg, aber ich vermag in meinem Geist die einfache Idee eines goldenen Objektes mit der Idee eines Berges zu verbinden. Ein Beispiel einer abstrakten Idee ist die Idee des Dreiecks als geometrische Figur. Die Idee der geometrischen Figur entsteht nicht aus einer Zusammenführung von einfachen Ideen, sondern aus einer Abstraktion dessen, was dem Dreieck wesentlich zukommt, nämlich dass es drei gerade Seiten hat. Dieses abstrakte Dreieck ist weder gleichseitig noch ungleichseitig, weder spitz- noch rechtwinklig.

Die Theorie der abstrakten Ideen ist von George Berkeley (1685–1753) heftig kritisiert worden. Locke verlange von uns, dass wir uns ein Dreieck vorstellen, das weder spitzwinklig noch rechtwinklig, weder gleichseitig noch ungleichseitig sei, sondern all dieses und zugleich nichts davon. Wenn man nun versucht, sich ein solches Dreieck vorzustellen, so erkennt man, dass es unmöglich ist. Man hat immer eine Vorstellung von einem bestimmten, zum Beispiel von einem konkreten rechtwinkligen oder von einem spitzwinkligen Dreieck. Von einem Dreieck, das zugleich spitz- und rechtwinklig ist, können wir uns kein Bild machen. Eine solche Idee gibt es nicht. Es gibt überhaupt keine abstrakten Ideen.

Abstrakte Ideen sollten nicht als Bilder aufgefasst werden, sondern als Konzepte oder Begriffe. Ein Begriff wird über eine Reihe von Eigenschaften bestimmt. Im Begriff des Dreiecks ist enthalten, dass es sich dabei um eine geometrische Figur mit drei Seiten handelt, die spitzwinklig oder rechtwinklig sein kann. Die Eigenschaft, drei Seiten und eine bestimmte Winkelgröße zu haben, wird nicht wahrgenommen. Die Eigenschaft ist ein Merkmal, mit dem der Begriff charakterisiert wird. Deshalb können wir abstrakte Ideen von Objekten haben, ohne uns diese bildlich vorstellen zu können. Wir haben zwar keine bildliche Vorstellung eines Dreiecks als geometrische Figur, aber wir verfügen über einen Begriff davon.

Locke meint, dass sich alle abstrakten Ideen auf einfache Ideen zurückführen lassen, Berkeley meint, dass es abstrakte Ideen gar nicht gibt; beide sind sich jedoch darin einig, dass die einfachen Ideen grundlegend sind. An dieser Stelle setzt Locke mit seinem Argument für den Realis-

mus an: Die Eigenschaften, die von einfachen Ideen abgebildet werden, unterscheidet Locke in primäre und sekundäre Qualitäten. Primäre Qualitäten kommen den äußeren Dingen unabhängig von unserer Wahrnehmung zu. Dazu gehören Festigkeit, Ausdehnung, Gestalt, Bewegung und Ruhe. Davon zu unterscheiden sind die sekundären Qualitäten. Sie kommen den Dingen nur dadurch zu, dass wir die Dinge wahrnehmen. Beispielsweise hat eine Rose nicht an und für sich eine rote Farbe. Einem Menschen erscheint eine Rose rot, einer Biene farblos. Sekundäre Eigenschaften wie Farben und Gerüche hängen in diesem Sinn vom wahrnehmenden Subjekt ab.
Mit dieser Unterscheidung lässt sich bestimmen, welche Ideen die Welt so abbilden, wie sie ist. Es sind dies die Ideen, die primäre Qualitäten abbilden. Sie werden von diesen verursacht und können diese wahrheitsgetreu abbilden.

Einwand. Die Unterscheidung in primäre und sekundäre Qualitäten ist nicht aufrechtzuerhalten, meint George Berkeley. Eine solche Unterscheidung setzt einen Standpunkt außerhalb der Ideen voraus, um zu beurteilen, ob die Ideen dem entsprechen, wie die Dinge an sich sind. Einen solchen Standpunkt besitzen wir nicht und können wir nie erlangen. Wenn es keinen solchen Standpunkt gibt, dann lässt sich die Unterscheidung nicht ziehen. Und wenn sich die Unterscheidung nicht ziehen lässt, dann kann Locke nicht mehr behaupten, wir wüssten, wie die Welt beschaffen ist, denn es wäre möglich, dass im Grunde alle Ideen von unserer Erfahrung abhängen.

3. Idealismus

George Berkeley (1685–1753) führt seine Kritik gegen die Unterscheidung in primäre und sekundäre Qualitäten weiter und entwickelt die Position des Idealismus. Wir können die Unterscheidung in zwei Arten von Qualitäten nicht sinnvoll treffen, weil wir dazu in der Lage sein müssten, einen Standpunkt außerhalb der Ideen einzunehmen. Aber das können wir nicht. Uns sind nur unsere Wahrnehmungen zugänglich, nicht die Dinge selbst, wie sie unabhängig von unserer Wahrnehmung sind. Somit sind die materiellen Dinge für uns nicht erkennbar. Wenn sie nicht erkennbar sind, dann stellt sich die Frage, warum man die Existenz materieller Dinge überhaupt annimmt. Berkeley meint: Materielle Dinge können ohne Verlust für unser Wissen über die Welt gestrichen werden. So gelangt Berkeley zu seiner berühmten These *»Esse est percipi«* – »Sein ist Wahrgenommenwerden«.

Stimmt dieses Prinzip? Wenn ich die Augen schließe oder mir die Ohren zuhalte, existieren dann die Gegenstände nicht? Und was war zu jener Zeit, als noch keine wahrnehmenden Lebewesen existierten? Gab es zu jener Zeit die Gegenstände nicht? Selbstverständlich gab es auch zu jener Zeit Gegenstände, und selbstverständlich gibt es sie auch dann, wenn wir sie gerade nicht wahrnehmen. Allerdings impliziert diese Aussage nicht, dass diese Gegenstände materiell sind. Was Berkeley verneint, ist nicht das Bestehen der Außenwelt, sondern ihre Materialität. Er verneint nicht, dass wir eine Außenwelt wahrnehmen, die auch unabhängig von unserem Willen existiert, sondern nur, dass diese Außenwelt materiell ist.

Berkeleys entscheidende Annahme ist, dass Sein Wahrgenommenwerden ist. Wir nehmen Ideen wahr und sonst nichts. Das, was existiert, sind Ideen. Das, was wir wahrnehmen und Gegenstände nennen, sind Ideen. Gegenstände sind nicht materiell, sondern bestehen aus Ideen. Sie sind geistig. Ihr Sein besteht in ihrem Wahrgenommenwerden. Sie existieren, solange sie wahrgenommen werden, solange sie in einem Bewusstsein existieren.

Bedeutet dies nicht, dass nur ich allein existiere, dass alles, was ich wahrnehme, Produkt meines eigenen Geistes ist? Dies ist die These des Solipsismus. Sie erscheint höchst unplausibel, weil dann die ganze Welt, alles was es gibt, von meinem Geist geschaffen wurde. Andere Menschen gäbe es ebenso wenig, denn auch sie wären lediglich Produkte meines Geistes. Dass sich mehrere Menschen auf dieselben Objekte beziehen können, würde damit zu einem unerklärlichen Rätsel. Berkeley ist deshalb darum bemüht, zu zeigen, dass seine Position kein Solipsismus ist.

Das Sein eines Gegenstandes besteht in seinem Wahrgenommenwerden. Aber es muss nicht zwingend ich sein, der den Gegenstand wahrnimmt, es kann auch der Geist eines anderen sein. Die Gegenstände existieren unabhängig von einem einzelnen Bewusstsein, aber nicht unabhängig von einem Bewusstsein überhaupt. Die Existenz der Gegenstände, die wir wahrnehmen, aber nicht in jedem Augenblick wahrnehmen, wird vom allgegenwärtigen und ewigen Geist gewährleistet. Dieser Geist ist Gott. Er kennt alle Gegenstände. Er ist es, der sie uns gemäß bestimmten Regelmäßigkeiten wahrnehmen lässt. Wir glauben, dass es eine materielle Außenwelt unabhängig von unserem Bewusstsein gibt, weil wir diese Regelmäßigkeiten feststellen. Wir betreiben Naturwissenschaft und nennen die Regelmäßigkeiten Naturgesetze. Im Grunde sind die Naturgesetze die Gesetze von Gottes Willen.

Dies ist die Position des Idealismus. Sie besagt, dass es keine materielle Außenwelt gibt, sondern nur Ideen und geistige Wesen, die diese Ideen wahrnehmen. Alles das, was wir wahrnehmen, sind Ideen. Wir wissen somit, wie die Welt beschaffen ist: Die Grenzen der Erkenntnis sind zugleich die Grenzen der Welt. Der Idealismus hat damit einen großen Vorzug gegenüber dem Realismus: Er ist immun gegen die Zweifel des Skeptizismus.

Einwand 1. Ein Zeitgenosse von Berkeley trat gegen einen Stein und sagte, damit sei der Immaterialismus widerlegt.
Erwiderung. Der Zeitgenosse hat Berkeleys Theorie nicht verstanden. Diese ändert nichts an der Art, wie wir die Welt wahrnehmen. Wer gegen einen Stein tritt, verspürt Schmerzen, aber nicht, weil der Stein aus Materie ist, sondern weil die Idee des Tritts mit der Idee des Schmerzes von Gott so verknüpft worden ist.

Einwand 2. Berkeleys Theorie widerspricht dem gesunden Menschenverstand. Das, was wir wahrnehmen, sind nicht Ideen, sondern Objekte. Wir sagen auch nicht: »Ich sehe die Idee eines Baumes«, sondern »Ich sehe einen Baum«.
Erwiderung. Wir reden zwar so, als würden wir Objekte wahrnehmen, aber dies ist, wie Berkeleys Theorie zeigt, eine Redeweise, die zu Irrtümern verleiten kann. Wenn wir sagen, wir sähen einen Baum, dann meinen wir eigentlich, dass wir eine Idee von diesem Baum haben, und eine Idee zu haben bedeutet, diese Idee wahrzunehmen.

Einwand 3. Berkeleys Argument gegen die materiellen Dinge lässt sich auch gegen den Geist als wahrnehmendes Ding vorbringen. Wir haben keinen Grund, die Existenz des Geistes anzunehmen. Wir können ihn deshalb streichen. Wenn Berkeley seine Argumentation konsequent durchziehen würde, dann müsste er die Ansicht vertreten, dass nur freischwebende Ideen existieren.

Einwand 4. Selbst wenn es meinen Geist geben sollte, so gibt es dennoch gemäß Berkeleys eigener Theorie keine Begründung dafür, dass auch andere Wesen einen Geist haben, weil alles, was wir davon wahrnehmen, Ideen sind. Somit ist Berkeleys Theorie entgegen seiner eigenen Ansicht ein Solipsismus und damit eine höchst unplausible Position.

4. Transzendentaler Idealismus

Der Transzendentale Idealismus versucht, idealistische und realistische Überlegungen miteinander zu verknüpfen. Transzendental ist diese Position insofern, als sie die Erfahrung transzendiert, über sie hinausgeht, und die Bedingungen der Möglichkeit von Erfahrung überhaupt bestimmt. Diese Position wurde von Immanuel Kant (1724–1804) in seinem Hauptwerk *Kritik der reinen Vernunft* entwickelt.

Kant unterscheidet zwischen dem, wie uns die Dinge erscheinen, den Erscheinungen, und dem, wie die Dinge an sich sind, dem Ding an sich. Da die Erscheinungen durch unseren Geist geprägt sind (s. S. 118), können wir von ihnen Erkenntnis haben. Aber darüber, wie das Ding an sich ist, können wir nichts wissen. In diesem Sinne ist Kants Position eine Verknüpfung von idealistischen Thesen – wir haben sichere Erkenntnis, weil unser Geist die Erfahrung bestimmt – und realistischen Thesen – es gibt eine Welt unabhängig von unserer Erfahrung, das Ding an sich.

Kant nennt es einen »Skandal der Philosophie«, dass man dem Skeptiker keinen Beweis der Existenz der Außenwelt entgegenstellen könne, und er versucht eine »Widerlegung des Idealismus« (B 274). Kant will zeigen, dass die Erkenntnis des eigenen Ichs voraussetzt, dass Gegenstände außerhalb von ihm existieren. Jeder von uns nimmt sich selbst in der Zeit wahr. Die Erkenntnis von Zeit setzt jedoch etwas Gleichbleibendes voraus. Dieses Gleichbleibende kann nicht eine Idee in mir sein, weil mein Dasein erst durch das Gleichbleibende bestimmt wird. Also muss es außerhalb von uns sein. Daraus folgt: Es gibt die Außenwelt.

Einwand 1. Kants Argument beweist nicht, dass es die Außenwelt gibt, sondern lediglich, dass etwas Gleichbleibendes existiert. Dies kann auch der Geist sein. Kants Position ist somit ein Idealismus im Sinne Berkeleys und damit denselben Einwänden ausgesetzt.

Einwand 2. Wenn wir nicht wissen können, wie das Ding an sich beschaffen ist, dann kann es ohne Verlust gestrichen werden. Kants Position fällt somit auch aus diesem Grund in einen Idealismus im Sinne von Berkeley zurück und ist damit denselben Einwänden ausgesetzt.

Erwiderung. Dieser Einwand kann mit einer Erweiterung von Kants Position zum sogenannten Deutschen Idealismus zurückgewiesen werden, wie er von Johann Gottlieb Fichte (1762–1814), Friedrich Ernst Daniel Schleiermacher (1768–1834), Georg Wilhelm Friedrich Hegel (1770–1831) und Friedrich Wilhelm Joseph Schelling (1775–1854) entwickelt wurde. Das Ich, von dem Kant spricht, ist ein »absolutes Ich«. Daraus können wir die Existenz der Außenwelt ableiten: Da das Ich absolut ist, hat es die absolute Erkenntnis, und damit auch die Erkenntnis von der Außenwelt.

Erwiderung auf die Erwiderung. Diese Erweiterung ist erstens nicht im Sinne Kants, denn dieser vertritt die Ansicht, dass wir vom Ding an sich nicht wissen, wie es beschaffen ist, zweitens ist der darin verwendete Begriff des »absoluten Ichs« unklar.

5. Ein Ausweg aus dem Skeptizismus?*

Realismus, Idealismus und Transzendentaler Idealismus versuchen den Skeptizismus zu widerlegen. Keines der Argumente gegen den Skeptizismus scheint jedoch vollständig zu überzeugen. Müssen wir deshalb verzweifeln? Nein, meinen Ludwig Wittgenstein (1889–1951) und Peter Strawson (1919–2006). Denn vielleicht lässt sich der Skeptizismus gar nicht widerlegen, sodass es zwecklos ist, sich überhaupt auf ihn einzulassen. Statt zu versuchen, den von Descartes formulierten Skeptizismus zu widerlegen, sollten wir gar nicht auf ihn eingehen. Doch warum wir dazu nicht gezwungen sind, muss zuerst einmal gezeigt werden.

Wittgenstein weist darauf hin, dass ein Zweifel nur dann Sinn macht, wenn man gewisse Annahmen trifft. Damit man überhaupt etwas bezweifeln kann, muss man voraussetzen, dass etwas gewiss ist. Nur vor dem Hintergrund bestimmter Grundannahmen, nur innerhalb eines Bezugsrahmens, können wir überhaupt zwischen wahr und falsch unterscheiden. Irgendwo müssen wir anfangen. Dies formuliert Wittgenstein in *Über Gewissheit* so: »Es ist so schwer, den *Anfang* zu finden. Oder besser: es ist schwer, am Anfang anzufangen. Und nicht zu versuchen, weiter zurückzugehen« (§ 471).

Strawson bemerkt, dass die Argumente für und wider die Existenz der Außenwelt müßig sind, da sich der Zweifel an der Außenwelt nicht sinnvoll formulieren lässt, ohne vorauszusetzen, dass sie existiert. Denn um den Zweifel zu formulieren, bedienen wir uns der Alltagssprache, in der ein bestimmtes Weltbild verankert ist. Dieses Weltbild enthält den Glauben an die Existenz der Außenwelt. Wir sind diesem unentrinnbar verpflichtet, wenn wir uns der Alltagssprache bedienen. Also bedarf auch der Skeptiker, um überhaupt seinen Zweifel zu formulieren, der Annahme, dass die Außenwelt existiert.

Einwand 1. Die Alltagssprache kann nicht als Argument dienen. Es geht nicht um die Frage, was wir im Alltag voraussetzen, wenn wir über die Welt sprechen, sondern um die Frage, ob es eine Außenwelt gibt und ob wir dies wissen können.
Erwiderung. Der Skeptiker kann seinen Zweifel gar nicht formulieren, wenn er sich keiner Sprache bedient. Wenn er nun die Außenwelt in Frage stellt, muss er einen Grund für diesen Zweifel anführen.

Einwand 2. Wer zeigen will, dass es eine Außenwelt gibt, der will nicht wissen, dass wir ohne sie nicht auskommen können, sondern er verlangt, dass der Skeptiker widerlegt wird.
Erwiderung. Der Anspruch, den Skeptiker zu widerlegen, ist zu hoch. Wer diesen Anspruch hat, hat das Spiel gegen den Skeptiker bereits verloren.

Zusammenfassung

Gibt es die Außenwelt, die Welt, die uns umgibt und die wir täglich wahrnehmen? Descartes' Traumargument besagt, dass wir dies nicht wissen können, weil wir nicht ausschließen können, dass wir in diesem Augenblick träumen, die Objekte der Außenwelt somit lediglich Produkte unserer Phantasie sind. Einige Realisten versuchen ihre Ansicht, dass die Außenwelt unabhängig von einem Geist existiert, der sie wahrnimmt, durch den gesunden Menschenverstand zu stützen, andere durch die Unterscheidung in primäre und sekundäre Qualitäten. Gegen diese Unterscheidung argumentiert Berkeley, dass sie gar nicht zu ziehen sei, weil sie einen Standpunkt außerhalb unserer Ideen verlange. Er führt seine Kritik an der Unterscheidung weiter und gelangt zu dem berühmten »*Esse est percipi*« – »Sein ist Wahrgenommenwerden«, dem Grundsatz des Idealismus. Der Idealismus besagt, dass es keine materielle Außenwelt gibt, sondern nur Ideen und geistige Wesen, die diese Ideen wahrnehmen. Wenn der Idealismus wahr ist, wissen wir, wie die Welt beschaffen ist. Allerdings kann man dann nicht erklären, dass auch andere Wesen einen Geist haben, und der Idealismus droht zum Solipsismus zu werden, d. h. zu der Ansicht, dass nur mein eigener Geist existiert. Der von Kant formulierte Transzendentale Idealismus versucht, den Vorzug des Idealismus ohne dessen unplausible Konsequenzen zu übernehmen. Kant unterscheidet zwischen Erscheinungen und dem Ding an sich. Es existiert ein Ding an sich, aber wir können nicht wissen, wie es beschaffen ist. Wissen haben wir nur davon, wie uns das Ding an sich erscheint. Wenn wir aber nicht wissen können, wie das Ding an sich beschaffen ist, dann kann es ohne Verlust gestrichen werden. Damit wird die kantische Position zu einem Idealismus und ist denselben Einwänden wie dieser ausgesetzt. Ein Ausweg aus dem Skeptizismus besteht darin, dass man überhaupt nicht auf ihn eingeht. Wittgenstein und Strawson versuchen zu zeigen, dass der Zweifel nicht greifen kann, ohne dabei gleichzeitig die Basis unserer Alltagssprache zu untergraben.

Literaturhinweise

Klassische Texte

René Descartes, *Meditationes de Prima Philosophia / Meditationen über die Erste Philosophie*, übers. und hrsg. von Gerhard Schmidt, Stuttgart: Reclam, 1986 [u. ö.].

In der ersten Meditation formuliert Descartes den radikalen Skeptizismus (Traum-Argument und Betrügergott-Argument).

John Locke, *Versuch über den menschlichen Verstand*, übers. von Carl Winckler, Hamburg: Meiner, 2000.

Dies ist eine klassische empiristische Darstellung der Zurückführung aller Ideen auf einfache Ideen und eine klassische Formulierung der Unterscheidung in primäre und sekundäre Qualitäten.

George Berkeley, *Eine Abhandlung über die Prinzipien der menschlichen Erkenntnis*, übers. von Günter Gawlik und Lothar Kreimendahl, Stuttgart: Reclam, 2005.

Hier findet sich eine klassische Formulierung des Idealismus (insbesondere §§ 1–10 und §§ 22–33).

Immanuel Kant, *Kritik der reinen Vernunft*, Stuttgart: Reclam, 1966 [u. ö.].

Kant entwickelt in seinem Hauptwerk die Theorie des Transzendentalen Idealismus.

G. E. Moore, »Beweis einer Außenwelt«, in: G. E. M., *Eine Verteidigung des Common Sense. Fünf Aufsätze*, übers. von Eberhard Bubser, Frankfurt a. M.: Suhrkamp, 1969, S. 153–184.

Moore versucht in diesem Aufsatz den Realismus mit dem gesunden Menschenverstand zu verteidigen.

Ludwig Wittgenstein, »Über Gewissheit«, in: L. W., *Werkausgabe*, Bd. 8, Frankfurt a. M.: Suhrkamp, 1984, S. 113–257.

Wittgenstein setzt sich hier mit Moores Beweis der Außenwelt auseinander und versucht zu zeigen, dass der Zweifel des Skeptikers nicht greifen kann, ohne bestimmte Aussagen als gewiss vorauszusetzen.

Peter F. Strawson, *Skeptizismus und Naturalismus*, übers. von M. N. Istase und Renate Soskey, Berlin: Philo, 2001.

Im ersten Kapitel erläutert Strawson seinen Ausweg aus dem Skeptizismus.

Hilary Putnam, *Von einem realistischen Standpunkt. Schriften zu Sprache und Wirklichkeit*, hrsg., eingel. und übers. von Vincent C. Müller, Reinbek: Rowohlt, 1993.

In diesem Buch sind verschiedene Arbeiten von Putnam zur Realismusdebatte abgedruckt, unter anderem sein Gedankenexperiment der Gehirne im Tank und die Darstellung seiner Position des internen Realismus.

Einführungen

Gottfried Gabriel, *Grundprobleme der Erkenntnistheorie. Von Descartes zu Wittgenstein*, Paderborn: Schöningh, 1993.
Dies ist eine gute, historisch ausgerichtete Einführung in die Erkenntnistheorie, die auch die metaphysischen Thesen der neuzeitlichen Denker diskutiert.

Bertrand Russell, *Probleme der Philosophie*, übers. von Eberhard Bubser, Frankfurt a. M.: Suhrkamp, 1967.
Dies ist eine kurze, leicht lesbare Einführung in die Philosophie, in der hauptsächlich erkenntnistheoretische Probleme diskutiert werden.

VI. Erkenntnis

Was ist Erkenntnis? Die traditionelle, auf Platon zurückgehende Ansicht lautet, dass Erkenntnis (oder Wissen) in einer wahren, begründeten Meinung besteht. Man kann diese Definition wie folgt darstellen:

Die Person *A* weiß, dass *p*, genau dann, wenn
(1) *A* die Überzeugung hat, dass *p*,
(2) es wahr ist, dass *p*, und
(3) die Überzeugung von *A* gut begründet ist.

Was bedeuten diese drei Bedingungen? Damit ich weiß, dass *p*, muss ich *p* für wahr halten, oder, was dasselbe ist, eine entsprechende Überzeugung haben (1). Zum Beispiel kann ich glauben, dass der FC Basel Schweizer Fußballmeister wird. Dies reicht jedoch nicht aus, um meinen Glauben als Wissen zu bezeichnen. Wenn der FC Basel nämlich nicht Schweizer Meister wird, dann habe ich es nicht gewusst. Damit ich weiß, dass *p*, muss *p* auch wahr sein (2). Doch auch dies ist nicht hinreichend. Wenn ich glaube, dass der FC Basel Schweizer Meister wird, weil ich es hoffe, und es dann tatsächlich eintritt, dann werden wir nicht sagen, ich hätte gewusst, dass der FC Basel Meister werde. Damit ich weiß, dass *p*, muss ich meinen Glauben auch gut begründen können (3). Die Hoffnung allein ist kein guter Grund.

Was als hinreichende Begründung einer wahren Überzeugung gilt, damit sie als Wissen anerkannt wird, ist eine schwierige Frage. Wahrscheinlich gelten für verschiedene Kontexte verschiedene Kriterien. Doch wie auch immer man diese Kriterien bestimmt, die grundlegende Analyse bleibt bestehen: Wissen ist eine wahre begründete Meinung.

Gibt es ein Wissen, das so gewiss ist, dass kein vernünftiger Mensch daran zweifeln kann? Um diese Frage zu beantworten, scheint es sinnvoll, zunächst folgende Frage zu klären: Was ist die Grundlage der menschlichen Erkenntnis?

Als Grundlage der Erkenntnis ist einerseits die Erfahrung und andererseits die Vernunft zu nennen. Zur Erfahrung zählt all das, was wir mit unseren fünf Sinnen wahrnehmen können (Sehen, Hören, Tasten, Riechen und Schmecken). Wir nehmen zum Beispiel die Farben von Sonnenblumen, die Formen von Elefanten und den Geruch von frischem Kaffee wahr und haben diesbezüglich auch gewisse Wissensansprüche. Erfahrungserkenntnisse werden auch »empirische Erkenntnisse« oder »Erkenntnisse *a posteriori*« (nach der Erfahrung) genannt. Zur Vernunft zählt all das, was wir durch Nachdenken allein erkennen können. Wir erkennen durch Nachdenken allein, dass die Innenwinkelsumme eines Dreiecks immer 180° beträgt, dass Joseph (als Mann) keine Mutter sein kann und dass $2 + 2 = 4$. Erkenntnisse der Vernunft werden auch »Erkenntnisse *a priori*« (vor der Erfahrung) genannt.

Welches ist nun die entscheidende Grundlage der Erkenntnis? Ist es die Vernunft oder die Erfahrung? Die naheliegende Antwort scheint die zu sein, dass sowohl die Vernunft als auch die Erfahrung als Erkenntnisgrundlage dienen können. Die Frage ist jedoch, welche der beiden die grundlegendere Erkenntnisart ist. Der Rationalismus gibt der Vernunft den Vorzug, der Empirismus der Erfahrung. Der Rationalismus besagt, dass unser Wissen ausschließlich oder zu einem großen Teil apriorisches Wissen ist. Der Empirismus besagt, dass unser Wissen ausschließlich oder zu einem großen Teil empirisches Wissen ist. Da der genaue Anteil der Erkenntnisart durch diese Thesen noch nicht bestimmt ist, sagt die bloße Etikettierung eines Philosophen als »Rationalist« oder »Empirist« nur wenig aus. Doch liefert sie einen Rahmen, in dem die Frage, ob es sicheres Wissen gibt, diskutiert werden kann.

1. Rationalismus

Der Rationalismus behauptet, dass unser Wissen ausschließlich oder zu einem großen Teil aus apriorischem Wissen besteht. Demnach ist es möglich, durch Nachdenken allein bestimmte Erkenntnisse über die Welt zu erlangen. Das Nachdenken wird auch als Vernunft oder Verstand (lat. *ratio*) bezeichnet. Deshalb heißt diese Position »Rationalismus«.

Ein Beispiel für Wissen, das man durch Nachdenken allein erlangen kann, bildet unser Wissen über geometrische Figuren. Im Dialog *Menon* lässt Platon Sokrates einem Sklaven eine geometrische Aufgabe geben. Der Sklave hat keinerlei mathematische Schulung und wird einzig durch geschickte Fragen von Sokrates angeleitet. Es gelingt ihm, die Aufgabe zu lösen. Somit muss eine Art Wissen bereits im Sklaven vorhanden sein. Er erinnert sich an dieses in ihm enthaltene Wissen. Das Wissen des Sklaven besteht in der Wiedererinnerung an das, was in ihm bereits vorhanden ist.

Ein anderes Beispiel bildet das Wissen von der eigenen Existenz. In den *Meditationen* spielt René Descartes (1596–1650) die Möglichkeit durch, dass es einen Betrügergott gebe, der uns in allem täuscht. Doch, so fragt Descartes weiter, kann ein solcher Betrügergott uns tatsächlich in allem täuschen? Nein, das kann er nicht. Versucht auch ein Betrügergott mich zu täuschen, so viel er will, in einem kann er mich nicht täuschen, nämlich darin, dass ich denke. Der Betrügergott mag mich darin täuschen, *was* ich denke, aber *dass* ich denke, dessen bin ich mir unmittelbar bewusst. Im Vollzug des Denkens bin ich mir meiner eigenen Existenz bewusst. Solange ich denke, dass ich existiere, bin ich mir sicher, dass ich denke, und also auch, dass ich existiere, und also existiere ich. Ich denke, also bin ich – *cogito ergo sum.*[10] Die Idee vom Ich als denkendem Wesen ist bereits in uns, und wir gelangen zu ihr durch bloßes Nachdenken.

Solches Wissen, das wir durch bloßes Nachdenken erlangen können, scheint auf etwas zurückzugreifen, das bereits in uns vorhanden ist. Ideen (Begriffe), die bereits in uns vorhanden sind, werden »angeboren« genannt.

Empiristen glauben nicht, dass es angeborene Ideen gibt. John Locke (1632–1704) argumentiert gegen sie, indem er darauf verweist, dass Kleinkinder abstrakte Ideen wie die von geometrischen Figuren und vom eigenen Ich nicht besitzen.

Rationalisten würden Locke wiederum entgegnen, dass angeborene Ideen Kleinkindern lediglich nicht bewusst sind. Vielmehr müsste das Kind zuerst Erfahrungen machen, um überhaupt die Fähigkeit zu entwickeln, sich an die Ideen zu erinnern. Die Erfahrung ohne entsprechende Ideen kann niemals Erkenntnis sein. Oder, wie Kant schreibt: »Anschauungen ohne Begriffe sind blind« (B 75). Andererseits gilt gemäß Kant auch: »Gedanken ohne Inhalt sind leer« (B 75). Sowohl eine Idee als auch eine Erfahrung sind notwendig, dass wir überhaupt Erkenntnisse haben können.

Die Frage ist somit nicht, woher die Begriffe kommen – sie mögen angeboren sein oder nicht –, sondern, ob es Wissen gibt, das wir unabhängig von der Erfahrung rechtfertigen können. Die *Genese* (die Entstehung) ist von der *Geltung* (der Rechtfertigung) einer Erkenntnis zu unterscheiden, schreibt Leibniz (1646–1716). Ob ein Wissen gerechtfertigt ist, lässt sich unabhängig davon bestimmen,

10 Was heißt hier »ergo«? In den *Meditationen* schreibt Descartes nirgends »Cogito ergo sum«, sondern nur, dass die Aussage »Ich bin, ich existiere« notwendig wahr sei. Das »ergo« ist nicht als »daraus folgt« im logischen Sinn zu lesen, denn der Betrügergott könnte einen in Bezug auf die Prämissen und den Schluss täuschen. Worin er uns nicht täuschen kann, ist, dass wir denken, wenn wir uns bewusst sind, dass wir denken. Wir können nicht nicht denken, wenn wir denken, was auch immer wir denken.

wie es entstanden ist. Und um zu erklären, wie es entstanden ist, braucht man auf keine Rechtfertigung zurückzugreifen. Deshalb ist die Geltung des Wissens unabhängig von dessen Entstehung zu beurteilen.

Die ursprüngliche Frage lautet umgeformt nun: Gibt es ein Wissen, das sich unabhängig von Erfahrung rechtfertigen lässt? Der Rationalist ist eindeutig dieser Ansicht. Zum Beispiel kann man wissen, dass $2 + 2 = 4$, ohne bei der Rechtfertigung auf Erfahrung zurückzugreifen.

Es kann natürlich sein, dass eine Person durch Erfahrung zu diesem Resultat gelangt, beispielsweise indem sie die Zahlen in einen Taschenrechner eingibt und der Anzeige des Resultates glaubt. Eine solche Person hat Wissen, denn sie besitzt eine Überzeugung, die sie rechtfertigen kann: Sie vertraut auf den Mechanismus des Rechners. Das ist keine schlechte Rechtfertigung. Man kann somit sagen, dass sie Wissen hat. Allerdings beruht dieses Wissen auf Erfahrung. Ist dies ein Einwand gegen den Rationalismus? Nein, er trifft die rationalistische These nicht, denn diese besagt, dass man das Wissen unabhängig von der Erfahrung rechtfertigen *kann*, nicht aber, dass es so gerechtfertigt werden *muss*. Sobald es eine Möglichkeit gibt, ein Wissen ohne Erfahrung zu rechtfertigen, kann es allgemein als apriorisches Wissen gelten. Ob eine Person dieses Wissen a priori rechtfertigen kann, ist in jedem einzelnen Fall zu beurteilen. Es ist nicht ausgeschlossen, dass man apriorisches Wissen im Einzelfall auch mit Erfahrung rechtfertigt.

Einwand 1. Die Unterscheidung zwischen Genese und Geltung ist nicht sinnvoll. In der Rechtfertigung von Wissen muss darauf zurückgegriffen werden, wie dieses Wissen entstanden ist. Auch wer das Wissen, dass $2 + 2 = 4$, mit dem Verweis auf mathematische Gesetze rechtfertigt, muss irgend einmal diese Gesetze aufgestellt oder gelernt haben. Dazu war Erfahrung nötig. Somit wird Wissen immer mit Erfahrung gerechtfertigt.

Erwiderung. Natürlich muss eine Person Erfahrungen gemacht haben, um ihr Wissen überhaupt formulieren zu können. Aber das, worauf sie ihr Wissen stützt, zum Beispiel mathematische Gesetze, kann sie durch bloßes Nachdenken einsehen. Sie kann ihr mathematisches Wissen rechtfertigen, ohne dabei auf Erfahrung zurückzugreifen.

Einwand 2. Der Rationalist kann apriorisches Wissen entweder nur negativ beschreiben, indem er sagt, es sei ein Wissen, das nicht auf Erfahrung beruhe, oder dadurch, dass er sagt, man gelange dazu durch Nachdenken. Doch was heißt dies? Was ist dieses Nachdenken? Es fehlt eine positive Bestimmung dessen, wie apriorisches Wissen entsteht.

Einwand 3. Der Rationalismus vermag vielleicht zu erklären, wie apriorisches Wissen möglich ist, aber warum dies Wissen über die Welt ist, das kann er nicht erklären. Das Wissen, dass $2 + 2 = 4$, ist a priori. Aber damit ist nicht gesagt, dass die mathematischen Gesetze in unserer Welt gelten. Für diese These kann der Rationalist nicht argumentieren, weil dazu Erfahrung nötig wäre. Das Fazit dieses Einwandes ist: Es fehlt dem Rationalismus der Bezug zur Welt.

2. Klassischer Empirismus

Der klassische Empirismus behauptet, dass wir keine angeborenen Ideen besitzen. Ideen sind Eindrücke von den Sinnen, und alle komplexen Ideen lassen sich auf einfache Eindrücke zurückführen. Diese Eindrücke sind Resultat unserer Erfahrung. Deshalb behauptet der klassische Empirist, dass unser Wissen von der Welt ausschließlich oder

zu einem großen Teil auf Erfahrung (griech. *empeiria*) zurückzuführen ist.
Diese Zurückführung ist im Sinne einer Rechtfertigung zu verstehen: Wir rechtfertigen unser Wissen, indem wir auf Erfahrung verweisen. Natürlich besitzen wir, so würde ein klassischer Empirist beteuern, auch Erkenntnisse *a priori*. David Hume (1711–1776), zusammen mit John Locke (1632–1704) und George Berkeley (1685–1753) einer der drei großen britischen Empiristen der Neuzeit, liefert für solche Erkenntnisse auch sofort ein Bestimmungskriterium: Die Verneinung eines Urteils *a priori* (beispielsweise, dass ein Dreieck drei Seiten hat) führt zu einem Widerspruch, die Verneinung eines Urteils *a posteriori* (beispielsweise, dass dieses Haus vier Seiten hat) hingegen nicht. Die erste Aussage ist notwendig, die zweite kontingent. Notwendige Wahrheiten bestehen im Bereich der Vorstellungen, des Denkens. Aber sie sagen uns nichts über die Welt. Wenn wir Wissen über die Welt haben möchten, dann müssen wir dies immer mit der Erfahrung begründen.

Einwand 1. Der Empirismus kann nicht erklären, warum 2 + 2 = 4 mit Notwendigkeit wahr ist. Wenn die Erfahrung die einzige Grundlage für Erkenntnis ist, dann gibt es keine notwendigen Wahrheiten.

Einwand 2. Der Empirismus führt dazu, dass wir kein sicheres Wissen über die Welt haben: Aus einzelnen Beobachtungen können wir nie auf alle oder zukünftige Beobachtungen schließen. David Hume hat dieses Problem auf den Punkt gebracht: Wie können wir den Übergang von bisherigen Beobachtungen auf alle zukünftigen ähnlichen Beobachtungen begründen? Zum Beispiel: Was rechtfertigt unseren Glauben, dass morgen die Sonne aufgehen wird?
Die Aussage, dass morgen die Sonne aufgehen wird,

muss entweder *a priori* oder *a posteriori* begründet werden. Sie kann *a priori* nicht begründet werden, weil die Verneinung der Aussage, dass die Natur sich weiterhin so verhält, wie sie sich bisher verhalten hat, keinen Widerspruch impliziert. Es lässt sich ohne Widerspruch behaupten: »Die Natur wird sich morgen anders verhalten als heute.« (Dem würden allerdings einige Rationalisten widersprechen.) Auch *a posteriori* kann sie nicht begründet werden, weil die bisherige Erfahrung eben nur die bisherige Erfahrung ist. Es steht in der Natur nirgends geschrieben, dass diese sich weiterhin so verhalten wird wie bisher. Die bisherige Erfahrung reicht nicht dazu aus, Aussagen über zukünftige Erfahrungen zu begründen. Wenn weder der Verstand noch die Erfahrung eine Begründung liefern kann, dann gibt es gar keine Begründung für die Annahme, dass auf bisherige Beobachtungen zukünftig ähnliche Beobachtungen folgen. Die Möglichkeit ist nicht ausgeschlossen, dass morgen die Sonne nicht aufgeht.

Das Problem ergibt sich nicht nur im Zusammenhang mit Aussagen über die Zukunft, sondern für jede allgemeine Aussage, also auch zum Beispiel für »Alle Schwäne sind weiß«. Wir können die Wahrheit dieser Aussage weder mit der Vernunft noch mit der Erfahrung begründen.

Dieses Problem ist als »Induktionsproblem« bekannt. Ein induktiver Schluss ist im Unterschied zum deduktiven Schluss, der mit Notwendigkeit aus den Prämissen folgt, aufgrund der Prämissen lediglich wahrscheinlich. Humes eigene Lösung des Induktionsproblems, wenn man so sagen will, besteht darin, zu sagen, dass wir uns an die Natur gewöhnt haben. Es ist ein Prinzip der Gewohnheit, das unseren Alltagsmeinungen als Basis dient. Aus Gewohnheit glauben wir, dass die Sonne morgen aufgeht. Doch eine Rechtfertigung für diesen Glauben haben wir nicht. In diesem

Sinn kann Hume als ein Skeptiker angesehen werden: Er glaubt nicht, dass sich unsere allgemeinen Aussagen über die Welt rechtfertigen lassen. Wenn das stimmt, dann können wir nicht mit Gewissheit wissen, dass die Welt so und nicht anders beschaffen ist. Und das heißt, plakativ formuliert: Dem Empirismus fehlt die Gewissheit.

3. Kant

Hume habe ihn aus dem »dogmatischen Schlummer« geweckt, sagt Immanuel Kant (1724–1804). Im Unterschied zu Hume widersteht Kant allerdings der Verführung durch den Skeptizismus und entwickelt eine eigene positive Theorie, den Transzendentalen Idealismus.
Kants Ziel zu Beginn seines Hauptwerkes *Kritik der reinen Vernunft* ist es, die Möglichkeit der Metaphysik als Wissenschaft aufzuzeigen. Kant unterscheidet einerseits zwischen Erkenntnissen *a priori* und *a posteriori*, andererseits zwischen *analytischen* und *synthetischen* Urteilen. Ein Urteil ist dann analytisch, wenn es allein aufgrund der Bedeutung der darin vorkommenden Begriffe wahr ist. Zum Beispiel ist der Satz »Der Kreis ist rund« analytisch, weil der Begriff des Kreises so definiert ist, dass ein Kreis rund ist. Hingegen ist das Urteil »Alle Elefanten sind grau« synthetisch, weil in der Definition von Elefant »grau« nicht vorkommt. Um zu wissen, ob das Urteil über die Elefanten wahr ist, bedarf es mehr als der Klärung der darin enthaltenen Begriffe. Es ergeben sich vier Arten von Urteilen:

(1) analytische Urteile a priori
(2) analytische Urteile a posteriori
(3) synthetische Urteile a posteriori
(4) synthetische Urteile a priori

Urteile der ersten Art werden auch von den meisten Empiristen akzeptiert. Das Urteil, dass der Kreis rund ist, ist analytisch und a priori. Urteile der zweiten Art gibt es nicht. Wenn das Urteil allein aufgrund der Bedeutung der darin enthaltenen Begriffe wahr ist, dann bedarf es für die Bestimmung der Wahrheit keiner Erfahrung. Die Kenntnis der Bedeutung der darin vorkommenden Begriffe reicht aus. Urteile der dritten Art gibt es gemäß den meisten Philosophen. Um zu wissen, welche Farbe die Blumen im Garten der Großeltern haben, muss man sie anschauen. Einzig radikale Rationalisten wie Platon, die nur die Erkenntnis von Ideen als wahrhaftige Erkenntnis anerkennen, würden verneinen, dass wir durch Erfahrung auch zu Erkenntnis gelangen können.

Doch wie verhält es sich mit Urteilen der vierten Art? Dies ist Kants Grundfrage. An ihrer Beantwortung entscheidet sich, ob Metaphysik als Wissenschaft möglich ist. Die Frage lautet: Wie sind synthetische Urteile a priori möglich?

Um diese Frage zu beantworten, sucht Kant zuerst in den apriorischen Wissenschaften nach synthetischen Urteilen und dann in den empirischen Wissenschaften nach Urteilen a priori. Die apriorische Wissenschaft schlechthin ist die Mathematik. Ihre Urteile können durch Nachdenken allein gefällt werden. Diese Urteile gelten mit Notwendigkeit. Doch sind alle mathematischen Urteile analytisch? Der Satz »7 + 5 = 12« ist gemäß Kant synthetisch, denn in »7 + 5« sei »12« noch nicht enthalten. Damit glaubt Kant gezeigt zu haben, dass es in der Mathematik synthetische Urteile a priori gibt.

Zu den empirischen Wissenschaften zählen die Naturwissenschaften. Einige Sätze dieser Wissenschaften sind allgemeiner Art, zum Beispiel, dass ein Ding in Raum und Zeit ist und andere Dinge verursacht. In diesem Satz kommen Begriffe vor, die wir laut Kant nicht aus der Erfahrung gewonnen haben können. Man kann versuchen, sich ein

Ding vorzustellen, das nicht in Raum und Zeit ist, doch der Versuch scheitert: Wir können uns ein Ding außerhalb von Raum und Zeit nicht vorstellen. Damit wir überhaupt Erfahrungen machen können, muss das, was wir erfahren, in Raum und Zeit sein. Raum und Zeit sind somit Bedingungen der Möglichkeit der Erfahrung. Raum und Zeit sind Formen der Gegenstände, die diesen nicht an sich zukommen. Dasselbe gilt für »Ding« und »Ursache – Wirkung«. Und nun kommt Kants genialer Gedanke: Nicht die Erkenntnis richtet sich nach den Gegenständen, sondern die Gegenstände richten sich nach der Erkenntnis. Wir sind es, die den Gegenständen ihr Dasein als Dinge und ihre Einbettung in ein Ursache-Wirkungs-Gefüge aufprägen. Weil die Strukturen in unserem Denken liegen, können wir apriorische Erkenntnis davon haben, und weil wir sie den Gegenständen aufprägen, können wir auch die Form der Gegenstände a priori wissen. Somit können wir in den empirischen Wissenschaften synthetische Urteile a priori fällen.

Allerdings liefern uns die synthetischen Urteile a priori keine Erkenntnis darüber, wie die Welt tatsächlich beschaffen ist. Die Dinge, wie sie wirklich sind, nennt Kant »Ding an sich«. Wir wissen gemäß Kant nicht, wie dieses jeweils beschaffen ist, es liegt außerhalb der Grenzen unserer Erkenntnis. Aber es muss das Ding an sich geben, denn sonst gäbe es nichts, von dem wir Erfahrungen haben.

Zwei Punkte sind zum Abschluss dieser Darstellung hervorzuheben: Erstens verbindet Kant in seiner Theorie empiristische und rationalistische Elemente. Wir haben apriorisches Wissen, aber dieses bezieht sich immer auf Erfahrung. Damit löst er sowohl ein Hauptproblem des Rationalismus, nämlich den fehlenden Bezug zur Welt, als auch ein Hauptproblem des Empirismus, nämlich die fehlende Gewissheit. Zweitens stellt Kants Theorie eine Absage an die traditionelle Metaphysik dar: Über das Sein der Natur, über Gott, über die unsterbliche Seele – über alles das haben wir kein Wissen, denn für Wissen braucht es immer auch Erfahrung.

Einwand 1. Wenn der Satz »7 + 5 = 12« synthetisch wäre, wie Kant dies behauptet, dann würde der Satz nicht mit Notwendigkeit gelten, d. h., es könnte sein, dass er morgen nicht mehr wahr wäre. Wir gehen jedoch davon aus, dass mathematische Sätze notwendig wahr sind.

Einwand 2. Kants Theorie führt zu einem fundamentalen Problem. Das Prinzip der Kausalität soll die Erfahrung erst ermöglichen. Es gilt nur für Erscheinungen, nicht für das Ding an sich. Doch irgendwie muss das Ding an sich mit den Erscheinungen in Bezug stehen. Naheliegend ist, es als Ursache für die Erscheinungen zu verstehen. Doch genau das darf Kant nicht, denn die Kategorie der Kausalität gilt nur für Erscheinungen. Zu behaupten, dass das Ding an sich etwas verursacht, wäre eine *contradictio in adjecto*, ein begrifflicher Widerspruch. Entweder muss Kant die Rede vom Ding an sich aufgeben, oder er muss zugestehen, dass die Wirkung vom Ding an sich auf uns völlig unverständlich ist.

4. Logischer Empirismus *

Die logischen Empiristen können insofern als die Erben Kants angesehen werden, als sie dessen grundsätzliche Kritik an der traditionellen Metaphysik teilen und sogar noch weiterführen. Zum anderen sind sie Erben der Empiristen. Die Grundsätze des Empirismus formulieren sie mit Hilfe der Logik präziser. Deshalb wird ihre Position

»logischer Empirismus« genannt. Zu den wichtigsten Vertretern des logischen Empirismus zählen Moritz Schlick (1882–1936), Otto Neurath (1882–1945) und Rudolf Carnap (1891–1970).

Die logischen Empiristen führen Kants grundsätzliche Kritik an der traditionellen Metaphysik weiter. Während Kant die Metaphysik von ihren nicht rationalen Ansprüchen genügenden Seiten befreien will, beabsichtigen die logischen Empiristen, die Metaphysik ganz zu streichen. Sie gedenken dies zu tun, indem sie metaphysische Sätze mit Hilfe der Logik analysieren und so als sinnlos ausweisen. Die Sprache enthält ihnen gemäß nur zwei Arten von sinnvollen Sätzen, analytische Sätze und synthetische Sätze. Die Sätze der ersten Art sind notwendig wahr, die der zweiten Art haben nur dann Bedeutung, wenn sie empirisch überprüft (verifiziert) werden können. Die Bedeutung eines solchen Satzes sind die Bedingungen, die es erlauben, seine Wahrheit zu prüfen, d. h. ihn zu verifizieren. Dies ist das *empiristische Sinnkriterium*. Jeder sinnvolle Satz ist entweder analytisch oder synthetisch, ansonsten ist er sinnlos.

Anstoß nehmen die logischen Empiristen an Aussagen der Art »Das Wahre ist das Ganze« (Hegel, 1770–1831) und »Das Nichts nichtet« (Martin Heidegger, 1889–1976). Solche Sätze beruhen auf Konfusionen der Sprache. Der erste Satz enthält erstens einen Ausdruck, der empirisch nicht überprüfbar ist (»das Ganze«). Solche Ausdrücke sind bedeutungslos. Zweitens hat der Satz keine logisch korrekte Struktur, er ist nicht wohlgeformt, denn in ihm wird ein Prädikat auf unerlaubte Weise substantiviert (»das Wahre«) und mit einem anderen Ausdruck gleichgesetzt. Wahrheit ist eine Eigenschaft von Aussagen, nicht ein Gegenstand in der Welt. Erlaubt ist die Verwendung des Prädikats »ist wahr« nur dann, wenn es auf wahrheitsfähige Entitäten angewandt wird, d. h. auf Aussagen. Man kann zum Beispiel sagen: »Es ist wahr, dass Schwarztee den

Geist belebt«, aber man kann nicht sagen: »Dieser Stein ist wahr«. Es ergibt einfach keinen Sinn, so zu reden. Der zweite oben genannte Satz hat ebenfalls keine logisch korrekte Struktur, da darin ein logisches Zeichen (»nicht«) unerlaubt substantiviert wird (»Das Nichts«) und als ein normales Prädikat gebraucht wird (»nichtet«). Ein solcher Satz ergibt keinen Sinn.

Einwand 1. Wenn das empiristische Sinnkriterium einen Sinn haben soll, dann muss es auf sich selbst anwendbar sein. Man mache den Test: Entweder ist es ein analytischer oder ein empirischer Satz. Ist das empiristische Sinnkriterium ein analytischer Satz? Nein, denn dazu müsste im Begriff der »Bedeutung« derjenige der »Verifikation« bereits enthalten sein. Das ist er nicht. Ist es ein synthetischer Satz? Nein, denn dann müsste es eine Erfahrung geben, an der es sich überprüfen ließe. Eine solche gibt es nicht.
Erwiderung. Es macht keinen Sinn, zu fragen, ob das Sinnkriterium analytisch oder synthetisch sei, da diese Frage erst beantwortet werden kann, wenn man das Sinnkriterium hat. Wenn man es akzeptiert, dann ist es analytisch.

Einwand 2. Das empiristische Sinnkriterium setzt voraus, dass eine klare Trennung zwischen Theorie und Beobachtung gemacht werden kann. Aber eine solche Trennung lässt sich nicht strikt ziehen. Bereits die Aussage: »Ich sehe eine Tasse« enthält Begriffe, die nur innerhalb einer Theorie Bedeutung haben. Jemand, der nicht weiß, was eine Tasse ist, wird nicht eine Tasse sehen, sondern lediglich ein Gefäß oder ein hartes Objekt. Da sich eine Trennung zwischen Theorie und Beobachtung nicht strikt ziehen lässt, ist das empiristische Sinnkriterium nicht vertretbar.

Einwand 3. Der amerikanische Philosoph Willard van Orman Quine (1908–2000) hat in seinem vieldiskutierten Aufsatz »Zwei Dogmen des Empirismus« folgenden Einwand formuliert: Die Unterscheidung zwischen »analytisch« und »synthetisch« ist nicht aufrechtzuerhalten, weil nicht erläutert werden kann, was der Begriff »analytisch« genau bedeutet. Wir können nicht sagen, dass ein Satz wahr sei allein aufgrund der Bedeutung der darin enthaltenen Begriffe, weil wir zuerst klären müssten, was »Bedeutung« bedeutet. Das könnten wir nur dann, wenn wir sagen könnten, wann zwei Ausdrücke bedeutungsgleich (synonym) sind. Das können wir nicht. Die Unterscheidung ist somit lediglich eine unbegründete Behauptung, ein Dogma des Empirismus, wie Quine schreibt.

Einwand 4. Das empiristische Sinnkriterium setzt voraus, dass Aussagen individuell überprüft werden können. Dies trifft nicht zu. Eine Aussage kann nie isoliert überprüft werden, sondern immer nur in Verbindung mit einer ganzen Theorie. Steht eine Beobachtung im Widerspruch zur Theorie, so ist damit lediglich gezeigt, dass eine der Hypothesen in der Theorie falsch ist, jedoch nicht, welche genau falsch ist. Grundsätzlich kann es jede sein. Es kann selbst eine Hypothese sein, die ein logisches Gesetz formuliert. Wenn sogar logische Gesetze aufgrund von Erfahrung revidiert werden können, dann gibt es keine analytischen Aussagen. Auch dieser Einwand stammt von Quine.

5. Naturalismus – das Ende der Philosophie?*

Die Kritik am logischen Empirismus führt Quine zu einer eigenen Auffassung, zum Naturalismus. Der Naturalismus ist am besten als Projekt zu verstehen, nämlich als Projekt, die Philosophie zu naturalisieren, d. h. als eine Naturwissenschaft aufzufassen.

Wenn es keine Möglichkeit gibt, zu bestimmen, was ein analytisches Urteil ist, dann hat es auch keinen Sinn, über analytische Urteile zu sprechen. Während die Rationalisten, die klassischen Empiristen, Kant und die logischen Empiristen alle der Ansicht sind, dass wir dank analytischen Urteilen apriorische Erkenntnisse haben können, räumt Quine mit dieser Auffassung auf: Es gibt keine analytischen Urteile, keine notwendigen Wahrheiten und keine apriorische Erkenntnis. Das, was wir als analytische Wahrheit ansehen, zum Beispiel die Sätze der Mathematik, sind empirische Sätze, die im Zentrum unserer Theorien stehen und deshalb analytisch zu sein scheinen. Im Grunde sind sie es aber nicht, weil auch sie als Teile einer empirischen Theorie von der Beobachtung widerlegt werden können.

Was bleibt von der Philosophie noch übrig, wenn es keine apriorische Erkenntnis gibt? Quine schlägt vor, dass man die Philosophie und die Erkenntnistheorie naturalisiere. Damit meint er, dass Philosophie und Erkenntnistheorie keinen besonderen Stellenwert in unseren Theorien einnehmen sollten. Sie sind ebenfalls Teil der Naturwissenschaften. Wer die Frage stellt, was Erkenntnis ist, welche Grenzen ihr gesetzt sind und wie Menschen sie erlangen können, der stellt eine naturwissenschaftliche Frage. Um sie zu beantworten, muss man nicht Philosophie (im klassischen Sinn), sondern Biologie und Psychologie betreiben, d. h. das Gehirn, die Wahrnehmungsorgane und das Verhalten des Menschen untersuchen.

Einwand 1. Quines Argument, dass die Logik auch falsch sein könne, weil sie Teil einer empirischen Theorie ist, stellt ein *non sequitur* dar: Der Schluss folgt nicht aus den Prämissen. Daraus, dass wir nicht wissen können, welche Hypothese einer Theorie falsch ist, wenn die Erfahrung ihr widerspricht, folgt nicht, dass die Logik falsch sein könnte. Die Logik scheint vielmehr unbeweisbar zu sein: Um zu beweisen, dass die Logik falsch ist, muss man sich wiederum der Logik bedienen.

Einwand 2. Wenn die Philosophie eine Naturwissenschaft wäre, dann gäbe es keine genuin philosophischen Fragen. Es gäbe auch keine Erkenntnistheorie im traditionellen Sinn. Das, was als Erkenntnis gilt und was deren Grenzen sind, hängt aber von Wertungen ab. Kriterien müssen aufgestellt werden, um zu bestimmen, was als Erkenntnis gilt und wo deren Grenzen zu setzen sind. Diese Kriterien finden sich nicht in der Natur, sie können nicht von den Naturwissenschaften gesetzt werden. Wir sind es, die bestimmen, was als Erkenntnis, insbesondere was als Rechtfertigung einer Meinung gilt. Somit kann die Philosophie nicht naturalisiert werden.

Zusammenfassung

Gibt es ein Wissen, das so gewiss ist, dass kein Mensch daran zweifeln kann? Die Rationalisten, die davon ausgehen, dass unser Wissen ausschließlich oder zu einem großen Teil apriorisches Wissen ist, sind der Ansicht, dass es ein solches Wissen gibt. Einige von ihnen glauben, die Gewissheit in angeborenen Ideen zu finden. Ob es solche Ideen gibt, ist umstritten. Zudem gibt es keine positive

Charakterisierung von apriorischem Wissen. Auch kann der Rationalist nicht erklären, warum apriorisches Wissen ein Wissen über diese Welt darstellt. Plakativ gesagt: Dem Rationalismus fehlt der Bezug zur Welt. Die Empiristen, die davon ausgehen, dass unser Wissen ausschließlich oder zu einem großen Teil empirisches Wissen ist, stellen den Bezug zur Welt über die Erfahrung her. Allerdings können sie nicht erklären, dass gewisse Sätze notwendig wahr sind. Zudem stellt sich das Induktionsproblem: Wie lässt sich von der bisherigen Erfahrung auf die zukünftige schließen? Plakativ gesagt: Dem Empirismus fehlt die Gewissheit. Kants transzendentale Theorie kann als ein Versuch angesehen werden, Rationalismus und Empirismus miteinander zu vereinigen und dadurch deren Probleme zu lösen. Gemäß Kant sind wir es, die den Gegenständen ihre Form aufprägen. Somit können wir wissen, wie uns die Gegenstände erscheinen, wenngleich wir nicht wissen können, wie sie an sich sind. Kant hat sich dem Einwand zu stellen, dass nicht klar wird, wie das Ding an sich auf uns wirken soll, da doch die Ursache-Wirkungs-Beziehung nur auf Erscheinungen anwendbar ist. Der logische Empirismus behauptet, dass es im Grunde nur zwei Arten von sinnvollen Sätzen gibt, analytische und synthetische. Diese Unterscheidung ist namentlich von Quine kritisiert worden. Gemäß Quines Naturalismus ist die Erkenntnistheorie und damit auch die Philosophie zu naturalisieren, d. h. als eine Naturwissenschaft anzusehen. Gegen Quine kann argumentiert werden, dass aus seinen Argumenten nicht folgt, dass die Logik möglicherweise falsch ist und dass die Erkenntnistheorie keine Naturwissenschaft sein kann, weil darin Werte gesetzt werden, die uns die Naturwissenschaft selbst nicht liefern kann.

Literaturhinweise

Klassische Texte

René Descartes, *Meditationes de Prima Philosophia / Meditationen über die Erste Philosophie*, übers. und hrsg. von Gerhard Schmidt, Stuttgart: Reclam, 1986 [u. ö.].
Descartes gelangt in der zweiten Meditation zur ersten Gewissheit, zur Gewissheit der eigenen Existenz, solange man denkt.

John Locke, *Versuch über den menschlichen Verstand*, übers. von Carl Winckler, Hamburg: Meiner, 2000.
Dies ist eine klassische empiristische Darstellung der Zurückführung aller Ideen auf einfache Ideen.

David Hume, *Eine Untersuchung über den menschlichen Verstand*, übers. und hrsg. von Herbert Herring, Stuttgart: Reclam, 1967 [u. ö.].
In diesen Untersuchungen formuliert Hume das berühmte Induktionsproblem.

Immanuel Kant, *Kritik der reinen Vernunft*, Stuttgart: Reclam, 1966 [u. ö.].
Kant entwickelt in seinem Hauptwerk seine Position des Transzendentalen Idealismus (lesenswert bei einem ersten Zugang zu diesem schwierigen Werk sind die Vorreden und die Einleitung).

Rudolf Carnap, »Überwindung der Metaphysik durch logische Analyse der Sprache«, in: *Erkenntnis* 2 (1931) S. 219–241.
In diesem Aufsatz kritisiert Carnap die traditionelle Metaphysik als sinnloses Gerede.

Willard van Orman Quine, »Zwei Dogmen des Empirismus«, in: W. v. O. Q., *Von einem logischen Standpunkt: Neun logisch-philosophische Essays*, übers. von Peter Bosch, Frankfurt a. M.: Ullstein, 1979, S. 27–50.
In diesem vieldiskutierten Aufsatz argumentiert Quine dafür, dass die Unterscheidung zwischen analytischen und synthetischen Urteilen nicht verständlich gemacht werden kann.

Willard van Orman Quine, »Naturalismus – oder: Nicht über seine Verhältnisse leben«, übers. von Geert Keil, in: Geert Keil / Herbert Schnädelbach (Hrsg.), *Naturalismus. Philosophische Beiträge*, Frankfurt a. M.: Suhrkamp, 2000, S. 113–127.
In diesem späten Aufsatz gibt Quine einen guten Überblick über seine naturalistische Position.

Einführungen

Gottfried Gabriel, *Grundprobleme der Erkenntnistheorie. Von Descartes zu Wittgenstein*, Paderborn: Schöningh, 1993.
Dieses Buch bietet eine gute historisch ausgerichtete Einführung in die Erkenntnistheorie.

Bertrand Russell, *Probleme der Philosophie*, übers. von Eberhard Bubser, Frankfurt a. M.: Suhrkamp, 1967.
Dies ist eine kurze, leicht lesbare Einführung in die Philosophie, in der hauptsächlich erkenntnistheoretische Probleme diskutiert werden.

Peter Baumann, *Erkenntnistheorie*, Stuttgart: Metzler, 2002.
Dies ist ein klar und einfach geschriebenes Buch, das sich ausgezeichnet als Einführung in die zeitgenössische Erkenntnistheorie eignet.

VII. Geist

Ich sehe einen Baum im Garten. Ich bin mir bewusst, dass ich ihn sehe. Ich bin mir auch bewusst, dass ich es bin, der ihn sieht. Wie sind diese Phänomene zu erklären?
Diese Frage ist deshalb nicht ganz einfach zu beantworten, weil dies Phänomene spezieller Art sind: Es sind geistige Phänomene. Und was geistige Phänomene sind, weiß niemand so genau.
Man könnte erstens sagen, es seien bewusste Phänomene. Aber es gibt auch unbewusste geistige Zustände (zum Beispiel eine unbewusste Angst vor Prüfungen), und jeder bewusste Zustand enthält unbewusste Teile (zum Beispiel habe ich, als ich den Täter sah, die Narbe am Kopf nicht bewusst wahrgenommen, aber ich kann mich an sie erinnern, wenn mir jemand ein Bild zeigt). Man könnte zweitens sagen, geistige Phänomene seien nicht räumlich. Aber wenn man geistige Phänomene nicht als Objekte, sondern als Zustände oder Eigenschaften deutet, dann macht es gar keinen Sinn, ihnen einen Ort zuzuweisen. Man könnte drittens sagen, geistige Phänomene seien privat, d. h. derjenige, der sie erlebt, habe einen speziellen, privaten Zugang zu ihnen. Wer sie erlebt, der fühlt sie. Wenn ich Angst habe, dann fühle ich die Angst. Andere erkennen vielleicht, dass ich Angst habe, aber sie spüren die Angst nicht, zumindest nicht auf dieselbe Weise wie ich. Was für Empfindungen der Angst, Freude, Liebe und dergleichen gilt, gilt jedoch nicht für jeden geistigen Zustand. Meine Erkenntnis, dass Napoleon einst ein gefürchteter Feldherr war, kann mich kühl lassen. Dieser Zustand fühlt sich für mich nicht auf eine spezielle Art an, die ich näher beschreiben könnte. Man könnte viertens sagen, geistige Phänomene nehmen Bezug auf etwas, sie sind auf ein Objekt gerichtet. Ich sehe nicht nur, sondern ich sehe etwas, einen Baum zum Beispiel. Ich habe nicht nur Hoffnung,

sondern Hoffnung, dass etwas Bestimmtes geschieht. Die Gerichtetheit auf ein Objekt wird seit Franz Brentano (1838–1917) »Intentionalität« genannt, die entsprechenden Zustände »intentionale« Zustände oder Einstellungen. Das Objekt kann ein ausgedehnter Gegenstand sein, zum Beispiel ein Baum, oder ein Sachverhalt, zum Beispiel, dass der Baum grüne Blätter trägt. Sachverhalte werden mit einem Dass-Satz beschrieben. Ein Dass-Satz drückt eine Proposition aus. Deshalb werden Einstellungen, die auf einen Sachverhalt gerichtet sind, »propositionale Einstellungen« genannt (»Ich glaube, dass ein Baum im Garten steht«). Sie zeichnen sich durch einen Inhalt und einen Modus aus. Modi von propositionalen Einstellungen sind zum Beispiel: glauben, wollen, wünschen, denken, hoffen, befürchten, beabsichtigen. Der Inhalt kann jeder beliebige Sachverhalt sein: dass ich morgen Marco treffe, dass es übermorgen regnet, dass die Erde eine Kugel ist. Der Sachverhalt kann auch falsch sein: Ich glaube, dass es schneit (aber tatsächlich regnet es). Intentionale Zustände, sowohl solche, die auf einen ausgedehnten Gegenstand gerichtet sind, als auch solche, welche auf einen Sachverhalt gerichtet sind, mögen verbreitet sein, aber es gibt auch geistige Zustände, die nicht intentional sind. Zum Beispiel kann ich mich ängstigen, ohne sagen zu können, wovor ich Angst habe. Oder ich kann nervös sein. Das Gefühl der Nervosität ist nicht intentional.

Kein Merkmal scheint für sich allein genommen ein hinreichendes Kriterium zu sein, um alle geistigen Zustände zu charakterisieren. Aber drei der vier genannten Merkmale können dazu dienen, geistige Zustände von nicht geistigen Zuständen zu unterscheiden. Der Tisch in diesem Zimmer ist in keinem bewussten Zustand, er fühlt nichts, und er ist auf nichts gerichtet. Er hat keinen Geist. Die Katze im Hof nimmt wahr, ihre Wahrnehmung ist gerichtet, und möglicherweise ist sie sich dessen auch bewusst. Sie hat einen Geist. Doch bereits bei dieser Zuschreibung von Geist gehen die Meinungen auseinander, da die Katze nicht über ein derart ausgeprägtes Selbstbewusstsein wie der Mensch verfügt. Für eine Beantwortung der Frage, ob Katzen einen Geist haben, müsste erstens geklärt werden, wie viel Bewusstsein nötig ist, damit ein Wesen einen Geist hat, und zweitens, ob die Katze tatsächlich so viel Bewusstsein besitzt. Für die Diskussion in diesem Kapitel wird ein geistiges Wesen als ein Wesen verstanden, das Empfindungen und intentionale Zustände hat. Es erscheint zumindest plausibel, der Katze solche Zustände zuzuschreiben. Die Frage ist dann: Wie kommt es, dass gewisse Lebewesen über derartige Zustände verfügen?

Eine erste Antwort lautet, dass geistige Wesen eine Seele haben. Die Seele ist die geistige Substanz. Eine Substanz kann unabhängig von anderen Dingen (außer vielleicht Gott selbst) existieren. Sie ist Träger von Eigenschaften. Die Position, dass es eine geistige Substanz gibt, die unabhängig von einer materiellen Substanz existiert, heißt »Substanzdualismus«. Dem entgegen steht der sogenannte »Materialismus« (oder »Physikalismus«), also die Position, der zufolge es nur eine, nämlich die materielle Substanz gibt. Wenn der Materialismus wahr ist, stellt sich die weiterführende Frage, ob sich die geistigen Eigenschaften auf materielle Eigenschaften zurückführen lassen. Zwei Fragen sollen also in diesem Kapitel untersucht werden: (1) Was ist der Träger der geistigen Eigenschaften – ist es die geistige oder die materielle Substanz? (2) Lassen sich geistige Eigenschaften auf materielle Eigenschaften zurückführen?

Die erste Frage, die auch zuerst diskutiert werden soll, bildet den Kern des seit der Antike bekannten und mit Descartes in den Vordergrund gerückten Geist-Körper-Problems, früher »Leib-Seele-Problem« genannt. Die zweite Frage bezieht sich auf das Geist-Körper-Problem, wie es sich für den Materialisten stellt. Im weiteren Verlauf des Kapitels sollen verschiedene Lösungsansätze zu diesen Fragen diskutiert werden.

1. Substanzdualismus

Was ist der Träger der geistigen Eigenschaften? Bereits in den frühesten uns bekannten Kulturen haben sich Menschen Gedanken über die Natur des Geistes gemacht. Insbesondere bewegte sie die Frage, was mit diesem Geist passiert, wenn der Mensch stirbt. Vielen war die Vorstellung, dass man einfach aufhörte zu existieren, ein Grund zur Angst. Diese Angst kann behoben werden, wenn man daran glaubt, dass der Geist nach dem Tod des Körpers weiterlebt. Der Geist vermag dies jedoch nur dann, wenn er vom Körper verschieden ist. Dass dies genau der Fall sein muss, dass also die Seele unsterblich ist, haben viele Philosophen zu zeigen versucht, unter anderem Platon (427–347 v. Chr.) in seinem Dialog *Phaidon* und in der Neuzeit René Descartes (1596–1650) im *Discours de la méthode* und in den *Meditationen*. Die zwei Hauptargumente von Descartes dafür, dass die These des Substanzdualismus zutrifft, dem zufolge Geist und Körper zwei voneinander verschiedene Substanzen sind, sollen nun vorgestellt werden.

Das erste Argument von Descartes beruht auf der Annahme, dass der Mensch über Fähigkeiten verfügt, die keine Maschine haben kann, d. h. kein Wesen, dessen Verhalten allein durch Naturgesetze bestimmt ist und mit diesen erklärt werden kann. Zu diesen Fähigkeiten zählt Descartes das Sprechen und das intelligente Handeln. Diese Fähigkeiten können wir nicht naturwissenschaftlich erklären. Wenn wir sie nicht naturwissenschaftlich erklären können, dann muss es etwas anderes geben, das selbst nicht physisch ist und für diese Fähigkeiten verantwortlich ist. Dieses Etwas ist die geistige Substanz, die Seele.

Descartes macht an diesen Fähigkeiten den Unterschied zwischen Mensch und Tier fest. Wir Menschen können sprechen und intelligent handeln und verfügen deshalb über eine Seele. Tiere können dies nicht; sie haben nicht weniger Verstand als wir, sondern gar keinen.

Das zweite Argument von Descartes ist komplexer. Zunächst schreibt Descartes, dass alles, was ich klar und deutlich begreife, von Gott so gemacht werden kann, wie ich es begreife. Das bedeutet, dass alles, was ich klar und deutlich begreife, möglich ist. Ich begreife klar und deutlich, dass ich ein rein denkendes Wesen bin, d. h., dass ich ohne körperliche Eigenschaften existieren könnte. Der Körper andererseits kann ohne die Eigenschaft, denken zu können, existieren. Ich begreife klar und deutlich, dass der Geist vom Körper verschieden ist. Was ich klar und deutlich voneinander unterscheiden kann, ist auch tatsächlich verschieden. Daraus folgt: Der Geist ist tatsächlich vom Körper verschieden. Es gibt eine denkende Substanz (*res cogitans*) und eine ausgedehnte Substanz (*res extensa*).

Einwand 1. Das erste Argument von Descartes ist nicht stichhaltig. Einige Tiere können intelligent handeln. Das sieht man bereits am Verhalten einer Hauskatze: Sie findet den Weg nach Hause alleine und miaut, wenn sie essen will. Wir können dies naturwissenschaftlich erklären. Also müssen wir nicht eine Seele annehmen, um über geistige Phänomene zu sprechen.
Erwiderung. Das Argument von Descartes zeigt vielleicht nicht, dass Tiere keine geistigen Fähigkeiten haben. Aber damit ist das Argument noch nicht zurückgewiesen. Die Fähigkeiten des Menschen übersteigen die eines Tieres um ein Vielfaches. Insbesondere verfügen wir über ein Selbstbewusstsein, wir können uns selbst als voneinander unterscheidbare, distinkte Wesen wahrnehmen und unser Verhalten auf längere Zeit hin planen.
Erwiderung auf die Erwiderung. Die meisten Affenarten und einige andere Säugetiere verfügen über eine Art Selbstbewusstsein und haben ein gewisses Zeitverständnis. Auch gibt es mittlerweile künstliche Wesen (computergesteuerte Roboter), die Äußerungen über sich selbst und die Zukunft machen können.

Einwand 2. Das erste Argument von Descartes ist nicht gültig. Daraus, dass man ein Phänomen bislang naturwissenschaftlich noch nicht erklären konnte, folgt nicht, dass das Phänomen eine nichtphysische Ursache hat. Die Ursache für unsere geistigen Fähigkeiten ist unser Gehirn, auch wenn wir noch nicht genau wissen, wie das Gehirn unsere geistigen Fähigkeiten ermöglicht.

Einwand 3. Das zweite Argument von Descartes ist nicht stichhaltig. Die Annahme, dass wir als denkende Wesen auch ohne Körper existieren könnten, stimmt nicht. Wir bedürfen eines Körpers. Es ist nicht vorstellbar, wie wir ohne Körper denken könnten.
Erwiderung. Ohne Körper könnten wir nicht genau das denken, was wir denken, denn wir haben dank unserem Körper Erfahrungen von der Welt gemacht. Aber der Geist könnte grundsätzlich ohne Körper denken.

Einwand 4. Es stellt sich zusätzlich das Problem der Interaktion. Wenn der Geist unkörperlich ist, dann kann er nicht auf den Körper wirken und umgekehrt. Der Geist wäre dann ein Epiphänomen, ein Phänomen, das zwar vorhanden ist, aber keinen Einfluss hat. Und zwar erstens deshalb nicht, weil Geist und Körper dann keinen Berührungspunkt hätten, und zweitens deshalb nicht, weil gemäß dem Prinzip der Geschlossenheit des Physischen Ursachen immer physisch sind. Also kann der Geist nicht auf den Körper wirken und umgekehrt. Wir erfahren uns aber als Wesen, die willentlich unseren Körper bewegen und die von Veränderungen des Körpers beeinflusst werden. Beispielsweise verspüren wir Schmerz, wenn uns jemand mit einer Nadel in den Arm sticht. Daraus folgt: Der Substanzdualismus ist widerlegt.
Erwiderung. Es gibt einen Berührungspunkt zwischen Körper und Geist, meint Descartes. Dieser Punkt

liegt in einem bestimmten Organ im Gehirn, der Zirbeldrüse.

Eine andere Erwiderung. Wenn die Interaktion zwischen Körper und Geist nicht in unseren gewohnten Begriffen der Berührung und der Kausalität beschrieben werden kann, dann ist dies umso schlimmer für die Wirklichkeit! Dann bleibt der Zusammenhang zwischen Geist und Körper unerklärlich. In diesem Sinn sind Descartes' Ausführungen in einem Brief an Elisabeth von Böhmen zu verstehen, in dem er erklärt, dass wir die Vereinigung von Geist und Körper im Alltag erkennen und diese erst zum Problem wird, wenn wir länger darüber nachdenken.[11]

Noch eine andere Erwiderung. Es gibt eine Erklärung für den Zusammenhang von Geist und Körper. Leibniz (1646–1716) hat sie mit einem Uhrengleichnis veranschaulicht. Man stelle sich zwei Uhren vor, welche die genau gleiche Zeit anzeigen. Diese Gleichheit kann nur damit erklärt werden, dass die beiden Uhren entweder miteinander verbunden sind, dass sie von fleißigen Handwerkern jederzeit neu eingestellt werden oder dass sie von vornherein genau gleich eingestellt worden sind. Vergleichen wir Geist und Körper mit diesen zwei Uhren, sehen wir, dass nur einer der Erklärungsversuche des Zusammenhangs zwischen den beiden Substanzen erfolgreich ist. Der erste Erklärungsversuch funktioniert nicht, da Geist und Körper voneinander getrennt sind. Der zweite Erklärungsversuch erscheint wenig plausibel, denn das würde bedeuten, dass ein Gott wie ein *deus ex machina* dauernd eingreifen müsste. Der dritte Erklärungsversuch lässt sich auf das Geist-Körper-Problem übertragen: Es gibt eine prästabilierte Harmonie zwischen Geist und Körper. Geist und Körper sind von

11 Vgl. Ansgar Beckermann, *Analytische Einführung in die Philosophie des Geistes*, Berlin 1999, S. 53.

Gott so eingerichtet worden, dass sie sich immer parallel zueinander verhalten. Immer dann, wenn gewisse Stellen in meinem Gehirn aktiviert werden, verspürt mein Geist Schmerzen. Immer dann, wenn ich von meinem Stuhl aufstehen will, steht mein Körper auf.

Einwand 5. Wenn der Substanzdualismus wahr wäre, dann könnte ein Wesen existieren, das sich genau so verhält wie wir, das aber über keine geistigen Zustände verfügt. Dieser Zombie würde uns grüßen, sich mit uns unterhalten und über unsere Witze lachen. Aber er würde nichts empfinden. Dieses Beispiel veranschaulicht noch einmal, dass der Geist im Substanzdualismus zu einem Epiphänomen wird, zu einem Phänomen, das keinen Einfluss auf den Körper hat. Aus diesem Einwand ist zu schließen, dass es keinen vom Körper unabhängigen Geist gibt.

2. Logischer Behaviorismus *

Wenn es den Geist als unabhängige Substanz nicht gibt, dann liegt die Annahme nahe, dass nur die materielle Substanz, nur die Materie existiert. Der damit charakterisierte Materialismus wurde bereits von Julien Offray de La Mettrie (1709–1751) in seinem Werk *L'homme-machine* vertreten. Erst im 20. Jahrhundert ist der Materialismus jedoch zu einer weit verbreiteten Meinung avanciert. Der Materialismus steht vor der schwierigen Aufgabe, zu erklären, ob und wie sich geistige Eigenschaften auf materielle Eigenschaften zurückführen lassen. Im Weiteren sollen drei verschiedene Lösungen für dieses Problem und damit verschiedene Versionen des Materialismus vorgestellt werden: der logische Behaviorismus, die Identitätstheorie und der anomale Monismus.

Der logische Behaviorismus, dessen wichtigste Vertreter Ludwig Wittgenstein (1889–1951) und Gilbert Ryle (1900–1976) sind, besagt erstens, dass sich geistige Eigenschaften auf Verhalten (engl. *behaviour*) zurückführen lassen, und zweitens, dass die Beziehung zwischen dem Geistigen und dem Körperlichen logischer oder begrifflicher Art ist. Deshalb wird die Position »logischer Behaviorismus« genannt.

Was ist unter der Zurückführung auf Verhalten zu verstehen? Genau genommen glaubt der logische Behaviorist, dass sich Aussagen über das Geistige in Aussagen nicht über das Verhalten, sondern über die Tendenz (die Disposition) zu einem bestimmten Verhalten übersetzen lassen. Hier ein Beispiel: »Ich habe Schmerzen« bedeutet, dass der Sprecher die Tendenz hat, zu weinen, zu schreien oder »Aua« zu sagen. Nun kann es natürlich auch sein, dass sich die Person zusammennimmt und keine der genannten Verhaltensweisen zeigt. Umgekehrt kann es auch sein, dass eine Person sich am Boden krümmt, ohne Schmerzen zu haben, zum Beispiel in einem Theaterstück. Doch wenn wir wissen wollen, was es heißt, Schmerzen zu haben, dann müssen wir auf irgendein Verhalten verweisen. Der Person, die Schmerzen hat, wird dann die Tendenz zugeschrieben, ein solches Verhalten zu zeigen. Damit wird im Übrigen einem Punkt Rechnung getragen, der intuitiv plausibel ist: Wer von sich sagt, er habe Schmerzen, aber keinerlei entsprechende Anzeichen in seinem Verhalten zeigt, sondern sich normal weiter unterhält, dem wird wenig Glauben geschenkt. Das Fazit lautet: Ausdrücke für geistige Phänomene müssen auf Verhaltensdispositionen zurückgeführt werden, um verständlich zu sein.[12]

12 Der logische Behaviorismus ist von vielen logischen Empiristen vertreten worden (s. S. 119–122). Wittgensteins Anti-Privatsprachenargument kann als Argument gegen den Substanzdualismus und für den logischen Behaviorismus interpretiert werden (s. S. 198 f.).

Die zweite These des logischen Behaviorismus lautet: Die Beziehung zwischen dem Geistigen und dem Körperlichen ist nicht kausaler Art, sondern logischer oder begrifflicher Art. Was ist damit gemeint?
Wenn wir auf geistige Phänomene verweisen, dann tun wir das oft, um damit ein bestimmtes Verhalten zu erklären. Zum Beispiel sagen wir: »Susanne öffnete das Fenster, weil sie frische Luft in den Raum hereinlassen wollte.« Wir betrachten den Willen als Ursache für das Verhalten der Person. Wenn wir jedoch den logischen Behavioristen in der Ansicht folgen, dass sich Ausdrücke für Geistiges auf Verhaltensdispositionen zurückführen lassen, dann erklären wir das Verhalten mit der Tendenz zu diesem Verhalten. Eine solche Erklärung kann nicht kausal sein, weil der Begriff der Tendenz zu einem bestimmten Verhalten logisch nicht vom Begriff dieses Verhaltens unabhängig ist, da in der Beschreibung der Tendenz genau auf das Verhalten Bezug genommen wird. Wenn zwei Ereignisse nicht logisch unabhängig voneinander sind, dann kann das eine nicht die Ursache des anderen sein. Die Erklärung mit Rückgriff auf Verhaltensdispositionen ist eine Erklärung der Art »Der Zucker löste sich auf, weil er wasserlöslich ist«. Dies ist keine Kausalerklärung, sagen gewisse logische Behavioristen. Die Wasserlöslichkeit ist nicht eine Ursache für das Auflösen des Zuckers, sondern eine Disposition des Zuckers. Analog sind auch Verhaltensdispositionen keine Ursachen.

Einwand 1. Das Projekt des logischen Behaviorismus, alle Sätze über Geistiges durch Sätze über Verhalten zu ersetzen, ist nicht durchführbar. Man versuche das Projekt an einem konkreten Beispiel durchzuspielen. Was heißt: »Paul wünscht sich ein Bier«?
Kann der Satz mit: »Paul nimmt ein Bier« übersetzt werden? Nein, denn damit ist weder eine notwendige noch eine hinreichende Bedingung ausgedrückt, weil es

sein kann, dass Paul sich ein Bier wünscht, auch wenn er keines nimmt, oder dass Paul ein Bier nimmt, obwohl er keines wünscht. Kann der Satz mit: »Paul sieht ein Bier und seine Augen beginnen zu funkeln« übersetzt werden? Auch diese Bedingung ist nicht hinreichend, denn das Augenfunkeln könnte ganz andere Ursachen haben (etwa die Erinnerung an das Gespräch, das er beim letzten Bier mit einem Bekannten geführt hat).

Der Versuch scheint bereits bei einem sehr einfachen Fall zu scheitern. Von einer komplizierteren Einstellung, etwa dem Wunsch nach Hintergrundinformationen zur neuesten politischen Krise im Nachbarland, war noch gar nicht die Rede.

Erwiderung. Wir müssen mit der Zuschreibung von propositionalen Einstellungen in noch einfacheren Situationen beginnen. Wenn wir wissen, wie der Wahrnehmungsapparat eines Organismus aufgebaut ist, dann können wir mit Hilfe einer Beschreibung der unmittelbaren Umgebung des Organismus darauf schließen, welche Überzeugungen er mindestens haben muss. Zum Beispiel können wir darauf schließen, dass Paul ein Bier sieht, wenn er seine Augen offen hält und vor einem Bier steht. Wenn wir wissen, dass Paul seit einiger Zeit keine Flüssigkeit zu sich genommen hat, dann können wir davon ausgehen, dass er Durst hat. Aus der Annahme dieses Bedürfnisses zusammen mit der Annahme, dass Paul glaubt, dass ein Bier vor ihm steht, können wir darauf schließen, dass Paul sich das Bier wünscht.

Einwand 2. Das Argument für den begrifflichen Zusammenhang zwischen geistigen Phänomenen und Verhalten ist nicht stichhaltig. Dispositionen sind Teile von Ursachen. Die Wasserlöslichkeit des Zuckers ist ein Teil der Ursache, warum sich ein bestimmtes Stück Zucker in Wasser auflöst. Also können geistige Phänomene selbst unter der Annahme, dass es sich dabei um Dispositionen handelt, Ursachen für Verhalten sein.

Einwand 3. Unser Geist wirkt auf unser Verhalten. Wir können unser Verhalten absichtlich steuern. Umgekehrt wirkt unser Verhalten auf unseren Geist. Wir empfinden Schmerzen, wenn uns jemand schlägt. Wir erfahren die kausale Interaktion tagtäglich. Der logische Behaviorismus, der dies verneint, ist deshalb zurückzuweisen. Wie der Substanzdualismus erklärt auch der logische Behaviorismus das Geistige zu einem Epiphänomen, zu einem Phänomen ohne Wirkung. Dies widerspricht unserem Verständnis des Geistigen.

3. Identitätstheorie und Funktionalismus*

Wenn sich das Projekt des logischen Behaviorismus als undurchführbar erweisen sollte, dann muss nach einer anderen Lösung für die Zurückführung geistiger Eigenschaften auf materielle Eigenschaften gesucht werden, will man am Materialismus festhalten. Warum könnte man also nicht sagen, dass es sich bei den geistigen und materiellen Eigenschaften im Grunde um dieselben Eigenschaften handelt? Genau dies ist der Vorschlag der Identitätstheorie, wie sie in den fünfziger Jahren von den australischen Philosophen Ullin Thomas Place (1924–2000) und J. J. C. Smart (geb. 1920) entwickelt wurde. Sie besagt, dass geistige und physische Eigenschaften identisch sind. Ausdrücke für geistige Eigenschaften bezeichnen weder einen inneren Vorgang noch eine Verhaltensdisposition, sondern eine Eigenschaft des Gehirns. Der Anspruch einer Übersetzung von Ausdrücken für Geistiges in Ausdrücke für Materielles wird damit aufgegeben. Doch wie ist es dann möglich, dass geistige Eigenschaften identisch sind mit Eigenschaften des Gehirns?

Eine Überlegung von Gottlob Frege (1848–1925) hilft hier weiter. Man beachte folgende zwei Identitätsaussagen: »Der Morgenstern ist der Morgenstern« und »Der Morgenstern ist der Abendstern«. Im ersten Fall handelt es sich um einen Satz der Form »$a = a$«. Mit ihm wird keine neue Erkenntnis ausgedrückt, er ist trivial. Der zweite Satz hingegen hat die Form »$a = b$«. Solche Sätze können neue Erkenntnis ausdrücken. Wenn wir nicht wissen, dass der Morgenstern auch der Abendstern ist, dann bringt die zweite Aussage einen Erkenntnisgewinn. Beide Ausdrücke »Morgenstern« und »Abendstern« bezeichnen dasselbe Objekt, nämlich den Planeten Venus. Doch die Ausdrücke sind nicht bedeutungsgleich (synonym), denn der Morgenstern ist der hellste Stern am Morgen und der Abendstern der hellste Stern am Abend.

Analog können wir auf verschiedene Art und Weise über Gehirnzustände reden und dennoch denselben Zustand bezeichnen. Zum Beispiel kann mit dem Satz: »Nicolas denkt gerade, dass die Sonne scheint« derselbe Gehirnzustand bezeichnet werden wie mit dem Satz: »Die Region soundso von Nicolas' Gehirn ist im Moment gerade soundso aktiviert«.

Die Frage ist nun: Welcher Gehirnzustand ist mit welchem geistigen Zustand identisch? Diese Frage kann die Philosophie nicht beantworten. Dies ist eine Aufgabe für die Neurowissenschaften. Sie sollen untersuchen und bestimmen, welche Arten von Gedanken mit welchen Arten von Gehirnzuständen übereinstimmen.

Die Identitätstheorie scheint nicht unplausibel, ist jedoch empirisch widerlegt worden. Es konnte gezeigt werden, dass gewisse geistige Zustände bei verschiedenen Personen mit unterschiedlichen neuronalen Zuständen übereinstimmen. Sogar bei derselben Person kann sich die Übereinstimmung zwischen Gedanken und Gehirnzuständen im

Laufe des Lebens verändern. Zudem ist nachgewiesen worden, dass bei Gehirngeschädigten ein Teil des Gehirns Aufgaben eines anderen Teils übernehmen kann.
Hilary Putnam (geb. 1926) und Jerry Fodor (geb. 1935) haben die Theorie zum Funktionalismus weiterentwickelt. Damit soll der These der Multirealisierbarkeit des Geistigen Rechnung getragen werden: der These, dass das Geistige auf verschiedene Arten physisch realisiert werden kann. Der Funktionalismus bestimmt geistige Zustände als funktionale Zustände, als Zustände, die aufgrund ihrer Funktion identifiziert werden. Die Funktion eines Zustandes ist seine kausale Rolle. Diese wird bestimmt erstens durch die Verursachung des Zustandes durch Inputs, zweitens durch die Verursachung von Outputs durch den Zustand und drittens durch die kausalen Beziehungen des Zustandes zu anderen geistigen Zuständen. An einem Beispiel soll dies veranschaulicht werden: Was heißt »Schmerz«? Schmerz wird durch eine Schädigung des Körpergewebes verursacht, er verursacht Schreien und Jammern und eine Ablenkung der Aufmerksamkeit. Das ist die Funktion oder kausale Rolle, die der Schmerz in leidensfähigen Wesen einnimmt. Ein Wesen hat genau dann Schmerzen, wenn es in einem Zustand mit dieser kausalen Rolle ist.

Einwand 1. Wir haben keine Kenntnis der Gehirnprozesse, aber wir haben eine relativ genaue Kenntnis unserer Gedanken. Gedanken haben somit eine Eigenschaft, die Gehirnprozesse nicht haben, also können sie nicht mit diesen identisch sein.

Erwiderung. Dieser Einwand verfehlt die Aussage der Identitätstheorie. Diese besagt nicht, dass Ausdrücke über Geistiges und Ausdrücke über Physisches synonym sind, sondern lediglich, dass sie dasselbe bezeichnen können.

Einwand 2. Gedanken und Gefühle sind subjektiv, sie fühlen sich auf eine spezielle Art und Weise an. So ist der Gedanke an Ferien am Meer mit einem bestimmten Gefühl verbunden, ebenso der Schmerz einer Verbrennung. Gehirnzustände hingegen fühlen sich nicht an.
Erwiderung. Auch Gedanken und Gefühle fühlen sich als sprachliche Formulierungen nicht an. Es ist der Zustand, der sich anfühlt. Dieser Zustand ist ein Gehirnzustand.

Einwand 3. Der Funktionalismus sieht sich vor folgendes Problem gestellt: Man denke sich eine Person, die bei allen Roteindrücken eine Grünempfindung und bei allen Grüneindrücken eine Rotempfindung hat. Diese Person reagiert auf grüne Dinge wie alle anderen Personen (sie fährt, wenn die Ampel grün ist, sie lässt die grünen Tomaten im Einkaufszentrum liegen usw.). Die funktionale Rolle ihres geistigen Zustandes beim Anblick von roten und grünen Objekten ist die gleiche wie diejenige bei anderen Menschen. Dennoch hat sie nicht dieselbe Empfindung. Während wir grün empfinden, empfindet sie rot. Der Funktionalismus kann diesen Unterschied nicht erklären.
Erwiderung. Es ist nicht klar, ob ein Zustand tatsächlich dieselbe funktionale Rolle haben kann, wenn er sich anders anfühlt. Wenn andererseits davon ausgegangen wird, dass dies möglich ist, dann ist nicht klar, wie man feststellen kann, ob jemand eine andere Empfindung hat. Wenn man dies nicht feststellen kann, dann reduziert sich der Einwand auf eine metaphysische These ohne Inhalt.

Einwand 4. Wir können nicht wissen, wie sich ein Gefühl für einen anderen anfühlt. Genauso wenig können wir wissen, wie es ist, eine Fledermaus zu sein, schreibt Thomas Nagel (geb. 1937). Wir können dieses

Wissen des subjektiven Empfindens nur erlangen, wenn wir das Gefühl aus der Innenperspektive heraus wahrnehmen. Der Funktionalismus – wie jeder Materialismus, der Geistiges auf Körperliches zu reduzieren versucht – scheitert daran, dass er den subjektiven Charakter geistiger Zustände nicht berücksichtigt.

Einwand 5. Wenn der Funktionalismus wahr ist, dann muss es eine Theorie geben, die alle geistigen Zustände funktional charakterisiert. Wir schreiben einem Wesen nur dann geistige Zustände zu, wenn die Theorie, die für uns gilt, auch für dieses Wesen zutrifft. Das bedeutet, dass für alle Wesen mit geistigen Zuständen die gleiche Theorie gelten müsste. Das ist jedoch falsch, denn es gibt bereits zwischen den verschiedenen Menschen riesige Unterschiede: Experten operieren mit einem bestimmten Gedanken anders als Laien, Blinde können anders wahrnehmen als Sehende. Damit ist eine einheitliche Theorie und damit auch der Funktionalismus als philosophische Position ausgeschlossen.

4. Anomaler Monismus*

Donald Davidson (1917–2003) löst das Problem der Zurückführung der geistigen Eigenschaften auf materielle Eigenschaften, indem er es umgeht: Seine These lautet, dass die Zurückführung gar nicht möglich ist. Davidson nennt seine Position »anomaler Monismus«. Monistisch (von griech. *monos* ›allein, einzig‹) ist sie deshalb, weil sie besagt, dass es nur Materie gibt. Anomal (ungesetzlich) ist sie deshalb, weil sie besagt, dass es keine Gesetze gibt, welche die geistigen Eigenschaften mit den physischen verbinden. Wie gelangt Davidson zu dieser Ansicht und was ist darunter genau zu verstehen?

Das Geist-Körper-Problem lässt sich als die Frage danach verstehen, wie die folgenden drei Thesen miteinander verbunden werden können:

(1) Einige geistige Ereignisse verursachen physische Ereignisse und umgekehrt.
(2) Für jede Kausalbeziehung gibt es ein deterministisches Gesetz.
(3) Es gibt keine deterministischen Gesetze, mit denen man geistige Ereignisse voraussagen könnte.

Diese drei Thesen scheinen jede für sich unzweifelhaft wahr zu sein und zusammen im Widerspruch zueinander zu stehen. Wenn geistige Ereignisse physische Ereignisse verursachen, dann gibt es entsprechende deterministische Gesetze. Die dritte These jedoch verneint, dass es deterministische Gesetze gibt, die Psychisches mit Physischem verbinden. Wie lässt sich das Problem lösen?
Die erste These ist aufgrund unserer Erfahrung im Alltag und unseres Selbstverständnisses als Wesen, die ihre Umwelt willentlich beeinflussen, gesetzt. Gemäß der zweiten These kann ein geistiges Ereignis mit einem physischen Ereignis nur dann kausal verbunden sein, wenn es ein deterministisches Gesetz gibt. Die Ereignisse, die von deterministischen Gesetzen beschrieben werden, sind physische Ereignisse. Also muss auch das geistige Ereignis ein physisches Ereignis sein. Gemäß der dritten These gibt es keine deterministischen psycho-physischen Gesetze. Wenn wir einen Zustand als einen geistigen Zustand beschreiben, dann lässt er sich als solcher beschrieben nicht in ein deterministisches Gesetz fassen. Doch ergibt sich daraus kein Widerspruch zum vorher Gesagten. Das Ereignis, das geistig beschrieben wird, ist zugleich ein physisches Ereignis. Man muss zwischen der Beschreibungsebene und der ontologischen Ebene unterscheiden. Dasselbe Ereignis auf der ontologischen Ebene kann auf der Beschreibungsebene

unterschieden werden. Zum Beispiel bezeichnen die Ausdrücke »Abendstern« und »Morgenstern« denselben Planeten, aber sie tun dies auf unterschiedliche Weise.
Davidsons Lösung besteht im Grunde darin, zu behaupten, dass jedes einzelne geistige Ereignis zugleich ein physisches Ereignis ist. Diese Theorie verneint aber, dass es einen gesetzlichen Zusammenhang zwischen Typen von geistigen und physischen Ereignissen gibt. Es besteht lediglich eine Identität auf der ontologischen Ebene zwischen konkreten Ereignissen. Auf der Beschreibungsebene gibt es keine Identität zwischen geistigen und physischen Ereignissen. Es gibt eine Sprache für das Geistige und eine Sprache für das Physische. Damit behauptet Davidson eine viel schwächere These als die Identitätstheorie und der Funktionalismus. Der anomale Monismus ist somit auch nicht denselben Einwänden ausgesetzt.

Einwand 1. Davidsons anomaler Monismus antwortet nicht auf die Frage, wie der Geist mit dem Körper in Beziehung steht. Die These der Anomalie des Geistigen besagt, dass es keine psycho-physischen Gesetze gibt. Damit wird das Geistige zu einem Rätsel.

Einwand 2. Will Davidson die These, dass einige geistige Ereignisse physische Ereignisse verursachen, ernsthaft vertreten, muss er erklären, aufgrund welcher Eigenschaften sie diese kausale Kraft besitzen. Wenn es geistige Eigenschaften sind, bleibt das Problem bestehen, dass der Bereich des Physischen nicht geschlossen ist; wenn es physische Eigenschaften sind, dann ist unverständlich, was an der geistigen Verursachung noch als geistig zu gelten hat.

Zusammenfassung

Was ist der Träger der geistigen Eigenschaften? Ist es die geistige oder die materielle Substanz? Entsprechend dem Substanzdualismus ist der Träger der geistigen Eigenschaften die vom Körper unabhängige geistige Substanz. Der Substanzdualismus ist vor das grundlegende Problem gestellt, dass er die Interaktion von Geist und Körper nicht erklären kann. Der Materialismus hat dieses Problem nicht. Allerdings stellt sich für ihn das Problem, erklären zu müssen, wie sich geistige Eigenschaften auf physische Eigenschaften zurückführen lassen. Der logische Behaviorismus behauptet erstens, dass sich geistige Eigenschaften auf Verhaltensdispositionen zurückführen lassen, und zweitens, dass die Beziehung zwischen geistigen Eigenschaften und Verhalten logischer oder begrifflicher Art ist. Dem ist entgegenzuhalten, dass eine Zurückführung sogar für einfache Fälle unmöglich scheint und zwischen geistigen Eigenschaften und Verhalten ein kausaler Zusammenhang besteht. Die Identitätstheorie in der Philosophie des Geistes besagt, dass geistige und physische Eigenschaften identisch sind. Diese These hat sich als empirisch falsch erwiesen. Der Funktionalismus versucht die Identitätstheorie zu verfeinern, indem er geistige Zustände als funktionale Zustände charakterisiert. Der Funktionalismus wird dem subjektiven Charakter geistiger Zustände nicht gerecht, und wenn der Funktionalismus wahr wäre, dann gäbe es eine einzige Theorie des Geistigen, was wiederum unplausibel erscheint. Der von Davidson entwickelte anomale Monismus behauptet, dass jeder einzelne geistige Zustand ein körperlicher Zustand ist. Damit kann er die Einwände gegen die Identitätstheorie und den Funktionalismus umgehen. Allerdings ist der anomale Monismus dem Vorwurf ausgesetzt, dass er gar nicht erklärt, was der Geist ist und wie er mit dem Körper zusammenhängt.

Literaturhinweise

Klassische Texte

René Descartes, *Meditationes de Prima Philosophia / Meditationen über die Erste Philosophie*, übers. und hrsg. von Gerhard Schmidt, Stuttgart: Reclam, 1986 [u. ö.].
Descartes liefert in den Meditationen einen Beweis für den Substanzdualismus (Meditation III und VI).

Julien Offray de La Mettrie, *Der Mensch eine Maschine*, übers. von Theodor Lücke, Stuttgart: Reclam, 2001.
Dies ist eine neuzeitliche Darstellung einer materialistischen Position.

Ludwig Wittgenstein, *Philosophische Untersuchungen*, in: L. W., *Werkausgabe*, Bd. 1, Frankfurt a. M.: Suhrkamp, 1984.
Wittgenstein argumentiert in §§ 243–313 dafür, dass die Bedeutung sprachlicher Äußerungen nicht rein privat in dem Sinn sein kann, dass nur der Sprecher wissen kann, wovon er spricht. Dies ist das berühmte Anti-Privatsprachenargument.

Gilbert Ryle, *Der Begriff des Geistes*, übers. von Kurt Baier, Stuttgart: Reclam, 1970 [u. ö.].
Ryle argumentiert in diesem Buch gegen den »Geist in der Maschine« im Sinne Descartes'.

Elizabeth Anscombe, »Die erste Person«, übers. von Peter Lanz, in: Peter Bieri (Hrsg.), *Analytische Philosophie des Geistes*, Bodenheim: Athenäum, 1993, S. 222–242.
In diesem Aufsatz setzt sich Anscombe mit Descartes auseinander und mit der Frage, wie sich der spezielle Zugang zu unserem eigenen Geist erklären lässt.

Thomas Nagel, »Wie ist es, eine Fledermaus zu sein?«, übers. von Ulrich Diehl, in: Bieri, S. 261–275.
In diesem Aufsatz vertritt Nagel die Ansicht, dass sich geistige Zustände aufgrund ihrer Subjektivität nicht aus einem anderen Standpunkt als dem der Innenperspektive adäquat beschreiben lassen.

Hilary Putnam, »Die Natur mentaler Zustände«, übers. von Richard Schantz, in: Bieri, S. 123–136.
Putnam argumentiert in diesem Aufsatz für den Funktionalismus.

Donald Davidson, »Mentale Ereignisse«, übers. von Michael Gebauer, in: Bieri, S. 73–92.
Davidson argumentiert in diesem Aufsatz für seine Position des anomalen Monismus.

Einführungen

Ansgar Beckermann, *Analytische Einführung in die Philosophie des Geistes*, Berlin: de Gruyter, 1999.
Dieses Buch ist ein sehr gutes Lehrbuch (mit abgesetzten Kästchen und zusammenfassenden Thesen), das einen guten Überblick über verschiedene Fragen und Positionen der Philosophie des Geistes bietet.

Peter Bieri, »Generelle Einführung«, in: P. B. (Hrsg.), *Analytische Philosophie des Geistes*, Bodenheim: Athenäum 1993.
Diese Einführung gibt einen guten Überblick über die neuere Diskussion in der Philosophie des Geistes.

Colin McGinn, *Wie kommt der Geist in die Materie? Das Rätsel des Bewusstseins*, übers. von Susanne Kuhlmann-Krieg, München: Piper, [2]2004.
Dies ist eine leicht zugängliche Einführung in die Philosophie des Geistes, die auf viele Fragen aufmerksam macht. McGinn argumentiert dafür, dass wir das Geist-Körper-Problem prinzipiell nicht lösen können.

VIII. Gerechtigkeit

Wann ist eine Gesellschaft gerecht? Eine Gesellschaft ist dann gerecht, wenn sie in Harmonie ist, wenn jedes Mitglied das Seine tut, meint Platon. Jeder tut das Seine, so könnte man auch sagen, wenn jeder den Lohn und die Strafe – nicht nur materiell gesehen – erhält, die er verdient, und ansonsten gleich behandelt wird wie alle anderen. Doch wer hat was verdient? Sollen Kinder wählen dürfen? Haben es Leute mit einem Universitätsabschluss verdient, dass sie mehr Lohn erhalten als Leute ohne diese Qualifikation? Sollen Diebe eingesperrt werden? Ein Ende in der Liste solcher Fragen scheint nicht absehbar. Allerdings basieren alle diese Fragen auf der Voraussetzung, dass die Gesellschaft als Institution, d. h. der Staat, überhaupt das Recht hat, Menschen zu belohnen und zu bestrafen. Woher hat aber die Gesellschaft dieses Recht?
Nehmen wir einmal an, es gebe einen Zustand, in dem noch keine Gesellschaft besteht. Dieser Zustand sei der Naturzustand. Der Naturzustand hat nie tatsächlich bestanden, sondern stellt lediglich ein gedankliches Konstrukt dar, mit dem ein Rechtfertigungszusammenhang aufgezeigt werden soll. Die Frage ist nun: Was rechtfertigt den Austritt der Menschen aus dem Naturzustand und ihren Zusammenschluss zu einer Gesellschaft?
Eine erste Antwort auf diese Frage lautet: Nichts. Der Mensch ist ein natürliches Wesen, die Gesellschaft ist korrupt. Gerecht ist einzig der Zustand ohne Staat und ohne Autorität, also der Zustand der Anarchie. Dies ist die These des Anarchismus. Michail Bakunin (1814–1876) war einer seiner vehementesten Vertreter.
Der Anarchismus vermag allerdings nicht zu überzeugen. Erstens leben wir heute bereits in komplexen Gesellschaften, so dass eine Rückkehr in einen Naturzustand erst einmal gerechtfertigt werden müsste und schon allein

aus praktischen Gründen undurchführbar wäre. Zweitens würde damit behauptet, dass die Ungleichheiten im Naturzustand gerecht sind. Dies scheint aber unplausibel zu sein: Ein Mensch hat nicht deshalb ein Recht darauf, andere auszubeuten, weil er als Starker geboren wurde. Diese zwei Gründe sind vielleicht nicht in der Lage, Anarchistinnen und Anarchisten davon abzuhalten, ihre Position weiterhin zu vertreten; für die hier gestellte Frage liefert ihre Position allerdings ebenso wenig eine Antwort.

Eine vielversprechende Antwort besteht darin, dass die Menschen im Naturzustand einen *Gesellschaftsvertrag* abschließen, um eine Gesellschaft zu begründen. Damit ist kein tatsächlich geschriebener Vertrag gemeint, sondern wiederum ein gedankliches Konstrukt. Die Frage stellt sich sodann: Welcher Vertrag führt zu einer gerechten Gesellschaft? Vier Antworten sollen vorgestellt werden: Die Begründung durch das Eigeninteresse und drei Varianten der Begründung durch die Vernunft: das klassische Naturrecht, der Gemeinwille und die Idee der Gerechtigkeit als Fairness.

1. Eigeninteresse

Die Antwort von Thomas Hobbes (1588–1679) lautet: Gerecht ist der Gesellschaftsvertrag dann, wenn seine Erhaltung im Interesse eines jeden liegt. Wenn jeder seine eigenen Interessen dank des Vertrags befriedigen kann, so erhält jeder das, was er verdient, und somit ist der Vertrag gerecht. Dies ist die Begründung durch das Eigeninteresse. Der Mensch im Naturzustand ist laut Hobbes ein Wesen, das von zwei Arten von Leidenschaften getrieben wird: von Begierden und von Abneigungen. Die Begierden und Abneigungen schließen sich zum Teil gegenseitig aus.

Wenn der Mensch überlegt, was er tun soll, dann kämpfen sie gegeneinander. Diejenige Leidenschaft, die am Schluss am stärksten ist, stellt letztlich den Willen des Menschen dar.

Geleitet wird der Kampf der Leidenschaften hauptsächlich vom Eigeninteresse. Jeder Mensch hat ein Interesse an der Erhaltung des eigenen Lebens und der Förderung des eigenen Glücks. Klug ist, wer zukünftige Ereignisse vorauszusehen und im Licht des Eigeninteresses zu beurteilen vermag.

Da der Mensch in seinen Überlegungen vom Eigeninteresse geleitet wird, kann der einzige Grund für einen gesellschaftlichen Zusammenschluss nur eben dieses Eigeninteresse sein. Doch liegt der gesellschaftliche Zusammenschluss überhaupt im Interesse eines jeden? Und wenn ja, welcher Zusammenschluss wäre dies?

Zunächst zur ersten Frage: Im Naturzustand ist jeder Mensch *gleich* und *frei*. Jeder Mensch ist insofern jedem anderen gleich, als jeder die Fähigkeit hat zu töten und jeder zu jeder Zeit der Gefahr ausgesetzt ist, getötet zu werden. Jeder Mensch ist insofern frei, als er die Möglichkeit hat, seine natürlichen Fähigkeiten zu gebrauchen, um sich zu erhalten und das eigene Glück zu fördern.[13]

Wenn nun jeder Mensch sein Leben erhalten und sein Glück fördern will, dann entstehen unweigerlich Situationen, in denen zwei Menschen dasselbe Gut wollen. In einer solchen Situation wird jeder versuchen, das Gut für sich allein zu ergattern und sich notfalls gewaltsam gegen den anderen durchsetzen. Mit Hobbes' prägnanter Formel gesagt: jeder wird dem anderen ein Wolf sein (»*Homo homini lupus*«). Diese permanent unsichere Lage, in der man in der Angst leben muss, jederzeit von einem stärkeren Gegner angegriffen zu werden, nennt Hobbes einen Zu-

13 Es ist hier und im ganzen Kapitel bewusst nicht von der Willensfreiheit die Rede (siehe aber das Kapitel »Freiheit«, S. 45–61), sondern von der politischen Freiheit, die Hobbes ganz treffend bestimmt.

stand des Krieges aller gegen alle (»*Bellum omnium contra omnes*«). Dass ein solcher Zustand nicht erstrebenswert ist, ergibt sich aus der Einsicht, dass, wie Hobbes es formuliert, in diesem Zustand ein Leben einsam, elend und kurz wäre.

Um den Zustand der Unsicherheit zu beenden – und nur aus diesem Grund –, ist jeder Mensch bereit, sich zu einer Gesellschaft mit anderen Menschen zusammenzuschließen. Wenn Friede herrscht, dann muss der Mensch keine Angst um das eigene Glück und keine Furcht vor einem gewaltsamen Tod haben. Der Mensch erkennt, dass er seine Interessen am besten in einem friedlichen Staat verfolgen kann. Da dies für jeden gilt, liegt der Zusammenschluss im Interesse eines jeden. Dies ist die Antwort auf die erste Frage.

Auf die zweite Frage gibt Hobbes eine Antwort, die zumindest aus heutiger Sicht wenig überzeugt. Er glaubt, dass der Staat, um effektiv Missetäter strafen zu können, über absolute, uneingeschränkte Macht verfügen muss. Dieser absoluten Macht, die Hobbes in Analogie zum gleichnamigen biblischen Drachenungeheuer »Leviathan« nennt, haben sich alle Menschen durch den Gesellschaftsvertrag als Untertanen zu ergeben. In einem solchen Staat der absoluten Sicherheit bleibt aber kaum Freiheit übrig. Wie Montesquieu (1689–1755) gezeigt hat, ist es eine historische Tatsache, dass Staaten, die nur eine einzige Gewalt kennen, rasch zu einem absolutistischen, d. h. diktatorischen Staat verkommen. Ein solcher Staat ist nicht gerecht, weil dem Machthaber keine Grenzen darin gesetzt sind, seine eigenen Interessen zu verfolgen. Der Machthaber kann die schlimmste Folter dadurch rechtfertigen, dass sie dem Staat dient, und das heißt: ihm selbst, dem Machthaber. Dem Missbrauch sind damit Tür und Tor geöffnet.

Zum Glück muss ein Staat, der auf dem Eigeninteresse beruht, nicht absolutistisch sein. Die Staatsmacht muss nicht in einer Autorität vereinigt sein, sie kann und soll aufgeteilt werden, um eine Machtkonzentration zu verhindern. Dies ist die Idee der *Gewaltentrennung*, für die Montesquieu berühmt geworden ist und die er zu einem großen Teil von John Locke (1632–1704) übernommen hat. Montesquieu unterscheidet zwischen der Exekutive, der Legislative und der Judikative. Die exekutive, ausführende Macht gehört der Regierung, die legislative oder gesetzgebende Macht dem Parlament und die judikative oder rechtsprechende Macht dem Gericht. Diese Einteilung gilt in den meisten heute bestehenden Demokratien.

Einwand 1. Hobbes' Menschenbild trifft nicht den Kern der menschlichen Natur. Der Mensch wird nicht nur vom Selbstinteresse geleitet, sondern auch von der Berücksichtigung der Interessen anderer. Der Mensch sei im Grunde ein politisches Wesen, ein *zoon politikon*, und habe als solches nicht nur das natürliche Bedürfnis, sich mit anderen Menschen zu vereinigen, sondern gerade in dieser Vereinigung bestehe sein Zweck, meint Aristoteles (384–322 v. Chr.). Diese Kritik lässt sich mit einem Gedanken von Jean-Jacques Rousseau (1712–1778) noch verstärken: Im Naturzustand sind wir nicht, wie Hobbes meint, Menschen, die ihr Eigeninteresse verfolgen, sondern Wesen, die weder denken noch sprechen können. Unsere geistigen Fähigkeiten, und damit auch die Fähigkeit zu moralischem Denken, entstehen erst in der Gesellschaft. Die Gesellschaft führte also dahin, dass die Menschen einzig ihr Eigeninteresse verfolgen. Würden sich die Menschen auf ihre ursprünglichen Gefühle besinnen, so bestünde kein Kampf aller gegen alle, sondern ein harmonisches Zusammenleben.

Erwiderung. Auch wenn der Mensch von Natur aus ein hilfsbereites gesellschaftliches Wesen sein sollte, wird es dennoch immer zu Situationen kommen, in denen zwei oder mehr Menschen dasselbe wollen. Für solche Konflikte braucht es eine Lösung.

Einwand 2. Die Menschen schließen laut Hobbes den Gesellschaftsvertrag aus Eigeninteresse ab. Wenn jeder sein Interesse in diesem Vertrag befriedigt sehen will, dann muss der Vertrag die Kräfteverhältnisse unter den Menschen im Naturzustand widerspiegeln. Wenn einer im Naturzustand Kraft und Intelligenz genug besitzt, um die meisten anderen Menschen ihres Besitzes zu berauben, so wird er eine entsprechende Macht in der Gesellschaft beanspruchen. Abgesehen davon, dass uns die natürlichen Kräfteverhältnisse ungerecht erscheinen, bleibt die Begründung wenig stichhaltig, weil die natürlichen Kräfteverhältnisse nicht als Rechtfertigung für den Vertrag dienen können, da sich aus einem beschreibenden Satz kein normativer Satz ableiten lässt. Wer es dennoch tut, begeht einen Sein-Sollens-Fehlschluss (s. S. 40f.).

Einwand 3. Der Gesellschaftsvertrag von Hobbes ist höchst instabil. Da er auf dem Kräfteverhältnis zwischen den Teilnehmern basiert, wird sich der Vertrag auch jeweils ändern müssen, sobald sich die Kräfteverhältnisse ändern. Man könnte nun die Regel hinzufügen, dass alle Teilnehmer sich an den Vertrag zu halten haben, sobald er einmal geschlossen ist. Aber wenn das Menschenbild von Hobbes stimmt, werden sich die Menschen nicht an diese Regel halten und den Vertrag brechen, sobald er nicht mehr ihrem Eigeninteresse entspricht.

Einwand 4. Das Eigeninteresse besteht darin, das eigene Leben zu erhalten und das eigene Glück zu fördern. Das, was erstrebenswert ist, bleibt somit relativ zum Status quo, zum gegenwärtigen Zustand. Wenn der neue Zustand auch nur geringfügig besser ist, so kann dies im eigenen Interesse liegen, und zwar selbst dann, wenn dieser Zustand ungerecht ist. Anders gesagt: Der Ansatz von Hobbes verfehlt in jedem Fall das Ziel, weil es gewisse Grundrechte gibt, die in einer Gesellschaft gewährleistet sein müssen, damit sie gerecht ist.

2. Naturrecht

Ein fundamental anderer Ansatz als die Begründung mit dem Eigeninteresse ist die Begründung mit dem Naturrecht. Das Naturrecht ist das Recht, das nicht von Menschen gesetzt wird und unabhängig von aller menschlichen Autorität verbindlich ist. Die Berufung auf ein Naturrecht hat eine lange Tradition, als deren wichtigster Vordenker Hugo Grotius (1583–1645) gilt. Er definiert das Naturrecht als ein Gebot der Vernunft, als ein Recht, das nicht von Menschen gesetzt wird. An dieser Stelle werden die klassische Theorie des Naturrechts in der Form der Staatstheorie von John Locke (1632–1704) und im weiteren Verlauf des Kapitels dann deren Weiterentwicklung mit der Idee des Gemeinwillens von Jean-Jacques Rousseau (1712–1778) und der Idee der Gerechtigkeit als Fairness von John Rawls (1921–2002) dargestellt.

Locke beschreibt den Naturzustand als einen Zustand, in dem das Naturrecht gilt. Das Naturrecht besagt gemäß Lockes Charakterisierung, welche der christlichen Ethik entspricht (s. S. 168f.), dass jeder Mensch die Pflicht habe, das eigene Leben und dasjenige anderer zu erhalten und zu fördern. Das Naturrecht verbietet es, Leben, Gesundheit, Freiheit und Besitz anderer zu schädigen oder zu vernichten. Alle haben das gleiche Recht, von anderen nicht geschädigt zu werden, und sie haben die Pflicht, andere nicht zu schädigen. Insofern alle das gleiche Recht haben, sind alle Menschen gleich. Frei sind die Menschen darin, dass sie über ihre eigene Person und über ihren Besitz verfügen können. Würden alle das Naturrecht befolgen, herrschte im Naturzustand vollkommener Friede und Reichtum.

Der friedliche Naturzustand stellt jedoch lediglich ein Ideal dar, das so nicht existieren kann. Da nicht jeder das Naturrecht befolgt, kann es immer wieder zu Übergriffen kommen. Um solche zu vermeiden, schließen sich die Menschen zu einer Gesellschaft zusammen. Wenn es keine übergeordnete Instanz gäbe, die für Rechtsprechung und Durchsetzung der Gesetze zuständig wäre, dann müssten die Menschen in der Angst leben, ihre Freiheit und ihr Besitz könnten ihnen genommen werden.

Die übergeordnete Instanz, die nicht in einer einzigen Autorität vereinigt, sondern aufgeteilt wird, bleibt jedoch an das Naturgesetz gebunden. Da der Mensch im Naturzustand kein Recht über Leben, Freiheit und Besitz eines anderen hat und der einzelne Mensch durch den Gesellschaftsvertrag nicht mehr als dieses Recht an den Staat abgeben kann, hat auch der Staat kein Recht über Leben, Freiheit und Besitz der Staatsangehörigen. Der Staat ist auf genau dieselbe Weise an das Naturgesetz gebunden wie jeder einzelne Mensch und hat somit das Leben, die Freiheit und den Besitz aller Mitglieder der Gesellschaft zu achten.

Einwand 1. Lockes Charakterisierung des Naturrechts ist dogmatisch. Woher hat der Mensch die Pflicht, das eigene Leben und das anderer zu erhalten?

Einwand 2. Was motiviert die Menschen, von ihrer Macht Teile abzugeben? Wenn einer im Naturzustand mächtiger als andere ist, dann wird er nicht von sich aus von seiner Macht abgeben wollen.

Erwiderung. Der Gesellschaftsvertrag ist kein tatsächlicher Vertrag. Es geht nicht um die Frage, was die Menschen im Naturzustand tatsächlich wählen würden, sondern darum, was gerecht ist. Die Frage nach der Motivation für die Teilnehmer stellt sich somit nicht. Wenn der Staat einmal besteht, dann kann das Recht auch gegen mächtige Mitglieder durchgesetzt werden.

3. Gemeinwille

Jean-Jacques Rousseau (1712–1778) versucht, die Idee des Naturrechts von Locke zu übernehmen, ohne dieses wie jener von vornherein inhaltlich zu bestimmen. Er geht wie Hobbes davon aus, dass eine Gesellschaft nur dann gerecht ist, wenn sich freie und gleiche Menschen zu ihr entscheiden. Rousseaus Vorschlag lautet: Eine Gesellschaft ist dann gerecht, wenn sie durch einen Gesellschaftsvertrag begründet wird, welcher dem Gemeinwillen entspricht. Doch was heißt dies genau und wie gelangt Rousseau zu dieser Ansicht?

»Der Mensch ist frei geboren, und überall liegt er in Ketten«, schreibt Rousseau im ersten Satz seines berühmten Werks *Du contrat social* (*Vom Gesellschaftsvertrag*) zu einer Zeit, da in Europa viele Staaten absolutistisch organisiert sind, d. h. über die ein einzelner, nicht gewählter Regent mit absoluter Macht herrscht. Auch Rousseau geht somit von einem Naturzustand aus: Der Mensch hat von Natur aus das Recht, seine natürlichen Fähigkeiten nach Gutdünken einzusetzen. Der Mensch hat auch die Fähigkeit, die Interessen anderer Menschen zu berücksichtigen. Er ist nicht nur vom Eigeninteresse geleitet, wie Hobbes meint. Der Mensch ist frei – und er liegt in Ketten. Die Existenz der Ketten ist nicht zu rechtfertigen: sie müssen abgeworfen werden. Ziel muss eine Gesellschaftsform sein, in der die Menschen frei sind. Welcher Vertrag führt zu einer solchen Gesellschaft?

Jeder Mensch ist im Naturzustand frei, und jeder will seine Freiheit behalten. Jeder kann seine Freiheit behalten, wenn er sich die Gesetze, nach denen er zu handeln gewillt ist, selbst gibt. Dazu muss der Mensch seinen eigenen Willen aufgeben und ihn dem Gemeinwillen unterstellen. Indem der Mensch im Gesellschaftsvertrag seinen eigenen Willen aufgibt und dem Gemeinwillen unterstellt, verliert er die natürliche Freiheit, gewinnt aber eine neue Freiheit: War es zuvor die von Natur gegebene Freiheit, ist es nun die Freiheit, die der Mensch sich selbst gibt. Indem sich der Mensch dem Gemeinwillen unterordnet, verliert er die natürliche Freiheit, gewinnt aber gleichzeitig die Freiheit, sich selbst Gesetze zu geben. Er verliert nicht mehr, als er gewinnt, und das, was er gewinnt, ist von einer anderen Qualität.

Der Gemeinwille ist nicht die »Summe der Einzelwillen« oder der »Wille von allen«. Es geht in diesem Gesellschaftsvertrag anders als in Hobbes' Theorie nicht darum, einen Kompromiss zu finden, so dass jeder seine eigenen Interessen verfolgen kann. Vielmehr geht es darum, den eigenen Willen aufzuheben und ihn unter den Willen der Gesellschaft, also unter den Gemeinwillen (*»volonté générale«*), zu stellen. Da der Gemeinwille als das definiert ist, was für die Gesellschaft am besten ist, kann er nicht irren, denn der Gemeinwille kann gar nicht anders, als die Interessen eines jeden zu berücksichtigen. Da jeder Mensch so frei bleibt wie zuvor, ist die gerechte Gesellschaft die gemäß dem Gemeinwillen ausgerichtete Gesellschaft.

Einwand 1. Die Theorie ist praktisch nicht umsetzbar. Das Hauptproblem besteht darin, den Gemeinwillen zu bestimmen. In vielen Fällen scheint ein Wille, den alle als den Gemeinwillen akzeptieren, nicht in Sicht. Und sobald man beginnt, Mehrheitsentscheide zu fällen, wie es in den meisten heutigen Demokratien üblich ist, weiß man ebenso wenig, ob das Resultat nun dem Gemeinwillen entspricht oder nicht.

Einwand 2. Die Theorie beruht auf falschen Annahmen. Sie klammert das Problem aus, dass ein Konflikt zwischen dem einzelnen Menschen und der Gesellschaft entstehen kann. Sobald es einen solchen Konflikt zwischen Individuum und Kollektiv gibt, existiert kein Gemeinwille mehr. Wird dennoch unbedingt daran festgehalten, dass ein Gemeinwille bestimmt werden muss, kann dies dazu führen, dass undemokratische Mittel angewendet werden, also genau jener Zustand eintritt, gegen den Rousseau ankämpfte.

Einwand 3. Der Gemeinwille ist nicht unfehlbar. Es ist durchaus möglich, dass sich die Mitglieder einer Gesellschaft darin irren, was der Gemeinwille ist. Das heißt, dass selbst in dem Fall, in dem ein Gemeinwille eindeutig ausgemacht wird, nicht sicher ist, ob das, was er besagt, auch das Richtige ist.

4. Fairness

Wer, ohne das Naturrecht inhaltlich näher zu bestimmen und ohne den Begriff des Gemeinwillens zu bemühen, dennoch die gerechte Gesellschaft naturrechtlich begründen will, der muss auf sehr allgemeine Prinzipien zurückgreifen. John Rawls (1921–2002) hat dies versucht. In seinem Hauptwerk *Eine Theorie der Gerechtigkeit*, in dem er den Gedanken der Vernunftbegründung von Immanuel Kant (1724–1804) weiterentwickelt, bestimmt Rawls Gerechtigkeit als Fairness.

Wie seine Vorgänger Hobbes, Locke, Rousseau und Kant

geht Rawls ebenfalls von einem Naturzustand aus. Diesen nennt er »Urzustand« und charakterisiert ihn um einiges sparsamer als seine Vorgänger: Nicht von Menschen mit speziellen Wünschen und Bedürfnissen, sondern nur von vernunftgeleiteten Personen ist die Rede. Diese haben nicht nur über die Gründung eines Staates, sondern zugleich auch über die Ordnung dieses Staates zu entscheiden.

Die Legitimität des Staates sieht Rawls ähnlich wie Hobbes darin, dass Menschen ein vernünftiges Interesse an gegenseitiger Kooperation haben und zu diesem Zweck eines Staates bedürfen. Wenn das Interesse der Menschen die Begründung für den Staat liefert, dann ist nur ein Staat gerecht, der die Interessen aller Menschen berücksichtigt. Dies entspricht dem fundamentalen Prinzip der Gleichheit. Damit ist jedoch noch nicht die Frage beantwortet, wie dieser Staat organisiert werden soll, denn jeder wünscht sich einen möglichst großen Anteil an dem gemeinsam hervorgebrachten Wohlstand für sich.

Zur Lösung dieses Konflikts bedarf es gewisser Prinzipien. Rawls nennt sie »Prinzipien der distributiven Gerechtigkeit«. Gerechtigkeit ist Fairness; Fairness ist die Berücksichtigung der Interessen eines jeden, so dass der Staat nicht nur für jeden vorteilhaft ist, sondern so gestaltet ist, dass jeder darin den größten Vorteil im Vergleich zu anderen Staatsformen hat. Gerechtigkeit in diesem Sinn stellt für Rawls den höchsten Anspruch an eine gesellschaftliche Ordnung und somit einen unbedingten Wert dar.

Die Personen im Urzustand sind von einem »Schleier des Unwissens« umgeben. Sie wissen nicht, in welcher Position sie in dieser Gesellschaft sein werden. Sie wissen nur, dass sie rationale Wesen sind, und als solche haben sie gewisse allgemeine Bedürfnisse. Die Grundfrage, die sie zu beantworten haben, lautet: Welche Prinzipien wählen freie und rationale, nur an ihrem eigenen Interesse ausgerichtete Personen, wenn sie in einem ursprünglichen Zustand der Gleichheit zusammenkommen, ihre Gesellschaftsform definieren und sich für Grundregeln entscheiden sollen, an die alle weiteren Vereinbarungen gebunden sind? Die Antwort besteht in folgenden zwei Grundsätzen der Gerechtigkeit: (1) Jede Person hat ein gleiches Recht auf das umfangreichste, für alle Personen mögliche Gesamtsystem gleicher Grundfreiheiten. (2) Soziale und wirtschaftliche Ungleichheiten sind so zu gestalten, dass sie a) mit Ämtern und Positionen verbunden sind, die allen offen stehen, und b) zum größten Vorteil der am wenigsten begünstigten Mitglieder der Gesellschaft sind.

Diese beiden Grundsätze würden von jeder vernünftigen Person als die Grundsätze des gerechten Staates akzeptiert. Zu beachten ist, dass der erste Grundsatz Priorität vor dem zweiten hat. Die Freiheit ist ein Menschenrecht, das nicht angetastet werden darf, auch nicht zur Vergrößerung des Wohlstandes. Jede Gesellschaft, die die Freiheit eines Menschen mehr einschränkt als aus Vernunftgründen nötig, ist damit als ungerecht ausgewiesen.

Im zweiten Grundsatz hat der erste Teil Vorrang vor dem zweiten. Eine Ordnung, in der die am wenigsten Begünstigten mehr bekommen als in einer anderen, darf dieser nur dann vorgezogen werden, wenn darin auch allen Mitgliedern alle Ämter und Positionen offen stehen.

Während die Richtigkeit des ersten Grundsatzes und wohl auch des ersten Teils des zweiten Grundsatzes einleuchtet, so dass man zugesteht, dass die Parteien im Urzustand ihnen zustimmen würden, erweist sich die Begründung beim zweiten Teil des zweiten Grundsatzes schwieriger. Doch bevor Einwände vorgelegt werden, muss die Bedeutung des zweiten Teils genauer erläutert werden.

Der zweite Teil, auch »Differenzprinzip« genannt, besagt, dass von zwei gesellschaftlichen Ordnungen diejenige gewählt werden soll, in der die am wenigsten Begünstigten am meisten bekommen. Zur Veranschaulichung diene folgendes Beispiel: Es sei eine Gesellschaft angenommen, die aus zwei gleich großen Gruppen besteht: (A) den Reichen und (B) den Armen. Es sei weiter vorausgesetzt, dass folgende drei Gesellschaftsordnungen zur Auswahl stehen (wobei die Zahlen den Wert des Wohlstandes anzeigen):

	(A)	(B)
(1)	50	50
(2)	120	30
(3)	70	60

Welche der drei Gesellschaftsordnungen soll gewählt werden? Die Antwort scheint zumindest auf den ersten Blick nicht eindeutig. Wer das Prinzip der Gleichheit auch in Bezug auf Wohlstand vertritt, der wird die erste Lösung wählen. Wer hingegen das Prinzip der Maximierung des Gesamtnutzens vertritt, wie z. B. ein Utilitarist (s. S. 175–181), wird für die zweite Lösung stimmen, obwohl eine Ungleichheit zwischen den beiden Gruppen besteht. Die richtige Lösung ist gemäß Rawls jedoch die dritte. Auch hier gibt es Unterschiede in den Gruppen (die Reichen sind reich, die Armen arm), doch geht es den Armen im Vergleich zu den anderen beiden Lösungen am besten. Sowohl die Unterschiede zwischen den Gruppen als auch der geringere als der maximal mögliche Gesamtnutzen werden so gerechtfertigt.

Rawls' Theorie stellt einen Versuch dar, einen Staat, in dem nicht nur die menschliche Freiheit gewährleistet wird, sondern darüber hinaus auch eine gewisse soziale Gerechtigkeit gesichert ist, durch die Vernunft zu begründen.

Einwand 1. Rawls' Gedankenexperiment des Urzustandes ist undurchführbar. Es ist uns Menschen nicht möglich, alle unsere charakteristischen Merkmale abzustreifen, uns also lediglich als Vernunftwesen mit allgemeinen Interessen zu denken, ohne den Bezug zu uns selbst zu verlieren. Ein derart allgemein gedachtes Vernunftwesen hat mit dem, was uns als Menschen ausmacht, nichts mehr zu tun.

Erwiderung. Gerade die Abstraktion von persönlichen Eigenschaften ermöglicht es erst, dass jeder den anderen nicht in Bezug auf Eigenschaften wie Reichtum, Familienzugehörigkeit und dergleichen bewertet, sondern als Vernunftwesen ansieht. Dies ist eine Voraussetzung für Gerechtigkeit.

Einwand 2. Die Menschen im Urzustand würden nicht den Zustand wählen, den Rawls vorgibt. Die Menschen sind von Natur aus vermutlich risikofreudiger. Sie würden das Risiko einer Freiheits- oder Wohlstandseinbuße eingehen, wenn sie dadurch die Chance auf eine höhere Position innerhalb der Gesellschaft erhielten. Sie würden darauf spekulieren, dass sie in eine bessere Position hineingeboren werden oder sich in eine bessere Position hinaufarbeiten könnten.

Einwand 3. Rawls' Begründung führt in das *Münchhausen-Trilemma*: Entweder man begeht einen Zirkelschluss, oder man setzt den Anfang willkürlich, d. h. ohne Begründung, oder man gelangt in einen infiniten Regress. Der von Rawls postulierte Urzustand kann keine Begründung liefern, weil in seiner Charakterisierung entweder die Wahl der beiden Grundsätze bereits enthalten ist, weil die Charakterisierung willkürlich ist, oder weil sie ad infinitum nach einer weiteren Begründung verlangt.

Zusammenfassung

Wann ist eine Gesellschaft gerecht? Diese Frage kann damit beantwortet werden, dass man sich überlegt, unter welchen Voraussetzungen Menschen in einem gedachten Naturzustand einen Gesellschaftsvertrag zur Gründung der Gesellschaft schließen. Die Begründung von Hobbes unter Verweis auf das Eigeninteresse geht davon aus, dass der Mensch von Natur aus nur sein eigenes Interesse verfolgt und der Gesellschaftsvertrag deshalb so gestaltet sein muss, dass er den Interessen eines jeden dient. Gegen diese Begründung kann eingewendet werden, dass sie auf einem falschen Menschenbild beruht, dass sie ungerecht ist, weil sie die natürlichen Kräfteverhältnisse widerspiegelt, dass ein so begründeter Vertrag instabil bleibt und darin menschliche Grundrechte nicht gewährleistet sind. Der naturrechtliche Ansatz begründet die gerechte Gesellschaft mit den Rechten, die der Mensch von Natur aus hat. Gegen die klassisch naturrechtliche Begründung lässt sich einwenden, dass eine inhaltliche Bestimmung des Naturrechts dogmatisch ist und sie nicht zeigen kann, was die Menschen zum Abschluss des Vertrags motivieren würde. Die Begründung mit dem Gemeinwillen von Rousseau versucht, die Probleme des klassischen naturrechtlichen Ansatzes zu umgehen: Das Naturrecht wird über die Tatsache hinaus, dass jeder Mensch frei geboren wird, nicht weiter bestimmt, und die Motivation ergibt sich daraus, dass der Gemeinwille im Interesse eines jeden ist. Der Theorie kann vorgeworfen werden, dass sie praktisch nicht umsetzbar ist, dass sie auf falschen Annahmen fußt und der von ihr postulierte Gemeinwille sich nicht bestimmen lässt. Rawls versucht mit seiner Theorie der Gerechtigkeit als Fairness die gesellschaftliche Ordnung mit der Vernunft zu begründen. Eine Gesellschaft ist dann gerecht, wenn darin die Interessen eines jeden am besten berücksichtigt werden. Gegen diese Begründung wird eingewendet, dass sie undurchführbar sei, weil sie zu stark vom Individuum abstrahiere, dass sie nicht das von Rawls vorgelegte Resultat begründe, weil die Menschen risikofreudiger seien, und dass eine Begründung mit der Vernunft in das Münchhausen-Trilemma führe: Entweder endet die Begründung in einem Zirkel, in einer willkürlichen Setzung oder in einem infiniten Regress.

Literaturhinweise

Klassische Texte

Thomas Hobbes, *Leviathan*, übers. von Jacob Peter Mayer, Stuttgart: Reclam, 1970 [u. ö.].
Das Werk arbeitet die klassische Begründung des Staates mit dem Eigeninteresse aus (Kap. 13–15).

John Locke, *Über die Regierung*, übers. von Dorothee Tidow, Stuttgart: Reclam, 1974 [u. ö.].
Dies ist eine der klassischen naturrechtlichen Begründungen des Staates (Kap. 4–14).

Jean-Jacques Rousseau, *Vom Gesellschaftsvertrag oder Grundsätze des Staatsrechts*, übers. von Hans Brockard und Eva Pietzcker, Stuttgart: Reclam, 1977 [u. ö.].
Rousseau versucht mit seiner Theorie das Problem zu lösen, einen Staat zu finden, in dem Sicherheit *und* Freiheit bestehen.

John Rawls, *Eine Theorie der Gerechtigkeit*, übers. von Hermann Vetter, Frankfurt a. M.: Suhrkamp, 1979.
Rawls versucht in diesem Buch, eine gerechte Gesellschaft mit der Vernunft zu begründen.

Einführungen

Ottfried Höffe, *Gerechtigkeit: eine philosophische Einführung*, München: Beck, 2001.
Dies ist eine kurze, leicht verständliche Einführung in das Thema der politischen Gerechtigkeit.

Ottfried Höffe, *Ethik und Politik. Grundmodelle und -probleme der praktischen Philosophie*, Frankfurt a. M.: Suhrkamp, [4]1992.
Das Buch ist eine ausführlichere Einführung in Fragen der Ethik und der politischen Philosophie.

Christoph Horn, *Einführung in die Politische Philosophie*, Darmstadt: Wissenschaftliche Buchgesellschaft, 2003.
Das Buch führt in die verschiedensten traditionellen und aktuellen Probleme der politischen Philosophie ein. Nützlich für die weitere Lektüre sind ausführliche Literaturhinweise und Verweise auf die wichtigsten Fachzeitschriften.

IX. Ethik

Angenommen, jemand möchte mit dem Zug in die benachbarte Stadt fahren. Die Person weiß, dass die Fahrkarten nur sehr selten kontrolliert werden. Soll sie nun eine Karte kaufen? Oder soll sie schwarz fahren?

Die Antwort ist auf den ersten Blick nicht einfach zu geben. Es lassen sich sowohl für die eine als auch für die andere Handlung Gründe vorbringen. Die Person soll ein Ticket kaufen, weil es richtig ist, für das, was man bekommt, eine Gegenleistung zu erbringen. Oder: Sie soll das Ticket nicht kaufen, weil sie das Geld, das sie mit großer Wahrscheinlichkeit wird behalten können, besser einsetzen kann, zum Beispiel um jemandem ein Geschenk zu kaufen.

Wie sollen wir nun beurteilen, welche Gründe gut sind? Welche Handlung ist recht und welche unrecht?[14] Um diese Fragen zu beantworten, muss auf allgemeine Prinzipien zurückgegriffen werden, die festlegen, was recht ist und was unrecht ist. Dies sind ethische oder moralische Prinzipien.

Doch weshalb benötigen wir solche Prinzipien, wenn es doch Rechtsgesetze gibt, die vorschreiben, was erlaubt ist und was nicht? Können wir nicht einfach sagen, dass die Person im Beispiel deshalb nicht schwarz fahren soll, weil die Rechtsgesetze dies verbieten?

Wir könnten die Handlung natürlich auf diese Weise begründen, aber wir würden damit keine ethische Begründung geben. Um eine ethische Begründung zu geben,

14 Die Stellung einer ethischen Frage als eine Prüfung der Begründung von Handlungen zu verstehen setzt bereits eine bestimmte Sicht der Ethik voraus. Ein anderer Ansatz der Ethik erachtet die Frage als wesentlich, wie wir zu moralisch guten Personen werden. Ausgehend von antiken Autoren, vor allem Aristoteles (s. S. 37–39), haben Philosophinnen wie Elizabeth Anscombe (1919–2001) und Philippa Foot (geb. 1920) die sogenannte »Tugendethik« weiterentwickelt.

müssen wir auf Prinzipien zurückgreifen, die allgemein, d. h. für jeden Menschen gelten. Die Rechtsgesetze gelten nur für eine bestimmte Gesellschaft und müssen selbst wiederum mit ethischen Prinzipien begründet werden. Grundsätzlich gibt es zwei Möglichkeiten, die Gründe für eine Handlung ethisch zu beurteilen: Man kann entweder die Handlung beurteilen in Hinsicht auf die Frage, ob sie der *Pflicht* gemäß ist. Dies tun *pflichtethische* Theorien. Oder man kann die Handlung beurteilen in Bezug auf die *Konsequenzen*, die diese Handlung hat. Dies sind *konsequentialistische* Theorien. Diese zwei Arten von ethischen Theorien werden in diesem Kapitel besprochen, und zwar in ihren wichtigsten Ausformulierungen: der kantischen Ethik und des Utilitarismus, wobei auch auf die christliche Ethik und den Egoismus kurz eingegangen wird.

1. Kantische Ethik

Die wichtigste Form der Pflichtethik ist die Ethik von Immanuel Kant (1724–1804). Als Pflichtethik verlangt sie, dass nur die Absicht einer Handlung bei der Bewertung dieser Handlung betrachtet wird. Was zählt, ist einzig der gute Wille. Der gute Wille ist der Wille gemäß der Pflicht. Doch welche Pflichten haben wir? Bevor Kants Antwort auf diese Frage dargelegt wird, sei auf eine für die westliche Kultur grundlegende Pflichtethik hingewiesen: die christliche Ethik. Die christliche Ethik besagt, dass dasjenige recht ist, was dem Willen Gottes entspricht. Gottes Wille ist in Gottes Wort ausgedrückt, wie es in der Bibel niedergeschrieben steht. Zu den menschlichen Pflichten zählen das absolute Tötungsverbot und die Forderung der Nächstenliebe (Altruismus): »Du sollst deinen Nächsten lieben wie dich selbst« (Mat. 22,39). Die Nächstenliebe wird auch ausgedrückt in der Goldenen Regel: »Alles nun, was ihr wollt, dass es euch die Menschen tun, das sollt auch ihr ihnen tun!« (Mat. 7,12).

Jede Ethik, die Gott zu ihrer Rechtfertigung bedarf, ist grundlegender philosophischer Kritik ausgesetzt. Erstens ist sowohl die Existenz als auch die Güte Gottes anzweifelbar. Zweitens scheint Gottes Willen nicht auf nachvollziehbare Weise erkennbar zu sein (s. S. 77f.). Eine christliche Ethik basiert somit auf metaphysischen Annahmen – dass es den gütigen Gott gibt und dessen Wille erkennbar ist –, die hier nicht vorausgesetzt werden dürfen. Denn eine ethische Theorie sollte auch von denen anerkannt werden können, die nicht an den christlichen Gott oder überhaupt an einen Gott glauben, oder auch von denen, die nicht einsehen, wie man dessen Willen erkennen kann.

Die kantische Ethik ist diesen Einwänden nicht ausgesetzt. Kant baut seine Ethik allein auf Gründen der Vernunft auf. Dabei hat er sich einer eigenwilligen Terminologie bedient. Wer sich seinen Schriften – z. B. der *Grundlegung der Metaphysik der Sitten*, an der sich die folgende Darstellung orientiert – nähern und seine Position verstehen will, muss diese Terminologie zumindest in den Grundzügen kennen.

Kant unterscheidet zwischen *Pflicht* und *Neigung*. Man kann eine Handlung entweder aus Pflicht oder aus Neigung ausführen. Aus Pflicht führt man sie dann aus, wenn man sie als pflichtgemäß erkennt und sie deshalb und nur deshalb ausführt. Aus Neigung führt man eine Handlung dann aus, wenn man sich aus irgendwelchen Gründen zu ihr hingezogen fühlt, sei dies nun aus egoistischem Selbstinteresse oder aus ehrlichem Mitgefühl. Eine Handlung ist nur dann moralisch richtig, wenn sie aus Pflicht ausgeführt wird. Wird sie hingegen aus Neigung ausgeführt, auch aus Mitgefühl, dann kann sie nicht moralisch richtig sein.

Wenn wir der Pflicht folgen wollen, dann müssen wir uns von gewissen Handlungsprinzipien leiten lassen. Kant un-

terteilt die Handlungsprinzipien in *Maximen* und in *Imperative*. Im Unterschied zu den Maximen gelten Imperative nicht nur für denjenigen, der sie anerkennt, sondern allgemein für jedes Vernunftwesen.
Bei den Imperativen unterscheidet Kant weiter zwischen *hypothetischen* und *kategorischen* Imperativen. Hypothetische Imperative sind Imperative, die nur unter einer eingeschränkten Voraussetzung geboten sind: Wenn ich *x* möchte, dann muss ich *y* tun. Ein hypothetischer Imperativ ist zum Beispiel: »Wenn du deine Gesundheit nicht gefährden möchtest, dann rauche nicht.« Ein solcher Satz ist allgemein gültig, aber der Nachsatz ist nur unter der Bedingung des Vordersatzes allgemein gültig. Kategorische Imperative sind Imperative, die ohne jeden Vorbehalt, d. h. ausnahmslos und notwendig gültig sind.
Um nachzuweisen, dass ein Imperativ ausnahmslos und notwendig gültig ist, muss wie folgt vorgegangen werden: Erstens ist zu zeigen, dass sich der Imperativ als allgemeines Gesetz widerspruchsfrei *denken* lässt, und zweitens, dass er sich als allgemeines Gesetz widerspruchsfrei *wollen* lässt. Es lässt sich beispielsweise eine Welt widerspruchslos denken, in der das menschliche Leben »bloß auf Müßiggang, Ergötzlichkeit, Fortpflanzung, mit einem Wort auf Genuss« (IV 423) abgestellt ist. Aber als Vernunftwesen kann man ein solches Leben nicht wollen, denn ein praktisches Vernunftwesen zu sein oder einen Willen zu haben bedeutet, das Angenehme als letzten Bestimmungsgrund des Handelns zu überschreiten.
Es gibt genau *einen* kategorischen Imperativ. Allerdings hat Kant mehrere Formulierungen davon gegeben. Die Grundformel lautet:

> »Handle nur nach derjenigen Maxime, durch die du zugleich wollen kannst, dass sie ein allgemeines Gesetz werde.« (IV 421)

Die ebenfalls wichtige Menschheitszweckformel lautet:

> »Handle so, dass du die Menschheit sowohl in deiner Person, als in der Person eines jeden andern jederzeit zugleich als Zweck, niemals bloß als Mittel brauchst.« (IV 429)

Der kategorische Imperativ ist der Goldenen Regel des Christentums inhaltlich ähnlich, jedoch von ihr zu unterscheiden. Die Goldene Regel geht von der eigenen Person aus und leitet daraus ein bestimmtes Verhalten gegenüber anderen ab. Da Personen jedoch voneinander in vieler Hinsicht verschieden sind – die eine möchte gestreichelt, die andere ermahnt werden –, lässt sich nicht von dem, was einem selbst behagt, darauf schließen, was einer anderen Person zusagt. Der kategorische Imperativ hingegen geht nicht von der eigenen Person aus, sondern von dem, was wesentlich zu einer jeden vernünftigen Person gehört. Wesentlich zu einer vernünftigen Person gehört, dass sie über Vernunft verfügt, d. h. über die Fähigkeit, zu denken und sich selbst als vernünftiges Wesen zu erfassen.

Der kategorische Imperativ liefert ein Kriterium, mit dessen Hilfe sich entscheiden lässt, welche weniger allgemeinen Handlungsprinzipien und damit auch welche Handlungen ethisch richtig sind. Allerdings ist das Kriterium selbst rein formal: Es besagt lediglich, welche Bedingungen ein Prinzip erfüllen muss, damit es als ethisch angesehen werden kann.

Kant hat nur zwei Beispiele von inhaltlich genauer bestimmten Prinzipien gegeben. Das eine ist das absolute Tötungsverbot: Es ist nicht erlaubt, sich selbst oder einen anderen Menschen zu töten. Ein Prinzip, das erlauben würde, dass man sich selbst oder andere Menschen tötet, könnte nicht widerspruchsfrei gedacht werden, weil ein vernünftiges Wesen zu leben wünscht und die Tötung dem widersprechen würde. Zudem verbietet es die

Menschheitszweckformel explizit, dass eine andere Person als Mittel für einen bestimmten Zweck gebraucht wird. Eine Regel, die verlangt, dass man andere Personen tötet, um in irgendeiner Weise seine eigenen Interessen zu befriedigen, ist damit ausgeschlossen. Mit dem Tötungsverbot wird die kantische Ethik einer unserer moralischen Intuitionen gerecht: dass jedes Vernunftwesen ein Recht auf Leben hat.

Das andere von Kant inhaltlich näher bestimmte Prinzip ist das absolute Lügenverbot. Es ist nicht erlaubt, einen anderen Menschen zu belügen. Ein Prinzip, das dies erlauben würde, führte zu einem Zustand, in dem keiner keinem mehr trauen würde. Dann gäbe es keine Wahrheit und also auch keine Lüge mehr, d. h., die Regel würde sich selbst aufheben, sie kann also nicht widerspruchsfrei gedacht werden.

Einwand 1. Kants kategorischer Imperativ ist nicht hilfreich, um ethische Probleme zu lösen, weil er nur ein formales Kriterium darstellt, mit dem sich keine inhaltlich näher bestimmten Prinzipien begründen lassen.
Erwiderung. Kant hat mindestens zwei inhaltlich bestimmte Beispiele geliefert: das Tötungsverbot und das Lügenverbot. Zudem kann der kategorische Imperativ gebraucht werden, um weitere allgemeine Prinzipien zu bestimmen.

Einwand 2. Kants Ethik kann Pflichtenkollisionen nicht vermeiden. Eine Pflichtenkollision ist eine Situation, in der die eine Pflicht das eine Verhalten fordert und die andere Pflicht ein dem entgegengesetztes Verhalten. Hier ein Beispiel: Ein todkranker Freund fragt uns, ob er bald sterben werde. Der Freund weiß von seinem nahen Tod nichts, wir hingegen wissen davon. Sollen wir nun gemäß dem Prinzip, nie zu lügen, dem Freund die Wahrheit sagen, dass er bald sterben werde, und ihn damit in Angst und Unglück stürzen? Oder sollen wir uns über das Lügenverbot hinwegsetzen und stattdessen dem Prinzip folgen, unserem Freund ein so angenehmes Lebensende wie nur möglich zu bereiten, indem wir ihn in der Hoffnung auf ein Weiterleben belassen?

Eine Pflichtenkollision führt oft zu einem sogenannten »moralischen Dilemma«. Ein Dilemma ist eine Situation, in der man von zwei Möglichkeiten eine auswählen muss, jedoch beide Möglichkeiten zum selben schlechten Resultat führen oder zu Resultaten, die gleichermaßen schlecht sind. Um aus dem Dilemma herauszukommen, müssen die Gegebenheiten sorgfältig geprüft werden. Es kann sein, dass bei genauerem Hinsehen die eine Option doch das kleinere Übel darstellt. Dann ist diese zu wählen. Im oben genannten Beispiel kann es sein, dass der Freund ein wahrheitsliebender Mensch ist, dem wir nur recht tun, wenn wir ihn auch in diesem Falle nicht belügen. Oder es kann sein, dass er ein sehr ängstlicher Mensch ist, der sich nicht sehr um Wahrheit kümmert und auch normalerweise mit selbstgebauten Illusionen gut zu leben pflegt. Einen solchen Menschen könnten wir eher belügen.

Nun ist aber Kants Forderung des Lügenverbots, die sich aus dem kategorischen Imperativ ergibt, absolut, d. h., sie darf unter keinen Umständen durchbrochen werden. Die Forderung, dem Mitmenschen zu helfen, ist hingegen relativ zu den Umständen zu verstehen. Nicht jede Hilfe ist in jeder Situation gefordert. Kant würde wahrscheinlich dem Lügenverbot gegenüber dem Gebot zu helfen den Vorzug geben.

Doch lässt sich auch ein Dilemma konstruieren, das Kant nicht lösen kann. Angenommen, ein Wahnsinniger kommt mit einer Waffe auf uns zu und fragt uns nach dem Weg zu einer bestimmten Person. Wenn wir dem Wahnsinnigen die Wahrheit sagen, dann sind wir damit bewusst an einer Tötung beteiligt. Wenn wir lügen, missachten wir das Lügenverbot.

Einwand 1 und 2 üben Kritik an Kants Ethik von innen: Sie sollen zeigen, dass Kants Theorie in sich nicht stimmig ist. Einwand 3, 4 und 5 üben Kritik von außen: Sie machen darauf aufmerksam, dass Kant mit seinem Ansatz für die Ethik Wichtiges nicht berücksichtigt.

Einwand 3. Die kantische Ethik nimmt keine Rücksicht auf Gefühle der Zuneigung, des Mitleids, der Sympathie und dergleichen. Solche Gefühle sind für uns in der Beurteilung eines moralischen Problems aber zentral. Nicht nur leiten uns solche Gefühle, wenn wir moralisch richtig handeln wollen, sondern sie stellen auch diejenigen Intuitionen dar, vor deren Hintergrund wir entscheiden, was wir als moralisch richtig und was wir als moralisch falsch ansehen.
Erwiderung. Dieser Einwand macht zwar zu Recht auf die Rolle von Gefühlen bei der Beurteilung eines moralischen Problems aufmerksam, aber es überschätzt deren Wichtigkeit. Es erscheint sinnvoll, in einem konkreten Fall entsprechend seinen Gefühlen zu handeln, um beispielsweise so schnell wie möglich ein ertrinkendes Kind zu retten. Aber wenn wir dann darüber nachdenken, ob die Handlung moralisch richtig war, so dürfen wir nicht bei Gefühlen Halt machen, sondern müssen nach einer Begründung für diese Gefühle fragen, denn sonst vertrauen wir möglicherweise auf ein falsches Gefühl.

Einwand 4. Kants Ethik kann uns nicht dazu motivieren, moralisch zu sein. Wir mögen vielleicht einsehen, was moralisch richtig wäre, aber wir haben keinen Grund, dies zu tun. Eine Ethik, die nicht zugleich motiviert, moralisch zu sein, ist nicht hinreichend.

Erwiderung. Kant bestimmt den Menschen als Vernunftwesen. Als Vernunftwesen will der Mensch das tun, was vernünftig ist, also das, was moralisch richtig ist. Wer nicht motiviert ist, moralisch richtig zu handeln, der ist nicht vernünftig. Somit ist das Problem der Motivation gelöst.
Eine andere Erwiderung. In der Ethik geht es nicht darum, Menschen zu moralischem Handeln zu motivieren, sondern nur darum zu sagen, was moralisch richtig und falsch ist.

Einwand 5. Die kantische Ethik berücksichtigt die Konsequenzen der Handlung zu wenig. Damit gelangt Kant zu Beurteilungen, die unseren Intuitionen widersprechen. Wer in einer bestimmten Situation mit einer Lüge jemandem hilft, der tut womöglich das Richtige.

2. Utilitarismus

Die wichtigste Gegenposition zur kantischen Ethik ist der Utilitarismus. Als konsequentialistische Ethik berücksichtigt der Utilitarismus die Handlungskonsequenzen. Genauer gesagt geht es ihm *nur* um die Konsequenzen. Eine Handlung ist dann moralisch richtig, wenn die Konsequenzen aus ihr gut sind, und dann falsch, wenn die Konsequenzen schlecht sind.
Man könnte sagen, dass die Konsequenzen dann gut seien, wenn sie mir einen Nutzen bringen, und nur dann. Diejenige Handlung ist moralisch richtig, die mir den größten Nutzen bringt. Dies ist die Ansicht des Egoismus, allerdings handelt es sich hier um eine Form des Egoismus, die keine ethische Theorie ist. Denn es gibt keinen ethisch vertretbaren Grund, warum mein Nutzen über den anderer gestellt werden sollte. Der Egoismus als ethische

Theorie müsste ein Prinzip aufstellen, das für jeden Menschen gültig ist. Das egoistische Prinzip könnte etwa so lauten: Jeder soll das größtmögliche Übergewicht an guten Konsequenzen für sich selbst suchen.

Für den so charakterisierten ethischen Egoismus ergibt sich jedoch ein schwerwiegendes Problem: Er lässt sich nämlich gar nicht vertreten. Derjenige, der ihn zu vertreten versucht, gerät in einen Widerspruch. Dies lässt sich wie folgt zeigen: Die allgemeine These des Egoismus lautet, dass *jeder* seinen eigenen Vorteil suchen soll. Die Behauptung dieser These dient demjenigen, der sie aufstellt, jedoch gerade nicht. Um konsistent zu bleiben, müsste der Egoist das Prinzip nur auf sich selbst anwenden. Dann wäre der Egoismus aber wiederum keine ethische Position mehr, weil dann die Bedingung der Allgemeingültigkeit verletzt würde. Also lässt sich der radikale Egoismus als ethische Position nicht vertreten.[15]

Der Utilitarismus ist kein Egoismus. Nicht der eigene Nutzen soll erstrebt werden, sondern das allgemeine Wohlergehen der Menschen. Der Begründer des Utilitarismus, Jeremy Bentham (1748–1832), formuliert dies als Prinzip so, dass einzig und allein der allgemeine Nutzen Maßstab des Handelns sein solle. Damit übt er in erster Linie Kritik am Rechtssystem seiner Zeit, das der Kirche und den Herrschenden unberechtigte Privilegien sicherte. Dieses Prinzip, welches seither das »Nützlichkeitsprinzip« genannt wird, nennt Bentham auch »das Prinzip des größten Glücks der größten Zahl«. Mit »Glück« ist der Zustand der Lust und des Wohlbefindens (*pleasure*) und der Abwesenheit des Schmerzes (*pain*) gemeint. Die Menge an Glück lässt sich in Bezug auf folgende Größen be-

15 Selbstverständlich lassen sich schwächere Formen des Egoismus vertreten, etwa: »Folge deinem Eigeninteresse, solange niemand davon betroffen ist.« In diesem Sinn sollte wohl jeder Egoist sein; doch ist damit das Entscheidende noch nicht geklärt, nämlich was man tun soll, wenn andere von der Handlung betroffen sind.

rechnen: Intensität, Dauer, Gewissheit, Nähe, Folgenträchtigkeit (gute Folgen; andauernde Folgen), Reinheit und Wirkungsradius. Die moralisch richtige Handlung ist demnach die, welche zur größten Summe der angenehmen Gefühle mit der größten Stärke für die größte Anzahl von Menschen führt.

Benthams Schüler John Stuart Mill (1806–1873) bemerkt, dass in der Liste der Berechnungskriterien eines fehlt: die Qualität. Die Qualität der Gefühle eines Menschen ist höher zu werten als beispielsweise die Qualität der Gefühle eines Tieres. Deshalb wäre Mill gar lieber ein unglücklicher Sokrates als ein glückliches Schwein. Bestimmen lässt sich die Qualität laut Mill mit folgendem Vorgehen: Von zwei Empfindungen ist diejenige wertvoller, welche von fast allen Menschen vorgezogen würde, die beide Empfindungen erfahren haben.

Es ergibt sich allerdings noch ein Problem: Die Nützlichkeit einer Handlung lässt sich nicht im Voraus und mit Sicherheit bestimmen. Da aber nach einem Prinzip gesucht wird, das erlaubt, eine Handlung prinzipiell auch im Voraus zu beurteilen, muss das Nützlichkeitsprinzip wie folgt formuliert werden:

> Handle so, dass deine Handlung zum größtmöglichen erwarteten Nutzen führt, d. h. zur größtmöglichen Menge an wertvoller Lust.

Unter Utilitaristinnen und Utilitaristen besteht Uneinigkeit darüber, wie dieses Prinzip zu interpretieren ist. Umstritten ist insbesondere die Frage, ob mit »Handlung« eine einzelne konkrete Handlung oder eine Art von Handlung gemeint ist. Dies hat Konsequenzen für die Beurteilung von Situationen wie der folgenden: Was soll man machen, wenn durch die Transplantation von Organen eines unheilbar Kranken das Leben mehrerer Personen gerettet werden könnte? Gemäß der ersten Interpretation, dem »Handlungsutilitarismus«, wonach das Prinzip auf konkrete Handlungen angewendet wird, müsste der unheilbar Kranke getötet werden, um die Leben der anderen zu retten. Dies erscheint vielen Utilitaristinnen und Utilitaristen kein annehmbares Resultat des Gedankenexperiments. Sie plädieren dafür, das Nützlichkeitsprinzip nicht auf eine konkrete Handlung anzuwenden, sondern auf Regeln. Sie werden daher »Regelutilitaristen« genannt. Sie verlangen ein zweistufiges Verfahren: Zunächst soll die Regel begründet, anschließend mit der Regel die Handlung beurteilt werden. Diejenige Regel soll gewählt werden, die zum größten allgemeinen Nutzen führt, wenn sie allgemein befolgt wird. Die Regel soll dann auch in den Situationen befolgt werden, in denen eine andere als die von der Regel vorgegebene Handlung zum größten allgemeinen Nutzen führen würde. Gemäß dem Regelutilitarismus kann also der Fall eintreten, dass die Befolgung einer bestimmten Regel richtig ist, obwohl dies in einer konkreten Situation nicht zum größten allgemeinen Nutzen führt.[16]

Die Diskussion macht deutlich, dass es nicht *den* Utilitarismus, sondern verschiedene Formen davon gibt, die auf unterschiedliche Gewichtungen zurückzuführen sind. Die Einwände, die nun gegen den Utilitarismus vorgebracht werden, richten sich gegen den Utilitarismus allgemein.

Einwand 1. Die Berechnung gemäß dem Nützlichkeitsprinzip ist undurchführbar, und zwar aus theoretischen Gründen. Wir wissen nicht, wie die Intensität von Gefühlen zu messen ist, wir streiten uns darüber, welchen Gefühlen eine größere Qualität zugeschrieben werden soll, und wir haben nicht die leiseste Ahnung davon, wie wir die Gefühle von Hunden und Men-

16 Aus diesem Grund könnte man sagen, dass die Regelutilitaristen streng genommen keine Utilitaristen sind, denn sie akzeptieren das Nützlichkeitsprinzip nicht zur Beurteilung von Handlungen.

schen, von Männern und Frauen, von Kindern und Erwachsenen miteinander vergleichen könnten. Der Utilitarismus ist deshalb eine Position, die keine Antworten auf unsere moralischen Fragen liefert.
Erwiderung. Der Einwand stellt nicht das utilitaristische Nützlichkeitsprinzip in Frage, sondern weist lediglich darauf hin, dass die Position noch nicht vollständig ausgearbeitet ist. Haben wir heute noch keine genauen Kriterien für die Berechnung des Nutzens, bedeutet dies nicht, dass wir niemals Kriterien werden aufstellen können.

Einwand 2. Es mag sein, dass wir in der Theorie zu einem Ergebnis kommen, wie der Nutzen zu berechnen ist, doch bleibt die Position für die Praxis irrelevant, weil eine Nutzenberechnung aus praktischen Gründen undurchführbar ist. In vielen Situationen können wir die Folgen einer Handlung gar nicht abschätzen oder haben nicht die Zeit, uns dies zu überlegen, bevor wir handeln.
Erwiderung. Im Alltag fällen wir unsere Entscheidungen oftmals genau mit einer Nutzenberechnung. Beispielsweise kann ein Familienvater in einem bestimmten Moment es vorziehen, bei seinen Kindern zu bleiben, statt zur Arbeit zu fahren, weil er glaubt, dass dies zum größeren allgemeinen Nutzen führe. Kalkulieren bzw. Abwägen ist eine uns bekannte Tätigkeit, und wir vermögen sie in einfachen Fällen durchzuführen. In schwierigeren Fällen, insbesondere unter Zeitdruck, muss die Entscheidung aufgrund von relativ wenigen Informationen gefällt werden. Dies bedeutet jedoch nicht, dass gar keine Berechnung durchgeführt werden könnte, sondern lediglich, dass wir uns mit einer Mini-Berechnung zufrieden geben müssen.
Eine andere Erwiderung. Es geht in der Ethik nicht darum, zu bestimmen, was machbar ist, sondern darum,

was richtig ist. Sollte sich erweisen, dass die Berechnung aufgrund ungünstiger Umstände undurchführbar war, bedeutet dies nicht, dass nicht beurteilt werden könnte, welche Handlung die richtige gewesen wäre.

Einwand 3. Der Utilitarismus führt zu Resultaten, die unseren moralischen Intuitionen widersprechen. Angenommen, ich habe die Möglichkeit, einem Jungen ein Stück Kuchen zu stehlen, um es einem anderen zu geben. Nehmen wir weiter an, dass die Freude des zweiten Jungen größer ist als die Trauer des ersten. In diesem Fall besagt das Nützlichkeitsprinzip, dass ich gut handle, wenn ich das Kuchenstück dem einen stehle und dem anderen gebe. Dass dies richtig sein soll, scheint uns aber intuitiv unplausibel. Wer einem Menschen seinen Besitz stiehlt, der verletzt dessen Recht auf Eigentum.

Erwiderung. Es gibt kein absolutes, unantastbares Recht auf Eigentum. Wenn durch das Stehlen insgesamt ein größerer Nutzen erzielt werden kann, dann ist das Stehlen moralisch gerechtfertigt, behauptet ein Handlungsutilitarist. Ein Regelutilitarist würde einem generellen Verbot zu stehlen zustimmen, sofern diese Regel insgesamt zum größten Nutzen führt. Aber auch er würde kein absolutes Recht auf Eigentum akzeptieren. Ein anderer Utilitarist würde darauf hinweisen, dass dem Nützlichkeitsprinzip ein Prinzip der Minimierung des Schadens zur Seite gestellt werden müsste. Wird durch das Stehlen des Kuchenstücks jemandem ein unzumutbarer Schaden zugefügt, so ist die Handlung zu unterlassen, und zwar selbst dann, wenn damit die Freude eines anderen vergrößert werden könnte. Andere Philosophen, namentlich Richard Hare (1919–2002) und Peter Singer (geb. 1946), schlagen vor, den Nutzen nicht als unmittelbare Erfahrung von Lust zu interpretieren, sondern als *Präferenzen.* Präferenzen sind das, was jemand vorzieht, das, wofür sich jemand entscheiden würde. Jeder Mensch hat in diesem Sinn Präferenzen. Benthams Prinzip des größten Glücks der größten Zahl ist als größtmögliche Präferenzerfüllung für alle zu interpretieren, wobei die Präferenzen eines jeden gleich viel wert sind. Also dürfen wir das Kuchenstück nicht stehlen, wenn der Junge eine starke Präferenz hat, das Kuchenstück zu behalten.

Zusammenfassung

Welche Handlung ist moralisch richtig? Die wichtigste Form der Pflichtethik, die kantische Ethik, versucht, moralische Grundsätze mit der Vernunft zu begründen und damit unserer Intuition gerecht zu werden, dass ein jedes vernünftige Lebewesen ein Recht auf Leben hat. Die Pflicht besteht laut Kant in der Befolgung des kategorischen Imperativs, der in der Grundform lautet, dass nach derjenigen Maxime gehandelt werden soll, die zum allgemeinen Gesetz gemacht werden kann. In der Menschheitszweckformel lautet sie, dass immer so gehandelt werden soll, dass der Mensch stets als Zweck und nie bloß als Mittel zum Zweck behandelt wird. Kritik an Kants Ethik richtet sich auf den rein formalen Charakter des kategorischen Imperativs, auf die Unfähigkeit, Pflichtenkollisionen zu vermeiden, und auf die mangelnde Berücksichtigung moralischer Gefühle und Handlungskonsequenzen. Die wichtigste Form konsequentialistischer Ethiken ist der Utilitarismus. Der Grundsatz des Utilitarismus besteht im Nützlichkeitsprinzip, das verlangt, dass diejenige Handlung zu wählen ist, die zum größten allgemeinen Nutzen führt. Es ist jedoch umstritten, worauf genau dieses Prinzip Anwendung finden soll. Der Handlungsutilitarismus verlangt, dass in jeder einzelnen Situation der allgemeine Nutzen berechnet wird, der Regelutilitarismus verlangt dies in Bezug auf die Regeln, mit denen dann die Situationen beurteilt werden. Einwände gegen den Utilitarismus zielen erstens auf die Nutzenberechnung: die Kritiker werfen den Utilitaristen vor, dass diese Berechnung theoretisch oder praktisch oder auf beide Weisen undurchführbar sei. Zweitens wird kritisiert, dass der Utilitarismus zu Resultaten führe, bei denen menschliche Grundrechte wie das Recht auf Eigentum verletzt werden.

Literaturhinweise

Klassische Texte

Immanuel Kant, *Grundlegung zur Metaphysik der Sitten. Dritte Auflage*, hrsg. und eingef. von Theodor Valentiner, Stuttgart: Reclam, 1953 [u. ö.].

In diesem kurzen Buch stellt Kant seine auf der Vernunft begründete Pflichtethik vor.

Jeremy Bentham, *Eine Einführung in die Prinzipien der Moral und der Gesetzgebung*, in: Otfried Höffe (Hrsg.), *Einführung in die utilitaristische Ethik: klassische und zeitgenössische Texte*, 3., aktual. Aufl., Tübingen: Francke, 1992 (UTB 1683), S. 55–83.

In diesem Buch stellt der Begründer des Utilitarismus seine Theorie vor.

John Stuart Mill, *Der Utilitarismus*, übers. von Dieter Birnbacher, Stuttgart: Reclam, 1976 [u. ö.].

Dies ist ein klassischer Text des Utilitarismus, in dem Mill Erweiterungen vornimmt und Einwände zurückweist.

Elizabeth Anscombe, »Moderne Moralphilosophie«, übers. von F. Scholz, in: Günther Grewendorf / Georg Meggle (Hrsg.), *Sprache und Ethik. Zur Entwicklung der Metaethik*, Frankfurt a. M.: Suhrkamp, 1974, S. 217–243.

Mit Anscombes Artikel beginnt die Renaissance der Tugendethik in der Gegenwartsphilosophie.

Philippa Foot, *Die Wirklichkeit des Guten. Moralphilosophische Aufsätze*, hrsg. von Ursula Wolf und Anton Leist, übers. von Anton Leist, Frankfurt a. M.: Fischer, 1997.
Foot entwickelt in diesen Aufsätzen ihre auf Gedanken von Aristoteles basierende Tugendethik.

Carol Gilligan, *Die andere Stimme. Lebenskonflikte und Moral der Frau*, übers. von Brigitte Stein, München: Piper, 1984.
Die Psychologin Gilligan argumentiert dafür, dass Frauen eine andere Ethik haben als Männer; Männer würden sich stärker am Ideal der Gerechtigkeit, Frauen stärker an den Idealen der Fürsorglichkeit und Anteilnahme orientieren und so eine Ethik des *caring* vertreten.

Einführungen

William K. Frankena, *Analytische Ethik. Eine Einführung*, übers. von Norbert Hoerster, München: Deutscher Taschenbuch-Verlag, 1972.
Dies ist eine Einführung von einem Vertreter der kantischen Ethik, die einen schnellen Überblick über die Grundfragen und Hauptpositionen innerhalb der Ethik bietet.

Richard M. Hare, *Moralisches Denken: seine Ebenen, seine Methode, sein Witz*, übers. von Christoph Fehige und Georg Meggle, Frankfurt a. M.: Suhrkamp, 1992.
Dies ist eine Einführung von einem Vertreter des Präferenzutilitarismus.

John L. Mackie, *Ethik. Die Erfindung des moralisch Richtigen und Falschen*, übers. von Rudolf Ginters, Stuttgart: Reclam, 1992 [u. ö.].
Dieses Buch ist gleichzeitig eine Einführung in die Ethik und eine Verteidigung einer eigenen Sicht. Die Lektüre ist empfehlenswert, aber anspruchsvoll.

Peter Singer, *Praktische Ethik*, übers. von Jean-Claude Wolf, 2., rev. und erw. Aufl., Stuttgart: Reclam, 1994 [u. ö.].
Dieses Buch ist eine ausgezeichnete Einführung in die angewandte Ethik aus präferenzutilitaristischer Sicht.

Herlinde Pauer-Studer, *Einführung in die Ethik*, Wien: WUV Facultas, 2003 (UTB 2350).

Das Buch stellt die klassischen Positionen der Ethik in kurzer, verständlicher Form dar und vermittelt die Grundlagen für die Auseinandersetzung mit Fragen der angewandten Ethik. Es enthält weiter Kapitel zur feministischen Ethik, zu Nietzsches Immoralismus und zur Metaethik.

Bernard Williams, *Der Begriff der Moral. Eine Einführung in die Ethik*, Stuttgart: Reclam, 2003.
Dies ist eine gute Einführung in die Metaethik.

20. Jahrhundert

Die Philosophie ist im 20. Jahrhundert durch revolutionäre Änderungen geprägt. Erstens kommt es dank neuen Erkenntnissen in der Logik zu einer Erneuerung der gesamten Philosophie. Zweitens nimmt der Bedeutungsverlust gegenüber den empirischen Wissenschaften weiter zu. Diese beiden Punkte und die innerphilosophische Kritik durch den Naturalismus führen zu einer grundlegenden Diskussion über den Status der Philosophie. Drittens beginnt eine Spezialisierung innerhalb der Philosophie, die in einer kaum mehr überschaubaren Vielfalt an Forschungsrichtungen mündet.

Eine neue Logik

Die neue Logik, wie sie insbesondere von Gottlob Frege (1848–1925) entwickelt wird, ersetzt die traditionelle aristotelische Logik, die über Jahrtausende in ihren Grundzügen unverändert verwendet worden ist. Wichtigste Neuerung ist die Einführung von Quantoren: des Existenzquantors (»Es gibt ein …«) und des Allquantors (»Für alle … gilt«). Dies hat zur Folge, dass Existenz nicht als Eigenschaft angesehen wird und somit Aussagen, in denen die Existenz eines Objektes verneint wird, elegant analysiert werden können. Generell hat die Einführung dieser und anderer Symbole die Konsequenz, dass sich viele logische Beziehungen, insbesondere zwei- und mehrstellige Relationen klarer darstellen lassen (eine zweistellige Relation besteht etwa in dem Satz »*A* hält *B*« – »Andreas hält den Ball« –, eine dreistellige Relation etwa in »*A* wirft *B* zu *C*« – »Andreas wirft Clara den Ball zu«). Für die Philosophie insgesamt ist diese Entwicklung deswegen von so großer Bedeutung, weil sich mit diesen Mitteln oftmals zeigen lässt, wo man im Argumentationsgang der Verführung der Alltagssprache erlegen ist. Die sich daraus ergebende Forderung nach einer klaren Sprache führt zu einer Erneuerung der gesamten Philosophie. Maßgeblich dazu beigetragen hat eine Gruppe von Philosophen und Wissenschaftlern, die sich von 1923 bis 1936 in Wien mit dem Ziel des gegenseitigen wissenschaftlichen Austausches traf und als »Wiener Kreis« bekannt geworden ist. Sie begründeten den logischen Empirismus (s. S. 119–122). Berühmte Mitglieder sind Moritz Schlick (1882–1936), Otto Neurath (1882–1945), Rudolf Carnap (1891–1970), Friedrich Waismann (1896–1959), zeitweise Ludwig Wittgenstein (1889–1951), später Carl Hempel (1905–1997) und Karl Popper (1902–1994). Die Gruppe pflegte auch engen Kontakt zu den polnischen Logikern um Alfred Tarski (1902–1983).

Bedeutungsverlust

Der Bedeutungsverlust der Philosophie gegenüber den empirischen Wissenschaften zeichnet sich nicht erst im 20. Jahrhundert ab, sondern setzte mit den Entdeckungen, die die modernen Wissenschaften begründeten, bereits in der Renaissance ein. Mit der explosionsartigen Vergrößerung des Wissens im 19. und vor allem im 20. Jahrhundert hat sich dieser Prozess rasant beschleunigt. Das Aufkommen des Naturalismus in der Philosophie ist wohl zum Teil als Konsequenz davon zu sehen (s. S. 123 f.). Der Naturalismus, wie er etwa von Willard van Orman Quine (1908–2000) vertreten wird, verfolgt das Projekt, die Philosophie zu naturalisieren, d. h. sie als eine Naturwissenschaft unter Naturwissenschaften einzuordnen. Der Grundgedanke besteht darin, dass es nur empirische Erkenntnis gibt. Erkenntnis a priori gibt es nicht. Wenn es keine Erkenntnis a priori gibt, dann hat das traditionelle Verständnis der Philosophie als die Suche nach Vernunfterkenntnissen ausgedient. Damit erweist sich der Naturalismus als eine der großen Herausforderungen für die Philosophie.

Spezialisierung

Die Spezialisierung innerhalb der Philosophie, die sich auch durch eine zunehmende Anzahl an Fachzeitschriften bemerkbar macht, führt zu einer Vielzahl neuer Forschungsrichtungen. Sie in ihrer Vollständigkeit darzustellen oder auch nur einen Überblick zu geben ist im Rahmen einer kurzen Einführung unmöglich. Dennoch kann man einige Beispiele nennen, die die Vielfalt der Themen erahnen lassen.

In der *Logik* werden die neuen Methoden auf modale Aussagen (d. h. Aussagen über Möglichkeit und Notwendigkeit) ausgeweitet, namentlich von David Lewis (1941–2001) und Saul Kripke (geb. 1940).

In der *Wissenschaftstheorie* erhält die bereits als klassisch geltende Auffassung des Wiener Kreises dank Thomas Kuhn (1922–1996) eine starke Gegenposition. Das von Hume aufgeworfene Problem der Induktion ist durch Arbeiten von Carl Hempel (1905–1997) und Nelson Goodman (1906–1998) neu formuliert worden (s. S. 217 f.). Das Problem der wissenschaftlichen Erklärung, insbesondere der kausalen Erklärung, wird weiter untersucht, zum Beispiel durch John Mackie (1917–1981).

In der *Erkenntnistheorie* werden der traditionellen Wissensdefinition alternative Ansätze gegenübergestellt. Zu nennen sind namentlich die Arbeiten von Fred Dretske (geb. 1932). Die Realismusdebatte erhält unter anderem dank Michael Dummett (geb. 1925) und Hilary Putnam (geb. 1926) interessante Impulse.

In der *Sprachphilosophie* (s. S. 191–209) ist zunächst der Ansatz der *Philosophie der idealen Sprache* von Gottlob Frege, Bertrand Russell (1872–1970) und Ludwig Wittgenstein (1889–1951) einflussreich. Ihr Ziel ist eine logische Analyse der Sprache, die eine klare Bestimmung des Wahrheitswertes eines Satzes erlaubt. Durch Arbeiten von Wittgenstein, John L. Austin (1911–1960) und Peter Strawson (1919–2006) wird diesem Projekt ein anderes gegenübergestellt: die *Philosophie der normalen Sprache*: Sprache wird nicht als Abstraktum gesehen, das sich isoliert analysieren lässt, sondern als ein soziales Phänomen, das dazu gebraucht wird, Verhalten zu beeinflussen. Wichtige Arbeiten liefern weiter John Searle (geb. 1932), der Austins Sprechakttheorie erweitert, Paul Grice (1913–1988), der eine intentionalistische Bedeutungstheorie entwirft, Donald Davidson (1917–2003), der in der Tradition von Frege das Projekt einer wahrheitskonditionalen Bedeutungstheorie entwickelt, und Noam Chomsky (geb. 1928), der die Sprachfähigkeit in spezifischen Strukturen des menschlichen Gehirns zu lokalisieren versucht. Alle diese Theorien sind Bestandteil von linguistischen Projekten oder werden zumindest auch in der Linguistik diskutiert.

In der *Philosophie des Geistes* (s. S. 128–148) weisen Wittgenstein und Gilbert Ryle (1900–1976) den cartesianischen Substanzdualismus zurück und entwickeln den logischen Behaviorismus: Das Geistige ist auf Verhalten zurückzuführen und steht mit dem Verhalten in einem logischen oder begrifflichen Zusammenhang. Dieser Ansatz erhält Konkurrenz zum einen durch die in den fünfziger Jahren aufkommende Identitätstheorie (s. S. 139–143), zum anderen durch die von Davidson verteidigte These, dass Gründe Ursachen seien. Hier überschneidet sich die Philosophie des Geistes mit der *Handlungs- und Entscheidungstheorie*, in der namentlich Frank Ramsey (1903–1930) bedeutende Vorarbeiten geleistet hat und die heute ein

wichtiger Forschungszweig innerhalb der Wirtschafts- und Sozialwissenschaften ist. Ein weiteres interdisziplinär angelegtes Forschungsprojekt besteht in der Untersuchung der Entwicklung des Geistes aus evolutionstheoretischer Sicht. Von Seiten der Philosophie sind namentlich die Arbeiten von Daniel Dennett (geb. 1942) zu nennen.
In der *Ästhetik* rückte die Frage nach dem Status von Kunstwerken in den Vordergrund (s. S. 225–236). Dazu haben Nelson Goodman (1906–1998) und Arthur Danto (geb. 1924) wichtige Arbeiten veröffentlicht.
In der *Ethik* ist zunächst das Aufkommen der Metaethik zu nennen. Mit der Analyse zentraler ethischer Begriffe wie »gut« und »sollen« suchen namentlich G. E. Moore (1873–1958), Charles Stevenson (1908–1978), John Mackie (1917–1981) und Richard Hare (1919–2002) nach neuen Einsichten. Ein Teilbereich der Ethik ist die *Existenzphilosophie*, deren Frage lautet, was wir mit unserem Leben anfangen sollen. Wichtige Arbeiten zur Existenzphilosophie stammen von Albert Camus (1913–1960), Jean-Paul Sartre (1905–1980) und Thomas Nagel (geb. 1937). Eine Renaissance erhält die auf Thesen von Aristoteles basierende *Tugendethik* dank Arbeiten von Elizabeth Anscombe (1919–2001) und Philippa Foot (geb. 1920). Eine neuere Erscheinung ist die *angewandte Ethik*: Durch die Anwendung der Ethik auf konkrete Fälle zwingt sie die traditionellen kantischen und utilitaristischen Theorien, ihre Praktikabilität unter Beweis zu stellen. Wichtige Forschungsbereiche für die angewandte Ethik, zu deren Aufkommen Peter Singer (geb. 1946) maßgeblich beigetragen hat, sind Medizin und Wirtschaft.
In der *politischen Philosophie* sind die Arbeiten von Hannah Arendt (1906–1975), die Theorie des kommunikativen Handelns von Jürgen Habermas (geb. 1929) und der Versuch einer Theorie der Gerechtigkeit von John Rawls (1921–2002) zu nennen (s. S. 159–163).

Die *feministische Philosophie* verfolgt wie früher die marxistische Philosophie zum Teil einen sozialpolitischen Zweck. Es geht ihr aus theoretischer Sicht jedoch auch darum, die den Frauen eigenen Wünsche und Bedürfnisse sowie die Unterdrückung und Diskriminierung der Frauen überhaupt kenntlich zu machen. Als bahnbrechend gilt das Werk *Das andere Geschlecht* (1949) von Simone de Beauvoir (1908–1986). Seither werden verschiedene Gebiete von feministischer Seite beleuchtet, insbesondere die Ethik, die Ästhetik und die Erkenntnistheorie.

Die Vielfalt an philosophischen Forschungsrichtungen kann hier nicht umfassend dargestellt, sondern lediglich angedeutet werden. Angesichts dieser vielfältigen und intensiven Forschungstätigkeit könnte man die Behauptung wagen, dass sich die Philosophie dank der Zusammenarbeit mit anderen Wissenschaften von ihrem fortschreitenden Bedeutungsverlust erholt und ein neues Selbstbild entworfen hat: Sie lässt sich von anderen Wissenschaften inspirieren und präsentiert selbstbewusst die Resultate ihrer eigenen Forschung.

Literaturhinweis

Andreas Graeser, *Positionen der Gegenwartsphilosophie. Vom Pragmatismus bis zur Postmoderne*, München: Beck, 2002.
Dieses Buch bietet einen guten Überblick über die Entwicklung der Philosophie im 20. Jahrhundert.

X. Bedeutung

Sprache hat in unserem Leben mindestens drei wichtige Funktionen: Wir drücken mit ihr unsere Gedanken aus, wir stellen mit ihr die Welt dar, und wir übermitteln Information. Diese drei Funktionen erfüllt die Sprache dank einer speziellen Eigenschaft: Sprache ist bedeutungsvoll, sie hat Bedeutung. Diese Eigenschaft zu erfassen ist eines der zentralen Ziele der Sprachphilosophie.

Man betrachte folgende zwei Äußerungen:

(1) Die Katze sitzt auf der Matte.
(2) Plonk.

Die erste Äußerung hat Bedeutung, die zweite nicht – zumindest nicht auf den ersten Blick. Selbstverständlich kann man sich auch eine Situation vorstellen, in der die erste Äußerung keine Bedeutung hat, die zweite hingegen sehr wohl. Doch dies zeigt gerade, dass wir ein intuitives Verständnis davon haben, was Bedeutung ist. Genau dieses gilt es nun zu bestimmen. Die Frage lautet also: Was unterscheidet Zeichen, die Bedeutung haben, von Zeichen, die keine Bedeutung haben?

Ein zweites Problem ergibt sich daran anschließend aus dem Vergleich von (1) und dem folgenden Satz:

(3) Janosch sitzt auf der Matte.

Wenn wir wissen, dass die Ausdrücke »Katze« und »Janosch« synonym, d. h. bedeutungsgleich sind, zumindest insofern, als sie dasselbe Wesen bezeichnen, dann wissen wir auch, dass mit (1) und (3) dasselbe ausgesagt wird. Um jedoch sagen zu können, dass zwei Ausdrücke synonym sind, müssen wir wissen, was Bedeutung überhaupt ist. Worin besteht Bedeutung?

Und ein drittes Phänomen gilt es zu erklären: In den meisten Fällen können wir als Sprecher einer Sprache neue Sätze auf Anhieb verstehen. Mit ziemlicher Sicherheit hat man den folgenden Satz noch nie gehört und versteht ihn dennoch mühelos:

(4) Die verloren gegangene Prinzessin kämpfte sich durch den Urwald Madagaskars.

Wie können kompetente Sprecher einer Sprache neue Sätze auf Anhieb verstehen?
Gesucht wird eine Theorie, welche diese drei Fragen beantworten kann. Zunächst sollen drei traditionelle Antworten vorgestellt werden: die referentielle, die ideationale und die propositionale Theorie, danach zwei neuere, gebrauchstheoretische Ansätze. Die von allen diesen Theorien scheinbar vernachlässigte dritte Frage wird schließlich mit der wahrheitskonditionalen Theorie zu beantworten versucht.

1. Referentielle Theorie

Die Bedeutung sprachlicher Zeichen hängt irgendwie mit Gegenständen in der Welt zusammen. Nimmt man diesen Gedanken auf und verallgemeinert ihn, kann man sagen: Ein Zeichen hat dann Bedeutung, wenn es sich auf ein Ding bezieht. In der Sprachphilosophie nennt man diese Beziehung »Referenz«. Man sagt: Ein Zeichen referiert auf einen Gegenstand. Gemäß der referentiellen Theorie ist die Bedeutung eines sprachlichen Ausdrucks sein Referenzgegenstand. Deshalb wird sie »referentielle Theorie« der Bedeutung genannt.
An einem Beispiel veranschaulicht, besagt die referentielle Theorie folgendes: die Ausdrücke der Äußerung »Janosch

sitzt auf der Matte« haben deshalb Bedeutung, weil sie je auf einen bestimmten Gegenstand referieren: »Janosch« auf die Katze Janosch, »die Matte« auf eine bestimmte Matte und »sitzt auf« auf einen speziellen Gegenstand, nämlich auf eine Beziehung, die Beziehung des Auf-etwas-Sitzens.

Die referentielle Theorie der Bedeutung erklärt die Bedeutung aller sprachlichen Ausdrücke durch diese Gegenstände. Die Gedanken, die wir damit ausdrücken, sind bestimmt durch die Gegenstände, auf welche die Ausdrücke referieren. Wir verstehen die Gedanken dann, wenn wir wissen, worauf die darin vorkommenden Ausdrücke referieren.

Einwand 1. Nicht jedes Wort referiert auf einen existierenden Gegenstand. So gibt es Namen, die nicht-existierende Wesen bezeichnen, zum Beispiel »Pegasus«. Das geflügelte Pferd aus der Mythologie, auf das mit »Pegasus« referiert werden soll, gibt es in unserer Welt nicht. Außerdem sind viele Ausdrücke gar keine Namen. Beispiele dafür sind Adverbien (»sehr«, »langsam«) und Präpositionen (»auf«, »in«). Die Bedeutung solcher Wörter kann die referentielle Theorie nicht erklären.

Einwand 2. Es gibt Ausdrücke, die auf denselben Gegenstand referieren, aber dennoch nicht dieselbe Bedeutung haben. Ein bekanntes Beispiel führt Gottlob Frege (1848–1925) an: »Abendstern« und »Morgenstern«. Diese beiden Ausdrücke referieren auf ein und denselben Gegenstand: den Planeten Venus, d. h., sie sind koreferentiell, aber sie haben nicht dieselbe Bedeutung, sie sind nicht synonym, denn mit dem ersten Ausdruck ist der hellste Stern am Abend, mit dem zweiten der hellste Stern am Morgen gemeint. Also kann es nicht sein, dass Bedeutung nur mit dem Referenzgegenstand erklärt wird. (Für eine Verwendung dieses Beispiels in der Philosophie des Geistes siehe S. 140).

Einwand 3. Die referentielle Theorie ist nicht hinreichend, um die Bedeutung von Sätzen zu erklären. Wenn wir den Satz: »Fritz ist schnell« so analysieren, dass »Fritz« auf Fritz referiert, und »ist schnell« auf das Schnellsein, dann stellt sich immer noch die Frage, wie Fritz und das Schnellsein miteinander in Verbindung stehen. Wenn wir sagen, die Verbindung sei irgendein *x*, dann müssten wir wiederum sagen, in welcher Beziehung *x* zum Satz steht, und so weiter ad infinitum.

2. Ideationale Theorie

Die Probleme der nicht-referierenden Ausdrücke und koreferentieller, aber nicht-synonymer Ausdrücke lassen sich mit der ideationalen Theorie lösen. Diese Theorie besagt, dass sprachliche Ausdrücke nicht Gegenstände in der Welt bezeichnen, sondern geistige Entitäten (Ideen oder bildliche Vorstellungen). Ein sprachliches Zeichen hat genau dann Bedeutung, wenn es Ausdruck einer Idee ist. Seine Bedeutung ist diese Idee. Ein Satz stellt dann die Welt richtig dar, wenn die damit ausgedrückte Idee mit der Welt übereinstimmt. Zwei miteinander kommunizierende Menschen verstehen sich dann, wenn der Sprecher mit seiner Äußerung diejenige Idee ausdrückt, die auch der Hörer mit der Äußerung verbindet. Bekannter Vertreter der ideationalen Theorie ist John Locke (1632–1704).

Einwand 1. Mit gewissen Arten von Ausdrücken können wir aber gar keine Vorstellung verbinden: zum einen mit Ausdrücken wie Präpositionen (z. B. »mit«) und Konjunktionen (z. B. »und«), zum anderen mit

Ausdrücken wie »Tausendeck«. Ein Fünfeck oder ein Achteck können wir uns gerade noch vorstellen, doch bereits bei einem Zehneck bekommen wir Probleme; von einem Tausendeck können wir sicherlich keine Vorstellung mehr bilden.

Einwand 2. Wird unter einer Idee eine bildliche Vorstellung verstanden, kann der Begriff der Idee nicht zur Erklärung des Begriffs der Bedeutung dienen, weil eine bildliche Vorstellung viel genauer ist als die Bedeutung eines Ausdrucks. Die Vorstellung eines Hundes ist das Bild eines bestimmten Hundes mit einer bestimmten Fellfarbe und Kopfform; die Bedeutung von »Hund« ist hingegen an keine konkrete Eigenschaft gebunden, sondern allgemein.

Einwand 3. Die Theorie gibt zwar vor, Kommunikation zu erklären, aber sie kann es nicht. Ideen sind subjektiv, Bedeutungen hingegen sind objektiv. Damit zwei Menschen miteinander kommunizieren können, müssen sie mit einem Ausdruck dieselbe Bedeutung verbinden. Wenn die Bedeutung eine Idee ist, dann kann ein Mensch nicht wissen, ob sein Gesprächspartner ihn versteht, weil er nicht weiß, ob der andere dieselbe Idee mit dem Ausdruck verbindet.

3. Propositionale Theorie

Die propositionale Theorie, die von Philosophen wie Gottlob Frege (1848–1925), Bertrand Russell (1872–1970) und G. E. Moore (1873–1958) entwickelt wurde, versucht gewisse Einwände gegen die ideationale Theorie zu umgehen, indem sie von Propositionen spricht. Propositionen sind spezielle Gegenstände: sie sind abstrakt. Eine Proposition ist also ein abstrakter Gegenstand, genauer: sie ist das, was mit einem Satz ausgedrückt wird und wahr oder falsch ist. Hier ein Beispiel: Die Proposition, die mit dem Satz: »Es regnet« ausgedrückt wird, ist die, *dass es regnet*. Die Proposition ist nicht der Satz selbst, weil dieselbe Proposition mit verschiedenen Sätzen ausgedrückt werden kann. Zum Beispiel wird die Proposition, *dass es regnet*, im Englischen mit »It is raining« und im Französischen mit »Il pleut« ausgedrückt. Wenn es regnet, dann ist der Satz »Es regnet« wahr, wenn es nicht regnet, dann ist er falsch. Wenn ein Satz wahr oder falsch ist, dann ist die damit ausgedrückte Proposition wahr oder falsch. »Wahr« und »falsch« sind die beiden Wahrheitswerte der klassischen Logik (s. S. 260). Der Wahrheitswert von Sätzen mag von Kontext zu Kontext verschieden sein, die ausgedrückte Proposition bleibt jedoch dieselbe. So ist heute der Satz »Die USA sind das reichste Land der Welt« wahr, vor zweihundert Jahren war er jedoch falsch, die damit ausgedrückte Proposition, dass die USA das reichste Land der Welt sind, ist jedoch dieselbe geblieben.

Propositionen können Inhalt von Gedanken sein (s. S. 129). Eine Person kann glauben, dass es regnet, oder darauf hoffen, dass es regnet. Einen Satz zu verstehen bedeutet, die damit ausgedrückte Proposition zu fassen (*grasp*), wie es Moore genannt hat. Die Teile einer Proposition sind ebenfalls abstrakte Gegenstände.

Die Gründerväter der propositionalen Theorie sind sogenannte »Philosophen der idealen Sprache« (*ideal language philosophers*). Sie verfolgen das Projekt, eine ideale, formale, logische Sprache zu entwickeln, mit der die Wissenschaft die Welt angemessen beschreiben und welche die Grundlagen der natürlichen Sprachen aufzeigen würde.

Einwand 1. Der Begriff »Proposition« wurde eingeführt, aber es bleibt unklar, was er genau bezeichnet. Solange nicht ausgeführt werden kann, was damit genau bezeichnet wird, ist die Theorie unverständlich.

Einwand 2. Propositionen sind spezielle Gegenstände: sie sind abstrakt. Als solche sind sie nicht an einem bestimmten Ort im Raum lokalisierbar, und sie sind für alle Zeiten unveränderlich. Somit können sie keine Ursachen sein, denn nur Ereignisse in Raum und Zeit sind dazu in der Lage. Das, was keine Ursache sein kann, hat keinen Einfluss, und was keinen Einfluss hat, erklärt nichts und ist nicht nötig. Was nicht nötig ist, soll gestrichen werden, denn es sollen nur solche Gegenstände angenommen werden, die nötig sind, sagt ein Prinzip, das als »Ockhams Rasiermesser« bekannt ist.

4. Gebrauchstheorie*

Die traditionellen Theorien gehen alle davon aus, dass die Bedeutung ein Gegenstand ist, sei es ein konkreter Gegenstand, eine Idee oder ein abstrakter Gegenstand. Keine der traditionellen Theorien vermag aber zu erklären, wie es dazu kommt, dass Zeichen überhaupt Bedeutung haben. Hier setzen die sogenannten »Philosophen der normalen Sprache« (*ordinary language philosophers*) an. Sie untersuchen die Alltagssprache und erkennen, dass Zeichen deshalb Bedeutung haben, weil sie zu bestimmten Zwecken gebraucht werden. Theorien, welche »Bedeutung« mit dem Gebrauch zu explizieren versuchen, werden »Gebrauchstheorien« der Bedeutung genannt.
Die berühmteste Gebrauchstheorie ist die von Ludwig Wittgenstein (1889–1951), wie er sie in seinem Spätwerk *Philosophische Untersuchungen* darstellt.[17] Wittgensteins Grundgedanke besteht in der Erkenntnis, dass wir Sprache dazu benutzen, das Verhalten anderer zu beeinflussen.

17 Diese Theorie ist nicht mit Wittgensteins früherer traditioneller Theorie aus dem *Tractatus Logico-Philosophicus* zu verwechseln. Zudem ist mit der Rede von »Gebrauchstheorie« in Zusammenhang mit Wittgenstein

Wenn wir von einem sprachlichen Ausdruck sagen, er habe diese oder jene Bedeutung, dann meinen wir damit, dass er eine bestimmte Funktion der Verhaltenssteuerung erfüllt. Deutlich wird dies an Äußerungen in unserem Alltag wie »Guten Tag!«, »Reich mir das Salz, bitte!« und »Ich komme morgen«. Mit solchen Äußerungen beschreiben wir nicht die Welt und drücken auch nicht bloß unsere Gedanken aus, sondern wir *tun* etwas: wir grüßen Bekannte, wir bitten um Salz, wir geben Versprechen ab (und Unzähliges mehr). Dies alles tun wir, indem wir sprechen. Die Handlung ist dabei nicht etwas, das noch hinzukäme, als wäre die Sprache ein Mittel, sondern das Äußern des Satzes selbst *ist* die Handlung.
Funktionen der genannten Art kann ein Ausdruck deshalb erfüllen, weil es gewisse Regeln in der Sprache gibt, die seinen Gebrauch bestimmen. Wittgenstein vergleicht sprachliches Handeln mit einem Spiel und nennt die Verwendungsformen der Sprache deshalb »Sprachspiel«. Ein Spiel ist wesentlich dadurch charakterisiert, dass gewisse Regeln bestehen, wie das Spiel zu spielen ist. Im Falle von Sprachspielen sind die Spielregeln die Regeln für den korrekten Gebrauch von Äußerungen. Diese Regeln sind konventional insofern, als sie von einer Gemeinschaft geteilt werden müssen. Damit ein Zeichen Bedeutung hat, muss es öffentlich zugängliche Regeln geben. Wären die Regeln nicht öffentlich zugänglich, dann würde es sich nicht um Regeln handeln. Denn wenn ich eine Regel für mich allein hätte, wenn also nur ich ihr folgen würde, dann könnte ich nicht bestimmen, ob ich ihr tatsächlich folge oder nur glaube, ihr zu folgen. Mir fehlte ein entsprechendes Kriterium. Wenn ich kein Kriterium hätte, dann könnte ich keinen Fehler mehr machen, denn es könnte niemand bestimmen, ob ich die Äußerung richtig

Vorsicht geboten, da er sich gegen Theoriebildung in der Philosophie stellte. Man spricht vielleicht besser von Wittgensteins »Betrachtungsweise der Sprache«.

verwende. Es kann somit keine Sprache geben, die nur ich alleine verstehe, so dass nur ich wissen kann, wovon ich spreche. Dies ist (in den Grundzügen) Wittgensteins berühmtes Anti-Privatsprachen-Argument.

Das Kriterium, das objektiv überprüfbar macht, ob ich der Regel folge oder nicht, wird von der Sprachgemeinschaft geliefert. Die Sprachgemeinschaft lehrt das Kind oder allgemein den Neuling die Sprache, indem sie ihm das entsprechende richtige Verhalten beibringt. Richtiges Verhalten wird gelobt, falsches Verhalten sanktioniert. Die Sanktionen erlauben dem Neuling zu erkennen, ob er der jeweiligen Regel folgt oder nicht. Grüßt der Neuling am Abend seinen Bekannten mit »Guten Morgen!«, so wird er mehr oder weniger freundlich darauf hingewiesen, dass nicht Morgen, sondern bereits Abend sei, er sich also in der Bedeutung der Ausdrücke täusche. Die Äußerung »Guten Morgen!« hat die Bedeutung, die sie hat, weil es eine Regel gibt, die verlangt, dass sie zum morgendlichen Grüßen verwendet wird.

Einwand 1. Der Mensch hat die erstaunliche Fähigkeit, neue Sätze zu bilden und zu verstehen. Neue Sätze können keinen Gebrauch haben, da sie zuvor noch nie geäußert wurden. Die Gebrauchstheorie kann allenfalls kurze, immer wiederkehrende Äußerungen erklären. Wenn es jedoch um längere und neue Sätze geht, versagt die Theorie.

Erwiderung. Die Gebrauchstheorie ist nicht auf die Behauptung festgelegt, dass es zu jedem erdenklichen Satz eine genaue Regel der Anwendung gibt. Der Gebrauchstheoretiker schlägt lediglich vor, die Bedeutung der grundlegenden Sätze mit Hilfe ihres Gebrauchs zu bestimmen. Aus diesem Gebrauch lässt sich dann die Bedeutung von einigen Satzteilen und mit diesen die Bedeutung weiterer Sätze bestimmen.

Einwand 2. Ein Sprecher kann einen Ausdruck korrekt gebrauchen, ohne ihn zu verstehen. So kann ein Franzose, der der englischen Sprache nicht mächtig ist, dennoch wissen, dass er auf die englische Frage »How do you do?« mit »Very well, thank you« zu antworten hat, weil er dies wiederholt am sprachlichen Verhalten der Engländer beobachtet hat. Doch kennt dieser Franzose möglicherweise weder die Bedeutung der Frage noch der Antwort. Also kann der Begriff der Bedeutung nicht allein mit dem Begriff des Gebrauchs erklärt werden.

Einwand 3. Es gibt Spiele mit komplexen Spielregeln, die mit Bedeutung überhaupt nichts zu tun haben, zum Beispiel das Fußballspiel. Die Fußballregeln legen fest, welche Bewegungen in Bezug auf Ball und Gegenspieler erlaubt sind und welche nicht. Dennoch kann nicht davon die Rede sein, dass diese Bewegungen eine Bedeutung hätten. Zwischen bedeutungsvollen Sprachspielen und anderen Spielen kann nicht unterschieden werden. Genau dies müsste die Gebrauchstheorie aber können.

Erwiderung. Wir können Fußballspiele und dergleichen von Sprachen unterscheiden, wenn wir genauer bestimmen, was Regeln des sprachlichen Gebrauchs sind. Die Regeln des sprachlichen Gebrauchs sind Regeln für das korrekte Referieren auf Gegenstände.

5. Intentionalistische Theorie*

Die intentionalistische Theorie ist eine spezielle Gebrauchstheorie. Im Unterschied zur Gebrauchstheorie im Sinne Wittgensteins versucht sie Bedeutung nicht mit konventionell bestimmten Regeln zu erklären, sondern mit Absichten (*intentions*) des Sprechers. Die intentionalistische Theorie ist von Paul Grice (1913–1988) in einer Reihe von Artikeln entwickelt worden.

Grice' zentraler Gedanke ist, dass unsere Äußerungen deshalb Bedeutung haben, weil wir damit etwas *meinen*. Etwas zu meinen bedeutet, gewisse kommunikative Ziele zu verfolgen, gewisse Absichten zu haben. Das, was der Sprecher mit einer Äußerung meint, nennt Grice »Sprecherbedeutung«. Diese Bedeutung ist von der wörtlichen Bedeutung zu unterscheiden. Die wörtliche Bedeutung von: »Es ist heiß« ist, dass es heiß ist. Die Sprecherbedeutung der Äußerung: »Es ist heiß« kann in einem stickigen Zimmer die sein, jemanden aufzufordern, das Fenster zu öffnen. Im Winter kann sie ironisch gebraucht werden. Wörtliche Bedeutung und Sprecherbedeutung können also voneinander abweichen. Doch können sie auch zusammenfallen: Jemand kann in einem stickigen Raum den Satz: »Es ist heiß« äußern und damit nichts Weiteres meinen, als dass es heiß ist.

Die naheliegende Antwort auf die Frage, wie Sprecherbedeutung und wörtliche Bedeutung zusammenhängen, scheint zu sein, Letztere als grundlegend für Erstere zu sehen. Die Sprecherbedeutung einer Äußerung scheint eine Abweichung und Spezifizierung dessen zu sein, was die Äußerung wörtlich bedeutet. Grice' Idee besteht jedoch darin, die Ordnung genau umzukehren: Grundlegend ist die Sprecherbedeutung, die wörtliche Bedeutung ist davon nur abgeleitet. Denn irgendwie muss die konventionelle Bedeutung erklärt werden, und die einzige plausible Antwort scheint die zu sein, dass die Bedeutung von konkreten Sprechern abhängt.

Zusätzlich hat Grice eine Analyse der »Sprecherbedeutung« geliefert. Grice analysiert, was es bedeutet, dass ein Sprecher mit einer Äußerung etwas meint. Diese Analyse soll zwecks einer größeren Anschaulichkeit teilweise mit Buchstaben abgekürzt werden:

»Ein Sprecher *S* meint mit einer Äußerung *x* etwas« bedeutet:

(1) *S* beabsichtigt, dass der Hörer *H* eine Reaktion *r* zeigt.
(2) *S* beabsichtigt, dass *H* erkennt, dass (1)
(3) *S* beabsichtigt, dass *H r* zeigt aufgrund seiner Erkenntnis, dass (1).

Zu diesen drei Absichten ist Folgendes anzumerken: Sie stellen einzeln notwendige und zusammen hinreichende Bedingungen dafür dar, dass ein Sprecher mit einer Äußerung etwas meint. Es sind Absichten des Sprechers; der Hörer kommt als Bezugsobjekt in den Absichten vor, aber er muss nicht als Person in der Situation unbedingt selbst anwesend sein oder selber Absichten haben. Schließlich: Die erwähnten Absichten bezeichnen nicht Entitäten, die der Sprecher tatsächlich haben muss. Es sind Begriffe zur Analyse eines anderen Begriffs.
Die Analyse zeigt vorerst nur, was es heißt, *dass* jemand mit einer Äußerung etwas meint. Doch die eigentlich interessante Frage ist: *was* wird mit der Äußerung gemeint? Die Lösung ist elegant: Das, was mit der Äußerung gemeint ist, ist genau das, was der Sprecher mit seiner Äußerung beabsichtigt.

Einwand 1. Die Bedingungen (2) und (3) verlangen zu viel. Ein Sprecher kann mit einer Äußerung etwas meinen, ohne die Absicht zu haben, dass seine Absicht erkannt wird, und ohne die Absicht, dass die Reaktion aufgrund der Erkenntnis der Absicht gezeigt wird. Der Sprecher mag die Absicht haben, mit der Äußerung »Draußen ist blendend schönes Wetter« einen Hörer dazu zu bringen, aus dem Haus zu gehen, ohne jedoch zu beabsichtigen, dass der Hörer diese Absicht erkennt.
Erwiderung. Das Beispiel kann auf zwei Arten be-

schrieben werden. Man könnte behaupten, dass es sich tatsächlich nicht um Meinen handelt, nämlich dann, wenn der Sprecher dem Hörer etwas verheimlichen will. Solche Fälle werden aber von Grice ausgeschlossen. Anders gesehen handelt es sich zwar um einen Fall von Meinen. Damit der Hörer hinausgeht, muss er zuerst erkennen, dass der Sprecher mit seiner Äußerung meint, dass draußen blendend schönes Wetter ist. In diesem Fall sind jedoch alle drei Bedingungen erfüllt. Der Einwand ist deshalb zurückzuweisen.

Einwand 2. Die Bedingung (1) verlangt zu viel. Ein Sprecher kann etwas meinen, ohne die Absicht zu haben, dass der Hörer eine bestimmte Reaktion zeigt. Dies ist dann der Fall, wenn der Sprecher bereits eine bestimmte Überzeugung hat und der Hörer von ihr weiß. In einer Prüfungssituation stellt die Prüfende eine Frage, aber damit meint sie nicht, dass sie die Antwort nicht weiß. Und der Geprüfte meint mit seiner Antwort ebenso wenig, dass die Prüfende zu dem Glauben kommen soll, dass dies oder jenes stimmt.
Erwiderung. Grice reagiert auf diesen Einwand mit einer genaueren Formulierung der ersten Absicht: Die Prüfende beabsichtigt nicht, dass der Geprüfte einen bestimmten Sachverhalt glaubt, sondern lediglich, dass er glaubt, dass sie, die Prüfende, dies glaubt.

6. Wahrheitskonditionale Theorie*

Wie können wir als kompetente Sprecher einer Sprache neue Sätze auf Anhieb verstehen? Von dieser Frage ausgehend, konstruiert Donald Davidson (1917–2003) seine wahrheitskonditionale Bedeutungstheorie. Der Grundgedanke dieser Theorie geht auf Frege zurück: Wir verstehen einen Satz, wenn wir wissen, wann er wahr ist, d. h., wenn wir die Wahrheitsbedingungen (*truth conditions*) des Satzes kennen. Dies lässt sich an einem Beispiel veranschaulichen. Ich verstehe den Satz: »Die Katze ist auf der Matte«, wenn ich weiß, dass der Satz genau dann wahr ist, wenn die Katze auf der Matte ist.

Die Wahrheitsbedingungen eines Satzes sind bestimmt durch die Bedeutung der darin vorkommenden Ausdrücke und durch die Art, wie sie zusammengesetzt sind. Und damit ist auch bereits die Antwort auf die eingangs gestellte Frage gegeben: Als kompetente Sprecher einer Sprache verstehen wir neue Sätze auf Anhieb, weil wir deren Wahrheitsbedingungen über die Satzteile und deren Zusammensetzung bestimmen können.

Die Grundlagen der Theorie, die uns das Verstehen neuer Sätze ermöglicht, übernimmt Davidson von Alfred Tarski (1902–1983). Dieser hat eine Wahrheitstheorie für formale Sprachen entwickelt. Da die Struktur der beiden Theorien dieselbe ist, müssen wir, so Davidsons genialer Gedanke, nur die Wahrheitstheorie umdrehen, um eine Bedeutungstheorie zu erhalten: Ausgehend von der Liste der wahren Sätze können wir so zur Bedeutung dieser Sätze gelangen. Das heißt: Die Wahrheitstheorie für eine bestimmte Sprache im Sinne Tarskis liefert uns die Bedeutungstheorie für diese Sprache.

Die wahrheitskonditionale Bedeutungstheorie bietet auch eine Lösung für das von Davidsons Lehrer Willard van Orman Quine (1908–2000) aufgeworfene Problem der Unbestimmtheit der Bedeutung. Angenommen, wir wollen die Äußerungen einer uns fremden Sprache verstehen. Wir bemerken, dass die Sprecher dieser Sprache immer dann, wenn ein Hase vorbeihoppelt, »Gavagai« äußern. Nun könnten wir annehmen, dass »Gavagai« »Hase« bedeutet. Aber diese Annahme kann nicht abschließend bewiesen werden, denn es könnte auch sein, dass die Sprecher einen Teil des Hasen meinen, der nicht vom Hasen abgetrennt ist, zum Beispiel die Ohren des Hasen. Würde der Sprecher nur die Ohren sehen, würde er nicht »Gavagai« sagen; er würde es nur dann sagen, wenn er die Ohren zusammen mit dem Hasen sieht. Da wir diese Annahmen nicht ausschließen können, vermögen wir auch nicht, die Bedeutung vollständig zu bestimmen. Dies gilt nicht nur für die Situation einer fremden Sprache, sondern überhaupt für jede Situation, in der wir die Äußerungen eines anderen verstehen wollen.

Davidsons wahrheitskonditionale Theorie liefert eine elegante Lösung für das Problem, wie man trotz der Unbestimmtheit der Bedeutung eine Bedeutungstheorie konstruieren kann. Wir wissen nicht nur, welche Äußerungen der Sprecher der fremden Sprache äußert, sondern wir müssen auch davon ausgehen, dass der Sprecher den Inhalt dieser Äußerungen für wahr hält. Wir müssen diese Unterstellung machen, damit wir die Äußerungen überhaupt verstehen können. Damit haben wir die wahren Äußerungen der Sprache vor uns liegen und können daraus eine Wahrheitstheorie konstruieren. Und diese liefert uns die Bedeutungstheorie.

Davidsons wahrheitskonditionale Theorie erweist sich damit als eine Bedeutungstheorie, die im Unterschied zu den traditionellen Theorien Bedeutung nicht als eine Entität und im Unterschied zu den Gebrauchstheorien auch nicht über den Gebrauch bestimmt.

Einwand 1. Die Sprache ist zu komplex, um mit einer wahrheitskonditionalen Theorie beschrieben zu werden. Zum Beispiel können wir den Beitrag von Adverbien (»langsam«, »sehr«) zu den Wahrheitsbedingungen von Sätzen nicht bestimmen.

Erwiderung. Der wahrheitskonditionale Ansatz von Davidson ist in dieser Hinsicht als Projekt zu verstehen: Es ist Aufgabe der Sprachwissenschaftler und Philosophen, eine Theorie zu entwickeln, die den Beitrag jedes

Wortes zu den Wahrheitsbedingungen des Satzes bestimmen kann. Eine vollständige Theorie fehlt noch, doch mit den bestehenden Theorien kann die Bedeutung von einer beträchtlichen Anzahl von Sätzen erklärt werden.

Einwand 2. Davidsons Theorie funktioniert nur dann, wenn wir als Sprecher wissen, wann die Sätze wahr sind. Aber genau das müssen wir ja erst herausfinden.
Erwiderung. Es ist nicht die Aufgabe einer Bedeutungstheorie, zu erklären, wie wir wissen, welche Sätze wahr sind – das müssen Theorien über unsere Erkenntnis der Welt liefern –, sondern wie wir neue Sätze auf Anhieb verstehen können.

Zusammenfassung

Was unterscheidet Zeichen, die Bedeutung haben, von Zeichen, die keine Bedeutung haben? Und worin besteht Bedeutung? Wie können wir neue Sätze auf Anhieb verstehen? Dies sind drei zentrale Fragen der Sprachphilosophie. Die referentielle Theorie setzt Bedeutung mit dem Referenzobjekt gleich. Gegen diesen Ansatz ist einzuwenden, dass dies nicht für alle Wörter gilt, und dass die Theorie das Phänomen koreferentieller, nicht-synonymer Ausdrücke nicht erklären kann. Die ideationale Theorie setzt Bedeutung mit einer Idee gleich. Auch dieser Vorschlag scheitert daran, dass er nicht auf alle Wörter zutrifft. Zudem kann die Theorie Kommunikation nicht erklären, da Ideen subjektiv sind, Bedeutung hingegen objektiv sein muss. Die propositionale Theorie setzt Bedeutung mit einem abstrakten Gegenstand, einer Proposition, gleich. Gegen diese Theorie ist einzuwenden, dass der Begriff »Proposition« nicht verständlich ist. Alle drei traditionellen Theorien sind zudem dem Einwand ausgesetzt, dass sie Bedeutung als einen Gegenstand ansehen. Sie können nicht erklären, wie es überhaupt dazu kommt, dass ein Zeichen Bedeutung hat. Wittgensteins Gebrauchstheorie versucht dieses Problem zu erklären, indem sie den Begriff der Bedeutung mit Regeln und Konventionen des Gebrauchs analysiert. Gegen die Gebrauchstheorie ist einzuwenden, dass sie zu schwach ist: einerseits deshalb, weil Konventionen zur Bedeutungsbestimmung nicht ausreichen, andererseits deshalb, weil mit ihr nicht unterschieden werden kann zwischen konventionellen Tätigkeiten, die sprachlich sind, und solchen, die es nicht sind. Die intentionalistische Theorie von Grice versucht, die wörtliche Bedeutung auf Sprecherbedeutung zurückzuführen und diese mit Sprecherabsichten zu analysieren. Gegen diese Analyse sind verschiedene Gegenbeispiele vorgebracht worden. Davidsons wahrheitskonditionale Bedeutungstheorie erklärt mit Hilfe von Tarskis Wahrheitstheorie, wie wir die Bedeutung aller Sätze einer Sprache bestimmen können. Gegen diese These ist eingewendet worden, dass die natürlichen Sprachen zu komplex sind, um mit einer solchen Theorie beschrieben zu werden, und dass sie das voraussetzt, was sie erst erklären soll.

Literaturhinweise

Klassische Texte

John Locke, *Versuch über den menschlichen Verstand*, übers. von Carl Winckler, Hamburg: Meiner, 2000.
Dies ist eine klassische Darstellung der ideationalen Bedeutungstheorie (Buch III).

Ludwig Wittgenstein, *Tractatus Logico-Philosophicus*, in: L. W., *Werkausgabe*, Bd. 1, Frankfurt a. M.: Suhrkamp, 1984.
Wittgenstein entwirft mit der Abbildtheorie eine traditionelle Theorie.

Gottlob Frege, »Über Sinn und Bedeutung«, in: G. F., *Funktion, Begriff, Bedeutung*, Göttingen: Vandenhoeck und Ruprecht, 1994, S. 40–65.
Dieser Aufsatz ist eine klassische Kritik der referentiellen Bedeutungstheorie.

Ludwig Wittgenstein, *Philosophische Untersuchungen*, in: L. W., *Werkausgabe*, Bd. 1, Frankfurt a. M.: Suhrkamp, 1984.
In diesen Untersuchungen kritisiert Wittgenstein seine frühere traditionelle Bedeutungstheorie und entwickelt eine Gebrauchstheorie der Bedeutung (§§ 1–155).

Paul Grice, »Intendieren, Meinen, Bedeuten«, übers. von G. Dürselen [u. a.], in: Georg Meggle (Hrsg.), *Handlung, Kommunikation, Bedeutung*, Frankfurt a. M.: Suhrkamp, 1993, S. 2–15.
Dies ist der Grundlagentext der intentionalistischen Bedeutungstheorie.

Willard van Orman Quine, *Wort und Gegenstand*, übers. von Joachim Schulte und Dieter Birnbacher, Stuttgart: Reclam, 1980 [u. ö.].
Quine versucht in diesem als sein Hauptwerk geltenden Buch, in dem sich auch das Gavagai-Beispiel (Kap. II) findet, »Bedeutung« durch das zu bestimmen, was man am Sprachverhalten beobachten kann.

Donald Davidson, *Wahrheit und Interpretation*, übers. von Joachim Schulte, Frankfurt a. M.: Suhrkamp, ^{3}1999.
In dieser Aufsatzsammlung sind die wichtigsten Aufsätze von Davidson zu seiner wahrheitskonditionalen Bedeutungstheorie zu finden.

Einführungen

Edmund Runggaldier, *Analytische Sprachphilosophie*, Stuttgart: Kohlhammer, 1990.
Dieses kleine Buch bietet eine gute Einführung in die sprachphilosophische Begrifflichkeit.

Peter Prechtl, *Sprachphilosophie*, Stuttgart: Metzler, 1999.
Diese Einführung in sprachphilosophische Theorien bietet einen

guten Überblick von den Anfängen bis zu den heutigen Debatten.

Ernst Tugendhat / Ursula Wolf, *Logisch-semantische Propädeutik*, Stuttgart: Reclam, 1983 [u. ö.].
In diesem Einführungsbuch zur Logik der Sprache werden Grundfragen der Philosophie mit Hilfe von logischen und sprachanalytischen Mitteln untersucht.

Albert Newen / Markus A. Schrenk, *Einführung in die Sprachphilosophie*, Darmstadt: Wissenschaftliche Buchgesellschaft, 2008.
Dieses Buch ist eine gelungene Einführung in die Sprachphilosophie.

XI. Wissenschaft

Wenn wir Wissenschaft betreiben, dann versuchen wir auf wissenschaftliche Art, Vorgänge zu erklären. Doch was bedeutet »wissenschaftlich«? Was gilt als eine wissenschaftliche Erklärung? Dieses Problem wird im vorliegenden Kapitel zuerst untersucht.
Als Wissenschaftlerinnen und Wissenschaftler machen wir allgemeine Aussagen über die Welt. Doch sind wir dazu berechtigt? Ja, so könnte man sagen, und zwar dann, wenn die Aussagen durch Erfahrung bestätigt werden. Doch was gilt als hinreichende Bestätigung? Dies ist das zweite Problem, das in diesem Kapitel diskutiert wird.
Erklärungen und bestätigte Aussagen werden zu Theorien zusammengefasst, d. h. zu Gruppen von Aussagen, die auf systematische Art einen möglichst großen Bereich von Phänomenen erklären sollen. Doch wie sind wissenschaftliche Theorien genau aufgebaut? Was ist ihr Verhältnis zur Welt? Warum wird eine Theorie zu Gunsten einer anderen aufgegeben? Mit diesen Fragen setzt sich der dritte Teil dieses Kapitels auseinander.
Im Unterschied zu früheren Kapiteln werden nicht verschiedene Antworten auf ein und dieselbe Frage vorgestellt, sondern nur die Auffassung, die als klassisch gilt. Diese wird auf die gewohnte Art verschiedenen Einwänden ausgesetzt. In diesem Zusammenhang werden dann alternative Ansätze angesprochen.

1. Das Problem der Erklärung

Welche von den folgenden Beispielen anerkennen wir als wissenschaftliche Erklärungen?

(1) Dieser Stein fällt zu Boden, weil Gott es ihm befohlen hat.
(2) Peters Halsschmerzen hören auf, weil sein Sternzeichen Jungfrau ist und Leute dieses Sternzeichens diese Woche besonders viel Energie besitzen.
(3) Dieser Stein fällt zu Boden, weil er von der Erde angezogen wird.
(4) Peters Halsschmerzen hören auf, weil er Salbeitee getrunken hat.

Die Beispiele (1) und (2) sind keine wissenschaftlichen Erklärungen. Derjenige, der dieser Feststellung widerspricht, hat einen speziellen, dem allgemeinen Sprachgebrauch inner- und außerhalb der Wissenschaft nicht entsprechenden Begriff von Wissenschaft. Die folgenden Ausführungen machen nur Sinn für jemanden, der zustimmt, dass die ersten zwei Beispiele keine wissenschaftlichen Erklärungen darstellen.
Die Beispiele (3) und (4) sind wissenschaftliche Erklärungen. Es handelt sich dabei zwar nicht um vollständige Erklärungen, aber immerhin um Erklärungsskizzen, die dann durch andere Aussagen erweitert werden können, um Erklärungen zu liefern, die als wissenschaftlich gelten. Was unterscheidet die Beispiele (1) und (2) von den Beispielen (3) und (4)? Entsprechend der klassischen Auffassung besteht der Unterschied in der Form. In den letzten beiden Beispielen wird implizit auf ein *Gesetz* Bezug genommen, d. h. auf eine empirisch überprüfbare und bestätigte Regelmäßigkeit in der Beziehung zwischen zwei Arten von Ereignissen. Zwischen dem Abklingen der Halsschmerzen und der Einnahme von Salbeitee besteht ein solcher Zusammenhang, zwischen dem Abklingen der Halsschmerzen und dem Besitz eines Sternzeichens nicht. Ein Gesetz hat in der Regel die Form: Wenn *A*, dann *B*. Damit ein Gesetz gilt, werden noch weitere Bedingungen

erfüllt werden müssen, die nicht alle aufgezählt werden können. So ist etwa eine Bedingung für das Beispiel mit dem Salbeitee, dass die Person sich nicht gleichzeitig der Kälte aussetzt, denn dies würde zu einer Verschlechterung des Gesundheitszustands führen. Man drückt dies dadurch aus, dass der Zusammenhang unter sonst gleichen Bedingungen (*ceteris paribus*) gilt.

Jede Erklärung hat zudem die Form eines Arguments: Die Aussage, die man erklären will, also die Konklusion, soll durch die anderen Aussagen, also die Prämissen, gestützt werden. Derjenige, der die Prämissen anerkennt, ist auch dazu verpflichtet, die Konklusion zu akzeptieren. Ein Argument kann deduktiv oder induktiv richtig sein. Deduktiv richtig, d. h. gültig, ist ein Argument dann, wenn die Konklusion logisch aus den Prämissen folgt, d. h. die Konklusion mit Notwendigkeit wahr ist, wenn die Prämissen wahr sind (s. S. 266). Induktiv richtig ist ein Argument dann, wenn der Schluss aus den Prämissen nicht logisch folgt, sondern aufgrund der Prämissen lediglich wahrscheinlich gemacht wird. Man kann somit sagen: Ein Ereignis wird dann wissenschaftlich erklärt, wenn ein deduktiv oder induktiv richtiges Argument für dieses Ereignis vorgelegt wird, wobei mindestens eine der Prämissen ein Gesetz sein muss. Das folgende Beispiel stellt eine wissenschaftliche Erklärung mit einem deduktiven Argument dar:

1. Ceteris paribus: Wenn ein Objekt von der Erde angezogen wird, fällt es zu Boden.
2. Dieser Stein wird von der Erde angezogen.
   Daraus folgt:
3. Dieser Stein fällt zu Boden.

Die erste Prämisse ist eine stark vereinfachte Form des Gravitationsgesetzes. Dieses besagt, dass bewegte Körper eine Anziehung aufeinander ausüben, die proportional zu ihrer Masse ist. Da die Erde um ein Vielfaches größer ist als der Stein, zieht die Erde den Stein an. Die zweite Prämisse ist eine Erfahrungsaussage. Sie liefert die Anfangsbedingung, die den Vordersatz in der ersten Prämisse wahr macht. Der Schluss folgt dann logisch aus den zwei Prämissen.

Das folgende Beispiel stellt eine wissenschaftliche Erklärung mit einem induktiven Argument dar:

1. Ceteris paribus: Wenn eine Person, die leichte Halsschmerzen hat, Salbeitee trinkt, dann klingen die Halsschmerzen mit großer Wahrscheinlichkeit innerhalb weniger Tage ab.
2. Peter hat Halsschmerzen.
3. Peter trinkt Salbeitee.

   Daraus folgt:
4. Peters Halsschmerzen klingen innerhalb weniger Tage ab.

Die erste Prämisse ist ein Gesetz, allerdings kein striktes Gesetz, wie es im vorigen Beispiel der Fall war, sondern ein statistisches Gesetz. Der Nachsatz ist mit großer Wahrscheinlichkeit dann wahr, wenn der Vordersatz wahr ist. Die zweite und dritte Prämisse geben die Anfangsbedingungen an, die den Vordersatz der ersten Prämisse wahr machen. Der Schluss folgt nicht logisch aus den Prämissen, aber er ist aufgrund der Prämissen wahrscheinlich.

Die Form einer wissenschaftlichen Erklärung entsprechend der klassischen Theorie lässt sich nun allgemein wie folgt darstellen:

1. Ceteris paribus: Wenn *A*, dann *B*
2. *A*

   Daraus folgt: *B*

Mit *A* sind die im Gesetz genannten Anfangsbedingungen gemeint, mit *B* das zu erklärende Ereignis. Der Zusammenhang gilt entweder mit Notwendigkeit oder mit Wahrscheinlichkeit. Dieses Erklärungsmodell wurde von Carl Hempel (1905–1997) und Paul Oppenheim (1885–1977) am klarsten formuliert und wird deshalb zuweilen auch »HO-Schema« genannt.

Einwand 1: Die klassische Theorie ist nicht umfassend genug, denn sie schließt Erklärungen aus, die nur auf einer *geringen Wahrscheinlichkeit* beruhen. Es gibt jedoch genau solche Erklärungen, die dennoch als wissenschaftliche gelten. Das folgende Beispiel mag dies veranschaulichen: Eine Krankheit *K* kann nur ein Mensch bekommen, der das Merkmal *M* aufweist. Allerdings bekommen nur außerordentlich wenige Menschen, die das Merkmal *M* aufweisen, die Krankheit *K*, vielleicht einer von tausend Menschen. Wir geben nun folgende Erklärung ab: Ein bestimmter Mensch hat die Krankheit *K* bekommen, weil er das Merkmal *M* besitzt. Wir würden eine solche Erklärung als wissenschaftlich akzeptieren, da es uns Auskunft darüber gibt, was der ursächliche Faktor für die Krankheit war. Aber entsprechend klassischer Auffassung wäre dies keine wissenschaftliche Erklärung, weil die Wahrscheinlichkeit, mit der die Krankheit auftritt, zu gering ist.
Erwiderung. Wenn die Erklärung gut ist, werden früher oder später die relevanten Faktoren für den Schluss gefunden, so dass der Schluss eine hohe Wahrscheinlichkeit hat.

Einwand 2. Die klassische Theorie ist zu umfassend. Die bereits in der Antike bekannte Erklärung von Ebbe und Flut mit einem gesetzesartigen Zusammenhang der Gezeiten mit den Mondphasen entspricht der Form der klassischen Theorie, ist aber keine wissenschaftliche Erklärung, denn die Gezeiten werden nicht durch die Mondphasen selbst bewirkt. Vielmehr lassen sich beide

Ereignisse durch eine *gemeinsame Ursache* erklären, nämlich die Gravitationskraft. Die klassische Theorie schließt also Erklärungen mit ein, bei denen das eine Ereignis als Ursache des anderen behauptet wird, obwohl beide auf eine gemeinsame Ursache zurückzuführen sind.

Einwand 3. Angenommen, Psychologen fänden heraus, dass Menschen mit blauen Augen im Durchschnitt eine höhere Intelligenz aufwiesen als Menschen mit anderer Augenfarbe. Nun ließe sich entsprechend der klassischen Theorie die höhere Intelligenz von Blauäugigen mit ihrer Augenfarbe erklären. Allerdings hat Intelligenz mit Augenfarbe nichts zu tun, es handelt sich dabei lediglich um einen zufälligen Zusammenhang. Damit erweist sich die klassische Theorie wiederum als zu umfassend, denn sie schließt Erklärungen mit ein, die auch einen lediglich *zufälligen* Zusammenhang zur Erklärung heranziehen.

2. Das Problem der Bestätigung*

Aussagen über die Welt gelten dann als wahr, wenn sie gut bestätigt sind. Doch wann genau sind Aussagen gut bestätigt? Laut David Hume (1711–1776) ist dies genau genommen niemals der Fall: Wir dürfen nie von unseren Beobachtungen auf eine allgemeine Aussage über diese Beobachtungen schließen. Wir dürfen dies deshalb nicht, weil uns weder die Vernunft noch die Erfahrung einen hinreichenden Grund dafür liefert. Dies ist das berühmte Induktionsproblem (s. S. 114f.).
Entsprechend klassischer Auffassung gibt es jedoch eine Lösung für dieses Problem. Wenn gewisse Bedingungen erfüllt sind, dürfen wir von unseren Beobachtungen auf

allgemeine Aussagen schließen. Genau zwei Bedingungen müssen dafür jedoch erfüllt sein: Die Aussage muss erstens durch eine angemessene Anzahl von Einzelfällen bestätigt sein. Ein Einzelfall, der eine Aussage bestätigt, ist ein Fall, der die Aussage wahrscheinlicher macht. Die Aussage »Jeden Morgen geht die Sonne auf« wird durch all jene Morgen bestätigt, an denen die Sonne tatsächlich aufgegangen ist. Die untersuchte Aussage muss zweitens besser bestätigt sein als ihre Negation. Die Negation der Aussage, »Nicht jeden Morgen geht die Sonne auf«, ist durch keinen Fall bestätigt. Somit ist die Aussage besser bestätigt als ihre Negation. Wenn kein Fall bekannt ist, der gegen die Aussage spricht, kann man behaupten, die Aussage sei noch nicht als falsch erwiesen worden, sie sei noch nicht *falsifiziert*. Man könnte nun vorschlagen, dass eine Aussage nur dann als bestätigt gilt, wenn sie noch nicht falsifiziert wurde. Doch dieses Kriterium scheint zu streng zu sein: In vielen Fällen können wir auch in der Wissenschaft nur Wahrscheinlichkeitsaussagen machen. Solche Aussagen, die nicht falsifiziert werden können, sind in der Wissenschaft üblich und oftmals auch nützlich, zum Beispiel die Aussage, dass Salbeitee in sechzig Prozent der Fälle zu einer Linderung der Halsschmerzen führt.

Damit eine Aussage als gut bestätigt gilt, ist es nicht notwendig, dass sie noch nie falsifiziert wurde. Gut bestätigt ist eine Aussage dann, wenn sie besser bestätigt ist als ihre Negation. Im Zusammenhang mit dem Salbeitee ist die Aussage, dass die Schmerzen nach Einnahme des Tees abklingen, besser bestätigt als die Negation, dass die Schmerzen nach Einnahme des Tees nicht abnehmen. Im Zusammenhang mit dem Sonnenaufgang ist die Aussage, dass jeden Tag die Sonne aufgeht, nicht nur gut bestätigt, sondern auch noch nie falsifiziert worden. Wir können also darauf schließen, dass auch morgen die Sonne aufgehen wird. Doch mit absoluter Sicherheit wissen wir auch dies nicht. Wir können nie ganz sicher sein, ob eine allgemeine Aussage über die Welt wahr ist. Aus diesem Grund sagt der Wissenschaftstheoretiker Karl Popper (1902–1994), dass unser gesamtes Wissen hypothetisch ist; es besteht aus Hypothesen, die mehr oder weniger bestätigt sind.

Einwand 1. Das Problem bleibt weiterhin ungelöst, wie das »Raben-Paradox« von Carl Hempel (1905–1997) zeigt. Die Hypothese: »Alle Raben sind schwarz« ist logisch gleichwertig mit der Hypothese: »Kein nicht-schwarzes Ding ist ein Rabe«. Anders gesagt: Die beiden Aussagen »Wenn *x* ein Rabe ist, dann ist *x* schwarz« und »Wenn *x* nicht schwarz ist, dann ist *x* kein Rabe« haben immer die gleichen Wahrheitswerte, d. h., sie weisen dieselbe Wahrheitswerttafel auf (s. S. 263). Wenn die beiden Hypothesen logisch gleichwertig sind, dann ist jeder Einzelfall, der die zweite Hypothese bestätigt, ein Fall, der auch die erste Hypothese bestätigt. Es ist also naheliegend, die erste Hypothese damit zu prüfen, dass man nach Raben sucht und deren Farbe bestimmt, und die zweite Hypothese damit, dass man nach Dingen sucht, die nicht schwarz sind, und dann bestimmt, ob es sich dabei um Raben handelt. Die zweite Hypothese wird zum Beispiel durch blaue Strümpfe und rote Heringe bestätigt. Da diese Fälle auch die erste Hypothese bestätigen, bedeutet dies, dass blaue Strümpfe und rote Heringe die Hypothese bestätigen, dass alle Raben schwarz sind! Das scheint paradox, denn wir könnten mit blauen Strümpfen und roten Heringen auch die Hypothese bestätigen, dass alle Raben weiß sind.

Einwand 2. Das Problem bleibt noch aus einem anderen Grund ungelöst, wie das »neue Rätsel der Induktion« von Nelson Goodman (1906–1998) zeigt. Nehmen wir an, jemand bilde ein Prädikat: »ist blün« mit der Bedeutung: »trifft auf alle Dinge zu, die vor dem Zeitpunkt *t* grün sind und nach *t* blau«. Die Hypothesen: »Alle Smaragde sind grün« und: »Alle Smaragde sind blün« sind vor *t* genau gleich gut bestätigt, denn vor *t* sind alle bekannten Smaragde sowohl grün als auch blün. Wenn beide Hypothesen gleich gut bestätigt sind, dann haben wir keinen Grund, der einen Hypothese vor der anderen den Vorzug zu geben. Wir können aber auch nicht sagen, ein Smaragd sei grün *und* blün, denn dann wäre ein Smaragd nach *t* gleichzeitig grün und blau, was aber per definitionem ausgeschlossen ist. Wir müssen uns also für eine der Hypothesen entscheiden – und können dies nicht, weil wir nicht bestimmen können, welche besser bestätigt ist.

3. Wissenschaftliche Theorien*

Ziel der Wissenschaft ist es, Theorien zu entwickeln, d. h. Gruppen von Aussagen, die auf systematische Art einen möglichst großen Bereich von Phänomenen erklären sollen. Wie sind wissenschaftliche Theorien aufgebaut?
Entsprechend der klassischen Auffassung lassen sich wissenschaftliche Theorien in einem Schichtenmodell darstellen. In der untersten Schicht befinden sich Beobachtungssätze. Aus diesen werden induktiv Verallgemeinerungen abgeleitet. Von den Verallgemeinerungen kann man durch Abstraktion zu Naturgesetzen gelangen. In der obersten Schicht sind die Axiome anzusiedeln, also diejenigen Aussagen, die nicht weiter begründet werden können.

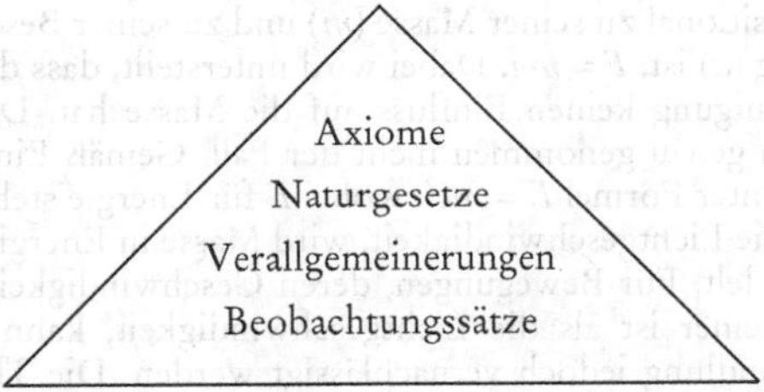

In der Richtung von unten nach oben wird induktiv begründet: die höhere Stufe kann nur mit Wahrscheinlichkeit aus der darunter liegenden erschlossen werden. In der Richtung von oben nach unten gilt die Deduktion: Aus den Axiomen und Naturgesetzen lassen sich mit den Regeln der Logik Beobachtungssätze ableiten. Das ganze Theorienmodell kann deshalb als hypothetisch-deduktiv angesehen werden.

Wie sieht das Verhältnis einer Theorie, die in dieser Weise aufgebaut ist, zu der uns umgebenden Welt aus? Entsprechend klassischer Auffassung besteht ein sehr enger Zusammenhang: Die Beobachtungssätze sagen uns, wie die Welt beschaffen ist. Das bedeutet: Die ganze Theorie beschreibt die Welt so, wie sie ist. Eine wissenschaftliche Theorie ist in diesem Sinn realistisch (s. S. 93).

Warum wird aber eine Theorie zu Gunsten einer anderen aufgegeben? In der Regel werden Theorien nicht so leicht aufgegeben; es müssen schwerwiegende Probleme vorliegen, etwa ein wichtiges Phänomen, das aufgrund der Theorien nicht vorherzusehen war oder zu erklären ist. Oftmals wird eine Theorie nicht aufgegeben, sondern nur in ihrem Anwendungsbereich eingeschränkt. Dies gilt zum Beispiel für die Entwicklung in der Physik von der Theorie von Isaak Newton (1643–1727) zu derjenigen von Albert Einstein (1879–1955). Eines von Newtons Bewegungsgesetzen besagt, dass die Kraft (F) eines Körpers propositional zu seiner Masse (*m*) und zu seiner Beschleunigung (*a*) ist: $F = ma$. Dabei wird unterstellt, dass die Beschleunigung keinen Einfluss auf die Masse hat. Dies ist jedoch genau genommen nicht der Fall. Gemäß Einsteins berühmter Formel $E = mc^2$, wobei E für Energie steht und c für die Lichtgeschwindigkeit, wird Masse in Energie umgewandelt. Für Bewegungen, deren Geschwindigkeit sehr viel kleiner ist als die Lichtgeschwindigkeit, kann diese Umwandlung jedoch vernachlässigt werden. Die Theorie von Einstein verwirft diejenige von Newton nicht, sondern schränkt sie lediglich in ihrem Anwendungsbereich ein: Solange die Geschwindigkeiten viel kleiner sind als die Lichtgeschwindigkeit, kann mit Newtons Gesetzen gerechnet werden. Zugleich erweitert Einstein Newtons Theorie um ein neues Gesetz. Das von Einsteins Theorie gelieferte Wissen komplettiert somit das von Newton. Im Laufe der Zeit sammelt sich so immer mehr Wissen an, oder, wie man auch sagt: die Entwicklung des Wissens verläuft kumulativ.

Von Zeit zu Zeit wird eine Theorie jedoch zu Gunsten einer anderen Theorie aufgegeben. Dann gibt es entsprechend der klassischen Theorie im Idealfall ein Experiment, ein sogenanntes *experimentum crucis*, das eindeutig zeigt, dass die eine Theorie eine falsche Voraussage macht, die andere jedoch eine richtige. Wir können dann sagen, dass die eine Theorie besser bestätigt ist als die andere. Es gibt einen objektiven Tatbestand, aufgrund dessen die eine Theorie aufgegeben wird. Die Entscheidung ist rational: Die Theorie wird deshalb angenommen, weil sie besser bestätigt ist.

Zusammenfassend kann man sagen, dass sich im Sinne der klassischen Auffassung Theorien mit dem Schichtenmodell beschreiben lassen und die Entwicklung der Wissenschaft als kumulativ und rational angesehen werden kann.

Einwand 1. Die klassische Auffassung basiert auf der falschen Annahme, dass sich die Welt so beschreiben lässt, wie sie ist. Dies setzt voraus, dass eine neutrale Beobachtungssprache existiert, in der sich neutrale Beobachtungssätze formulieren lassen. Eine solche Sprache gibt es aber nicht. Die Sprache ist immer mit einer gewissen Weltanschauung beladen. Die Sätze drücken, wie Thomas Kuhn (1922–1996) in seinem Buch *Die Struktur wissenschaftlicher Revolutionen* schreibt, ein Paradigma aus, so dass die Welt gar nicht so dargestellt werden kann, wie sie unabhängig von ihrer Beschreibung ist.

Einwand 2. Es gibt keinen objektiven Tatbestand, aufgrund dessen sich entscheiden ließe, welche von zwei miteinander konkurrierenden Theorien die bessere ist. Da jede Theorie immer zugleich Ausdruck eines Paradigmas ist, beschreibt jede Theorie die Welt anders und kann deshalb mit keiner anderen verglichen werden. Das Experiment, das nachweisen soll, welches die bessere Theorie ist, wird von jeder Theorie anders beschrieben. Es gibt also gar kein *experimentum crucis*, es kann gar kein entsprechendes Experiment geben.

Einwand 3. Die Entwicklung der Wissenschaft verläuft weder rational noch kumulativ. Da es keinen objektiven Tatbestand gibt, aufgrund dessen sich entscheiden ließe, welche von zwei konkurrierenden Theorien die bessere ist, gibt es auch keinen rationalen Grund, die eine Theorie der anderen vorzuziehen. Vielmehr spielen psychologische Aspekte wie Ruhmsucht und Neid sowie soziologische Aspekte wie Macht und Einfluss die entscheidende Rolle beim Übergang von der einen Theorie zur anderen. Die Entscheidungen sind also zumindest zum Teil irrational. Auch verläuft die Entwicklung der Wissenschaft nicht kumulativ. Da die Theorien, die aufgegeben werden, ein anderes Paradigma ausdrücken, können die neuen Erkenntnisse nicht den alten einfach hinzugefügt werden. Vielmehr kommt es beim Übergang von der einen Theorie zur anderen zu einem Paradigmenwechsel und damit, wie Kuhn sagt, zu einer »wissenschaftlichen Revolution«: Das, was früher galt, gilt heute nicht mehr. Das alte Paradigma ist durch ein neues ersetzt worden.

Zusammenfassung

Was ist eine wissenschaftliche Erklärung? Entsprechend der klassischen Auffassung lässt sich die Wissenschaftlichkeit der Erklärung auf die Form der Erklärung zurückführen. Die Form einer wissenschaftlichen Erklärung sieht allgemein so aus: 1. ceteris paribus: Wenn *A*, dann *B*. 2. *A*. Daraus folgt: *B*. Gegen dieses Modell wird eingewendet, dass es sowohl zu wenig umfassend als auch zu umfassend sei. Wann gilt eine Aussage als bestätigt? Entsprechend der klassischen Auffassung und entgegen Humes skeptischer Ansicht sind induktive Schlüsse in bestimmten Fällen gerechtfertigt, nämlich dann, wenn die Aussage durch eine angemessene Anzahl von Einzelfällen bestätigt ist und wenn sie besser bestätigt ist als ihre Negation. Allerdings zeigen das Rabenparadox und das »neue Rätsel der Induktion«, dass sich das Problem nicht so einfach lösen lässt. Wie sind wissenschaftliche Theorien aufgebaut und wie stehen sie zur Welt? Entsprechend der klassischen Auffassung lässt sich eine wissenschaftliche Theorie durch ein hypothetisch-deduktives Schichtenmodell darstellen. Da sich eine Theorie auf Beobachtungssätze stützt, kann man sagen, dass sie die Welt so darstellt, wie sie ist. Die Entwicklung des Wissens vollzieht sich kumulativ und der Übergang von der einen Theorie zur anderen geschieht rational. Dieser Auffassung hat Thomas Kuhn vehement widersprochen: Theorien beschrieben die Welt nicht so, wie sie unabhängig von der Beschreibung ist, und die Entwicklung des Wissens vollzöge sich weder rational noch kumulativ.

Literaturhinweise

Klassische Texte

Carl Hempel, *Aspekte wissenschaftlicher Erklärung*, übers. von Wolfgang Lenzen, Berlin: de Gruyter, 1977.
Dies ist eine Aufsatzsammlung mit Hempels grundlegenden Arbeiten zur wissenschaftlichen Erklärung und zum Problem der Bestätigung.

Karl Popper, *Logik der Forschung*, Tübingen: Mohr/Siebeck, [10]2002.
Das Buch bildet Poppers umfangreiches Hauptwerk zur Wissenschaftstheorie.

Nelson Goodman, *Tatsache, Fiktion, Voraussage*, übers. von Hermann Vetter, Frankfurt a. M.: Suhrkamp, 1988.
In diesem Buch stellt Goodman sein »neues Rätsel der Induktion« vor (Kap. 3).

Thomas Kuhn, *Die Struktur wissenschaftlicher Revolutionen*, übers. von Kurt Simon und Hermann Vetter, 2., rev. Ausg., Frankfurt a. M.: Suhrkamp, 2003.
In diesem kontrovers diskutierten Buch argumentiert Kuhn dafür, dass die Entwicklung der Wissenschaft nicht rational und kontinuierlich verläuft, sondern durch Revolutionen (»Paradigmenwechsel«) gekennzeichnet ist.

Einführungen

Karel Lambert / Gordon Brittan, *Eine Einführung in die Wissenschaftsphilosophie*, übers. von Joachim Schulte, Berlin: de Gruyter, 1991.

Dies ist eine leicht verständliche Einführung in die Wissenschaftstheorie, die einen guten Überblick über einige zentrale Fragen und Positionen gibt.

Wesley C. Salmon, *Logik*, übers. von Joachim Buhl, Stuttgart: Reclam, 1983 [u. ö.].

Das dritte Kapitel ist eine Einführung in induktives Schließen.

XII. Kunst

Was ist Kunst? Seit der Antike zählen zur Kunst Musik, Tanz, Literatur, Theater, die bildenden Künste (Malerei und Skulptur), seit neuester Zeit auch Fotografie, Film, Video-Installationen, Computeranimation. Doch nicht die technologische Entwicklung hat der Frage zu Beginn des 20. Jahrhunderts zu einer Brisanz wie nie zuvor verholfen, sondern eine Ausdehnung des Begriffs auf Objekte, die es zuvor zwar bereits gab, die aber nicht zur Kunst gezählt wurden. Bahnbrechend wirkte dabei Marcel Duchamp, der 1913 mit einer Ausstellung von Gebrauchsgegenständen – berühmt sind sein »Fahrrad-Rad« und das »Urinal« – die bis zu diesem Zeitpunkt geläufige Auffassung von Kunst in Frage stellte. Solche Gegenstände, die dem Alltag entnommen und vom Künstler zum Kunstobjekt erklärt werden, nennt man »Ready-Mades«. Noch einen Schritt weiter ging Kurt Schwitters, der in einer Ausstellung von 1919 Fundstücke ausstellte, sogenannte »Objets Trouvés«. Damit erhielten selbst Objekte, die nicht von Menschenhand geschaffen worden waren, den Status von Kunstwerken. Wenn selbst Fundstücke Kunst sein können, was ist dann keine Kunst mehr? Welche Bedeutung hat der Begriff überhaupt noch, wenn jeder Gegenstand zur Kunst erklärt werden kann?

Zur Beantwortung dieser Frage scheint es sinnvoll, zwei Fragen zu unterscheiden. Die Frage »Was ist Kunst?« lässt sich einerseits als Frage verstehen, was Kunst *ist*. Das Problem besteht dann darin, zu erklären, zu welcher Art von Objekten Kunstwerke gehören. Handelt es sich dabei um physische oder um psychische, soziale oder abstrakte Objekte? Oder um Objekte ganz anderer Art? Diese Frage erkundigt sich also nach dem ontologischen Status von Kunstwerken und wird im Folgenden »Existenzfrage« genannt. Andererseits lässt sich die Frage auch als die Frage

auffassen, was *Kunst* ist. Das Problem besteht dann darin, zu erklären, was Kunstwerke von anderen Objekten (welcher Art auch immer), die keine Kunstwerke sind, unterscheidet. Warum ist die David-Statue in Florenz ein Kunstwerk, das Trinkglas auf meinem Tisch aber keines? Was unterscheidet Beethovens Neunte Symphonie von einem Froschgequake? Diese Frage konzentriert sich auf den wesentlichen Unterschied zwischen Kunst und Nicht-Kunst und wird im Folgenden »Wesensfrage« genannt. Diese beiden Fragen sollen bei der Darstellung verschiedener Positionen voneinander getrennt gehalten werden. Die Einwände beziehen sich jeweils auf eine Antwort auf eine der beiden Fragen.
Es geht in diesem Kapitel nicht um die ebenfalls interessante philosophische Frage, was gute von schlechter Kunst unterscheidet; es geht auch nicht um die Frage, was schön ist – Kunst kann auch hässlich sein; und es geht ebenso wenig darum, wie Kunstwerke wahrgenommen werden, also nicht um das, was ursprünglich mit dem Begriff der »Ästhetik« – im Sinne des griechischen Begriffes *aisthesis*, ›Wahrnehmung‹ – gemeint ist.

1. Physikalismus

Eine insbesondere beim Betrachten von Gemälden und Skulpturen naheliegende Antwort auf die Frage nach der Existenz von Kunstwerken lautet, dass das Kunstwerk genau das physische Objekt ist, aus dem es besteht. Diese Position wird im Folgenden (kunstphilosophischer) »Physikalismus« genannt.
Der Physikalismus besagt Folgendes: Das Kunstwerk ist mit dem physischen Objekt identisch, aus dem es besteht. Doch was bedeutet »identisch«? Ein Gegenstand *x* ist mit einem Gegenstand *y* genau dann identisch im logischen

Sinne, wenn *x* und *y* dieselben Eigenschaften haben. Nehmen wir als Beispiel die aus einem Marmorblock gehauene David-Skulptur in Florenz. Diese Skulptur hat genau die gleichen Eigenschaften wie der Marmorblock, aus dem sie besteht. Beide stehen am selben Ort, haben dieselbe Form, dasselbe Gewicht, und beide werden fotografiert. Da die Skulptur und der Marmorblock dieselben Eigenschaften haben, sind sie identisch.
Die Frage nach dem Wesen des Kunstwerks beantwortet der Physikalismus zunächst damit, dass der wesentliche Unterschied zwischen einem beliebigen Objekt und einem Kunstwerk in einer physischen Eigenschaft liegen muss. Das Kunstwerk besitzt diese Eigenschaft, das Objekt, das kein Kunstwerk ist, jedoch nicht. Der überzeugendste Vorschlag lautet, dass diese Eigenschaft die spezielle Form von Kunstwerken ist. Die David-Skulptur zum Beispiel verzaubert den Betrachter durch seine unvergleichliche, menschenähnliche Form.

Einwand 1. Wenn die Antwort des Physikalismus zuträfe, dann müssten das Kunstwerk und das Objekt, aus dem es besteht, tatsächlich alle Eigenschaften teilen, denn nur dann wären beide identisch. Das Kunstwerk verfügt jedoch über andere Eigenschaften als das Objekt, aus dem es besteht. Zum Beispiel bringt Ersteres Menschen in Entzückung, Letzteres nicht; die David-Statue lockt Millionen von Betrachtern an, der Marmorblock nicht.
Erwiderung. Der Marmorblock hat aber genau diese Eigenschaften. Er, der Marmorblock, ist es, der Millionen von Betrachtern anlockt.

Einwand 2. Die Antwort des Physikalismus auf die Existenzfrage führt zu Problemen bei reproduzierbaren Kunstwerken, d. h. bei Kunstwerken, die in vielen Exemplaren existieren. Dazu zählen etwa Schriftwerke,

Fotografien und Musikstücke. Der Roman *Geschwister Tanner* von Robert Walser steht in meinem Bücherregal, in der Universitätsbibliothek und an vielen anderen Orten. Der *Don Giovanni* von Mozart wird in Salzburg, in Wien und in vielen weiteren Städten aufgeführt. Ein einzelnes Exemplar oder eine einzelne Aufführung ist nicht das Kunstwerk. Deshalb kann das physische Objekt nicht mit dem Kunstwerk identisch sein.
Erwiderung. Der Einwand zeigt zwar eine Grenze des Physikalismus auf, widerlegt diesen jedoch nicht grundsätzlich. Der Geltungsbereich des Physikalismus wird damit auf Unikatskünste beschränkt, d.h. auf Kunstwerke, von denen es nur ein einziges Exemplar gibt.

Einwand 3. Die Antwort des Physikalismus auf die Wesensfrage ist nicht ausreichend. Welche Form auch immer gewählt wird, es werden damit nicht alle Kunstwerke eingeschlossen und alle Nicht-Kunstwerke ausgeschlossen. Ein Gegenbeispiel ist nicht schwierig zu finden. Das Urinal, das Duchamp im Museum ausstellte, unterscheidet sich äußerlich nicht von einem Urinal, das kein Kunstwerk ist. Ein Schnappschuss aus den Ferien im Familienfotoalbum muss sich von einer Fotografie im Museum äußerlich nicht unterscheiden, und dennoch anerkennen wir das eine als Kunst, das andere nicht. Da der Physikalismus diese Unterscheidung nicht treffen kann, ist seine Antwort auf die Wesensfrage nicht ausreichend.

2. Produktionsmentalismus

Die mentalistische Theorie der Kunst besagt, dass das Kunstwerk nicht das physische Objekt, sondern eine Vorstellung oder Idee ist. Es gibt zwei Varianten des Mentalismus: Der sogenannte *Produktionsmentalismus* besagt, dass es eine Idee im Kopf des Künstlers ist. Der *Rezeptionsmentalismus* ist die These, dass es eine Idee im Kopf des Betrachters ist. In diesem Abschnitt wird die erste Variante diskutiert, im folgenden Abschnitt die zweite.

R. G. Collingwood (1889–1943), der als wichtigster Vertreter des sogenannten Produktionsmentalismus angesehen werden kann, behauptet, dass das Kunstwerk nicht etwas sei, das geschrieben oder geformt, sondern etwas, das gedacht werde. Der Künstler denke sich ein Objekt aus. Dieses ausgedachte Objekt sei das Kunstwerk. Die Antwort des Produktionsmentalismus auf die Existenzfrage lautet also: Das Kunstwerk ist eine Idee im Kopf der Künstlerin oder des Künstlers.

Zur Beantwortung der Frage nach dem Wesen des Kunstwerks entwickelt Collingwood eine Unterscheidung zwischen bloßem Handwerk und Kunst. Produkte des Handwerks würden für einen nützlichen Zweck geschaffen. Zum Beispiel würden Stühle so konzipiert, dass man sich auf sie setzen, Kleider, dass man sie tragen, und Gabeln, dass man mit ihnen essen könne. Die Kunst diene demgegenüber keinem solchen Zweck, sondern hauptsächlich dazu, die Ideen der Künstlerin oder des Künstlers auszudrücken. Sie könne zwar auch nützlichen Zwecken dienen, aber ihren künstlerischen Wert erhalte sie einzig dadurch, dass sie die Ideen des Künstlers zum Ausdruck bringe.

Einwand 1. Die Antwort des Produktionsmentalismus auf die Existenzfrage trifft nicht auf alle Kunstwerke zu. Es gibt Kunstwerke, die derart komplex sind,

dass kein Mensch sich von ihnen eine Idee machen könnte. Zum Beispiel kann sich kein Maler das Bild von einer Schlacht zuerst vorstellen und dann entsprechend der Idee in jedem Detail malen.
Erwiderung. Komplexe Kunstwerke lassen sich in einfache Werke oder Werkschritte unterteilen, von denen der Künstler jeweils eine Vorstellung haben kann.

Einwand 2. Die Antwort des Produktionsmentalismus auf die Frage nach der Existenz von Kunstwerken führt zu einer absurden Konsequenz: Wenn das Kunstwerk nur die Idee im Geiste des Künstlers wäre, dann gäbe es unsichtbare Kunstwerke. Die Annahme von unsichtbaren Kunstwerken ist allerdings absurd. Daraus folgt, dass das Kunstwerk keine Idee im Geist des Künstlers sein kann.
Erwiderung. Es ist nicht die Idee allein, die das Kunstwerk ist, sondern die Idee, die in einem physischen Objekt zum Ausdruck kommt.
Erwiderung auf die Erwiderung. Wenn die Idee im physischen Objekt vollständig zum Ausdruck kommt, dann fügt sie dem Objekt nichts hinzu. Etwas, das dem Objekt nichts hinzufügt, existiert nicht notwendig, und was nicht notwendig ist, soll entsprechend »Ockhams Rasiermesser« gestrichen werden.

Einwand 3. Die Antwort des Produktionsmentalismus auf die Frage nach dem Wesen des Kunstwerks ist zu beschränkt. Es gibt Kunstwerke, die nicht dem Ausdruck von Ideen des Künstlers dienen, etwa Kinderzeichnungen. Kinder malen (in einem bestimmten Alter), ohne sich dessen genau bewusst zu sein, was sie malen. Sie drücken mit ihren Strichen keine Idee aus. Dennoch können wir ihre Produkte als Kunstwerke verstehen.

3. Rezeptionsmentalismus

Die andere Variante des Mentalismus, der sogenannte »Rezeptionsmentalismus«, besagt, dass das Kunstwerk nicht die Idee im Geist des Künstlers, sondern im Geist des Betrachters ist. Erst der Betrachter macht das Objekt zum Kunstwerk.

Ein Vorteil des Rezeptionsmentalismus gegenüber dem Produktionsmentalismus besteht darin, dass er solche Objekte als Kunstwerke mit einschließt, die nicht von einem Künstler als solche gedacht wurden. Es kommt also nicht auf die Idee des Künstlers an, sondern auf die Idee, die der Betrachter hat. Der Betrachter ist der eigentliche Künstler. Er verwandelt das Objekt zum Kunstwerk.

Auf die Wesensfrage antwortet der Rezeptionsmentalismus damit, dass Kunst das ist, was der Betrachter als Kunst ansieht. Der Betrachter hat die Macht darüber, zu entscheiden, was als Kunst gilt und was nicht.

Einwand 1. Die Antwort des Rezeptionsmentalismus auf die Frage nach der Existenz von Kunstwerken ist denselben Einwänden ausgesetzt wie diejenige des Produktionsmentalismus: Sie hat die absurde Konsequenz, dass es unsichtbare Kunstwerke geben müsste.

Einwand 2. Eine zweite absurde Konsequenz des Rezeptionsmentalismus besteht darin, dass es unzählig viele Objekte gäbe, die denselben Namen trügen, da von demselben Objekt jeder Betrachter eine eigene, von der Idee eines anderen Betrachters verschiedene Idee bilden kann. Eine weitere Konsequenz besteht darin, dass sich zwei Menschen nicht mehr über dasselbe Objekt verständigen könnten.

Einwand 3. Der Rezeptionsmentalismus spielt die Arbeit des Künstlers auf unberechtigte Weise herunter.

Das Kunstwerk entsteht nicht erst im Geiste des Betrachters. Nicht der Betrachter ist der Künstler, sondern der Künstler selbst, denn er ist der Erschaffer des Objekts.

Einwand 4. Die Antwort des Rezeptionsmentalismus auf die Frage nach dem Wesen von Kunstwerken löst die Frage auf, statt sie zu beantworten. Wenn jeder selbst bestimmen kann, was als Kunst gilt, dann muss man nicht mehr darüber nachdenken, was Kunst von Nicht-Kunst unterscheidet.

4. Kausalhistorische Theorie

Der Produktionsmentalismus hat auf eine wichtige Eigenschaft von Kunstwerken hingewiesen: Das Kunstwerk steht in einer engen Beziehung zum Geist des Künstlers, der es hervorgebracht hat. Mit der These, dass das Kunstwerk mit einer Idee im Geiste des Künstlers identisch sei, ist der Produktionsmentalismus jedoch zu weit gegangen. Man kann aber den Vorzug der Theorie aufgreifen, ohne ihre falsche These zu übernehmen: Denn es lässt sich das Kunstwerk als ein Objekt verstehen, das von einer bestimmten Art von Idee verursacht wurde. Das Kunstwerk ist nicht eine Idee, sondern ein konkretes Objekt, das auf spezielle Art verursacht wurde. Auf diese Weise beantwortet die kausalhistorische Theorie die Frage nach der Existenz von Kunstwerken.

Die Frage nach dem Wesen von Kunstwerken wird durch eine Bestimmung der Art von Idee beantwortet, die für die Verursachung eines Kunstwerks erforderlich ist. Der wohl aussichtsreichste Vorschlag lautet, dass ein Objekt dann ein Kunstwerk ist, wenn es vom Künstler als Kunstwerk gedacht und zum Kunstwerk erklärt wird. Der große Vorzug dieses Vorschlags besteht darin, dass er *Ready-Mades* und *Objets Trouvés* mit einschließt.

Einwand 1. Die Antwort der kausalhistorischen Theorie auf die Frage nach der Existenz von Kunstwerken zeigt, dass die Theorie im Grunde eine physikalistische Theorie darstellt: Das Kunstwerk ist das physische Objekt, aus dem es besteht. Wie jeder Physikalismus ist die kausalhistorische Theorie dem Einwand ausgeliefert, sie könne reproduzierbare Kunstwerke nicht erklären.

Erwiderung. Die kausalhistorische Theorie vermag gerade reproduzierbare Kunstwerke sehr gut zu erklären. Alle Objekte, die in einem angemessenen Kausalzusammenhang zur ursprünglichen Idee des Künstlers stehen, bilden Exemplare desselben Kunstwerks. Wird ein Buch mehrmals gedruckt, so sind die einzelnen Exemplare Kopien des Originals. Sie stehen also im richtigen Kausalzusammenhang zur ursprünglichen Idee, sind Exemplare desselben Kunstwerks.

Einwand 2. Die Antwort der kausalhistorischen Theorie auf die Frage nach dem Wesen von Kunst ist zu umfassend. Sie schließt auch Nicht-Kunstwerke mit ein. Bezeichnet jemand, der sich selbst für einen Künstler hält, einen Blumentopf auf seinem Balkon als Kunst, so wäre der Blumentopf entsprechend der kausalhistorischen Theorie ein Kunstwerk. Wir würden diesen Status dem Blumentopf jedoch nicht zuschreiben.

Erwiderung. Dieser Einwand wird keinen Vertreter der kausalhistorischen Theorie beunruhigen. Wenn die Weihe durch den Hobbykünstler als Kunstdeklaration anerkannt wird, dann ist der Blumentopf ein Kunstwerk; wenn nicht, dann nicht, also genau wie die Theorie voraussagt.

Einwand 3. Die Antwort der kausalhistorischen Theorie auf die Frage nach dem Wesen von Kunstwerken ist zu wenig umfassend. Es gibt Kunstwerke, die von ihren Künstlern nicht als solche angesehen und deklariert werden, die dennoch nachträglich als Kunst bezeichnet werden. Zum Beispiel werden auch Kinderzeichnungen in Museen ausgestellt.

Erwiderung. Die Theorie lässt sich erweitern, um die angeblichen Gegenbeispiele in die Definition mit einzuschließen. Eine Deklaration zum Kunstwerk kann auch von einer Person vollzogen werden, die selbst nicht die Urheberin des Objektes ist, sofern sie zu der Deklaration in einer näher zu bestimmenden Weise bevollmächtigt ist. Diese Kriterien lassen sich vielleicht mit Hilfe der Zwecke von Kunst bestimmen.

Zusammenfassung

Was ist der ontologische Status von Kunstwerken? Das Kunstwerk ist ein physisches Objekt, behauptet der Physikalist. Es ist eine Idee, behauptet der Mentalist, entweder im Geist des Künstlers (Produktionsmentalismus) oder im Geist des Betrachters (Rezeptionsmentalismus). Der Vertreter der kausalhistorischen Theorie vertritt die These, dass das Kunstwerk ein durch eine spezielle Art von Idee verursachtes Objekt ist. Mentalistische Theorien sind insbesondere dem Einwand ausgesetzt, dass es ihnen zufolge unsichtbare Kunstwerke geben müsste. Physikalistische Theorien haben Schwierigkeiten damit, reproduzierbare Kunstwerke zu erklären. Der Vorschlag der kausalhistorischen Theorie scheint hier eine Lösung zu bieten. Was unterscheidet Kunst von Nicht-Kunst? Der Unterschied liegt in der speziellen Form, sagen gewisse Physikalisten. Er liegt in dem Ausdruck von Ideen, sagt der Produktionsmentalist. Der Rezeptionsmentalist überlässt die Kunstbestimmung dem Betrachter. Die kausalhistorische Theorie besagt, dass der Künstler oder zumindest eine dazu bevollmächtigte Person bestimmt, was ein Kunstwerk ist und was nicht. Der Rekurs auf Form oder Ausdruck von Ideen ist zu schwach, um zu bestimmen, was Kunst ist. Wenn andererseits der Betrachter, der Künstler oder eine bevollmächtigte Person bestimmt, was als Kunst gilt, dann scheint diese Annahme die Frage lediglich zu verschieben, denn dann müssen die Kriterien bestimmt werden, aufgrund deren die bevollmächtigten Personen die Deklaration zur Kunst vornehmen. Vielleicht lassen sich für die Entscheidung aber Kriterien aufstellen, die auf die Zwecke der Kunst zurückgreifen.

Literaturhinweise

Klassische Texte

Nelson Goodman, *Sprachen der Kunst. Entwurf einer Symboltheorie*, übers. von Bernd Philippi, Frankfurt a. M.: Suhrkamp, 1995.
Goodmans Versuch, eine allgemeine Symboltheorie zu entwerfen, gilt als Klassiker der Kunstphilosophie.

Arthur Danto, *Die Verklärung des Gewöhnlichen. Eine Philosophie der Kunst*, übers. von Max Looser, Frankfurt a. M.: Suhrkamp, 1984.
Dantos Buch gilt als Standardwerk der Kunstphilosophie.

Einführungen

Karlheinz Lüdeking, *Analytische Philosophie der Kunst. Eine Einführung*, München: Fink, 1998.

Dies ist eine leicht verständliche Einführung in die Kunstphilosophie.

Reinold Schmücker, *Was ist Kunst? Eine Grundlegung*, München: Fink, 1998 (UTB 2030).

Dies ist eine lesenswerte akademische Abhandlung der Frage, was Kunst ist.

XIII. Mensch

Was ist der Mensch? So lautet die Grundfrage der philosophischen Anthropologie. Sie ist so umfassend, dass viele klassische Fragen der Philosophie als Teilfragen von ihr angesehen werden können. So sagt zum Beispiel Immanuel Kant, dass man die Philosophie auf die vier Fragen zurückführen könne: 1. Was kann ich wissen?, 2. Was soll ich tun?, 3. Was darf ich hoffen?, 4. Was ist der Mensch? (Logik A26, vgl. zu den drei ersten Fragen KrV 832f.) Dabei könne man alle diese Fragen zur Anthropologie zählen, da sich die drei ersten auf die letzte beziehen. Man kann mit der Frage aber auch das bescheidenere Ziel verfolgen, einige Merkmale zu finden, die das Lebewesen Mensch auszeichnen. Bereits Platon und Aristoteles vertraten die Ansicht, der Mensch sei ein vernunft- (oder rationales) und sprachbegabtes Lebewesen (*zoon logon echon*) sowie ein soziales Lebewesen (*zoon politikon*). Soll damit der Mensch von nicht-menschlichen Tieren unterschieden werden, so impliziert der Vorschlag, dass Tiere weder vernunft- noch sprachbegabt sind (s. S. 131f.). Nun hat die empirische Forschung an Delfinen, Krähen, Schimpansen und anderen Tieren jedoch gezeigt, dass auch sie über eine gewisse Denkfähigkeit und einige von ihnen sogar über gewisse sprachliche oder jedenfalls kommunikative und auch über gewisse soziale Fähigkeiten verfügen. Wenn die genannten Fähigkeiten also den Menschen in Abgrenzung gegenüber anderen Tieren auszeichnen sollen, so müssen sie präzisiert werden.

Bevor auf diese Frage eingegangen werden soll, muss noch ein wichtiger Punkt geklärt werden. Die Frage, was der Mensch sei, ist nicht biologisch, sondern philosophisch. Wie jedes andere Lebewesen kann auch der Mensch in eine biologische Kategorie eingeteilt werden, und zwar in die Spezies Homo sapiens. Die Auffassung, die Charles Darwin (1809–1882) vertrat, dass der Mensch wie alle anderen Spezies im Verlauf der Evolution entstand (und nicht etwa durch göttliche Schöpfung), ist mittlerweile wissenschaftlich anerkannt. Belege für die Evolutionstheorie sind zahlreich. Dazu zählen Gesteinsschichten und Fossilien, Ähnlichkeiten im Körperbau, geographische Verbreitung, Ähnlichkeiten in der Embryonalentwicklung und Ähnlichkeiten in der genetischen Struktur. Die Grundlagen der Evolutionstheorie bilden die Prinzipien der Variation, Vererbung und natürlichen Selektion. Vereinfacht kann man die Theorie wie folgt darstellen: Es gibt Variation in den Eigenschaften von Individuen durch Veränderungen (Mutationen); einige dieser Eigenschaften werden vererbt; Individuen, die nicht genügend an die Umwelt angepasst sind, sterben und können keine Nachkommen produzieren, und Individuen, die gut an die Umwelt angepasst sind, überleben und können ihre vererbbaren Eigenschaften an ihre Nachkommen weitergeben. Damit lässt sich erklären, auf welche Weise verschiedene Arten von Lebewesen entstanden und wie sie sich entwickelten. Eine dieser Spezies ist der Mensch.

Durch die biologische Spezies wird jedoch kein Wesen bestimmt. Was ist mit »Wesen« aber gemeint? Mit Aristoteles können wir zwischen zwei Bedeutungen von »Wesen« unterscheiden. Zum einen bezeichnen wir mit dem Begriff konkrete Einzeldinge von einer bestimmten Art, zum Beispiel dieser bestimmte Mensch (Sokrates) oder dieser bestimmte Elefant (Hanno, der Elefant von Papst Leo X.). Wesen in diesem ersten Sinn entstehen, existieren eine Weile und vergehen wieder. Zum anderen bezeichnen wir mit dem Begriff die Art, zu der ein Wesen im ersten Sinn gehört und die wir mit Namen wie »Mensch« oder »Elefant« (oder »Stuhl«) bezeichnen. Das Wesen in diesem zweiten Sinn ist das, was ein Wesen im ersten Sinn zu dem macht, was es ist. Vieles, von dem, was wir von Wesen im ersten Sinn sagen, gehört nicht zu deren Wesen. Wir sagen zum Beispiel, Sokrates sei ein Athener. Das ist für Sokrates nicht wesentlich. Denn wenn man sagt, Sokrates sei kein Athener mehr, dann heißt das nicht, dass es Sokrates nicht mehr gibt, sondern lediglich, dass Sokrates nicht mehr das Bürgerrecht von Athen hat. Wenn man aber sagt, Sokrates sei kein Mensch, dann gibt es auch Sokrates nicht. Vielleicht gibt es dann etwas anderes, einen Körper vielleicht, aber es ist nicht Sokrates. Man kann hier unterscheiden zwischen den Eigenschaften, die für ein bestimmtes Ding wesentlich oder essentiell sind (z.B. das Menschsein für Sokrates), und Eigenschaften, die für das Ding nicht-wesentlich, sondern lediglich akzidentiell sind (z.B. das Athenersein für Sokrates). Die essentiellen Eigenschaften dienen uns dazu, ein Ding als ein Ding zu identifizieren und wiederzuerkennen.

1. Das rationale Wesen

Menschen sind rationale Wesen, d.h. sie sind fähig, vernünftig zu denken und zu handeln. Auch Tiere sind bis zu einem gewissen Grad dazu fähig. Die Krähe handelt vernünftig, wenn sie mit Hilfe von einem Draht ein Nahrungsstück aus einem Baumloch holt, dessen Öffnung für ihren Schnabel zu klein ist. Der Schimpanse handelt vernünftig, wenn er sich angesichts eines stärkeren Artgenossen einer paarungsbereiten Artgenossin nicht nähert. Dies sind nur zwei Beispiele dafür, dass viele Tierarten zu einem gewissen Grad über die Fähigkeit zu vernünftigem Handeln verfügen. Doch unter den bekannten Lebewesen ist nur der Mensch in der Lage, für seine Überzeugungen und Entscheidungen *Gründe* anzugeben. Wir können auf Fragen der folgenden Art antworten: Warum glaubst du, dass das Streichholz zu brennen beginnt, wenn man es reibt? Warum hast du dich dafür entschieden, diese Schule und nicht eine andere zu besuchen? Tiere können dies nicht.

Einwand 1. Wir können zwar Gründe für unsere Überzeugungen und Entscheidungen angeben, aber das heißt nicht, dass die Gründe, die wir angeben, auch die tatsächlichen Ursachen für diese sind. Das Phänomen der Selbsttäuschung ist seit der Antike bekannt und die psychologische Forschung zeigt, dass das Phänomen weit ausgeprägter ist, als wir gerne glauben würden. Nun könnte es aber auch sein, dass *keiner* der Gründe, die wir angeben, wirksam ist, sondern dass unsere Überzeugungen und unser Verhalten durch Zustände des Gehirns verursacht werden, und zwar unabhängig davon, ob wir uns irgendeines Grundes bewusst sind. Was wir unsere Gründe nennen, wären lediglich Konstrukte von uns, die keinen Einfluss auf unser Denken und Handeln haben; was auf diese Einfluss hat, wäre demnach nur das Gehirn.
Erwiderung. Die damit ausgedrückte Position besteht letztlich in der Verneinung der Willensfreiheit; das ist nicht überzeugend oder führt jedenfalls zu schwerwiegenden begrifflichen Problemen (s. S. 56 f.). Selbst wenn nicht bewiesen werden kann, dass unsere Gründe handlungswirksam sind, so bleibt es dennoch ein Merkmal des Menschseins, Überzeugungen und Entscheidungen zu begründen.

Einwand 2. Auch Computer sind in der Lage, aufgrund von Gründen zu handeln. Zum Beispiel muss ein Schachcomputer aufgrund der Spielsituation entscheiden, welchen Zug er als nächsten ausführen wird. Diese Entscheidungen basieren auf der Überlegung, dass dieser Zug im Vergleich zu anderen Optionen die Beste ist. Der Computer kann so programmiert sein, dass er seine Begründungen auch kundgibt. Somit könnte man auch sagen, dass

Computer ihre Entscheidungen begründen. Das genannte Merkmal schließt also Computer nicht aus.

Erwiderung. Mit der These, dass der Mensch ein rationales Wesen sei, wird nicht gesagt, dass Rationalität alleine hinreichend für das Menschsein sei. Dazu gehört auch, dass das Wesen ein Lebewesen ist, das wahrnehmen, fühlen und sich bewegen kann. Damit man einen Computer als Menschen ansehen könnte, müsste er also alle diese Eigenschaften ebenfalls haben. Es ist nicht ausgeschlossen, dass ein von Menschen geschaffenes Wesen irgendwann einmal diese Eigenschaften haben wird. Damit würde aber nicht gezeigt, dass unser Begriff vom Menschen mangelhaft wäre. Er würde nun lediglich auf Wesen angewandt, die nicht zugleich zur Spezies Homo Sapiens gehören.

2. Das soziale Wesen

Der Mensch ist auch ein soziales Wesen. Aristoteles sieht in der politischen Vereinigung den Zweck des Menschen; dagegen wendet sich jedoch Thomas Hobbes, wenn er behauptet, der Mensch sei allein durch das Eigeninteresse geleitet (s. S. 153). Karl Marx (1818–1883) und Friedrich Engels (1820–1895), die Begründer des Historischen Materialismus (s. S. 87), setzen die soziale Natur des Menschen an einer anderen Stelle an, nämlich bei der *Arbeit*. Wie jedes Tier lebt auch der Mensch von der Natur in der Form von Nahrung, Kleidung und Wohnung. Doch im Unterschied zu einem Tier, das eins ist mit seiner Lebenstätigkeit, ist der Mensch von dieser getrennt. Ihm erscheint die Lebenstätigkeit lediglich als *Mittel* zur Befriedigung des Bedürfnisses nach Überleben. Indem der Mensch seine Lebensmittel herstellt, produziert der Mensch *sich selbst*, d. h., er wird erst durch diese Arbeit zum Wesen, das er ist, nämlich zu einem Lebewesen, welches die Lebenstätigkeit lediglich als ein Mittel zur Befriedigung des Bedürfnisses nach Überleben versteht. In dieser Hinsicht unterscheidet sich der Mensch von den Tieren. Die Arbeit ist Teil der ökonomischen Struktur der Gesellschaft. Somit ist jeder Mensch durch seine Lage innerhalb der ökonomischen Gesellschaftsstruktur bestimmt. Je mehr sich eine Gesellschaft entwickelt, desto komplexer wird die Produktion von Lebensmitteln und anderen Gütern, und desto größer wird auch der Grad der Arbeitsteilung. Während in einer Agrargesellschaft fast jeder sein eigenes Gemüse anbaut, sind in einer kapitalistischen Gesellschaft nur noch vergleichsweise wenige für die Produktion von Nahrungsmitteln zuständig; die meisten Menschen produzieren als Spezialisten Kleider, Möbel, Baumaterialien, Transportmittel und vieles andere mehr.

Dieser hohe Grad der Arbeitsteilung, der für die kapitalistische Gesellschaft charakteristisch ist, führt laut Marx und Engels zur *Entfremdung* des Menschen von seinem Leben. Sie zwingt den Arbeiter, Dinge zu tun, die in keinem sinnvollen Verhältnis mehr zu seiner Lebenstätigkeit stehen. Man vergleiche einen Bauern, der sein Feld bebaut und sein Vieh auf die Weide führt, mit einem Arbeiter, der am Fliessband in immer gleichen Abständen die immer gleiche Handbewegung täglich tausendmal vollzieht. Zur Überwindung der Entfremdung des Menschen von seinem Leben entwickeln Marx und Engels den Kommunismus, die Utopie von einer klassenlosen Gesellschaft, in der jedes Individuum die Möglichkeit hat, eine frei gewählte, sinnvolle und somit befriedigende Arbeit auszuüben. Es stellt sich dann die Frage, inwieweit diese Utopie umsetzbar ist.

Einwand 1. Der Mensch ist nicht durch die Lage in der ökonomischen Gesellschaftsstruktur bestimmt, sondern durch gar nichts außerhalb von sich selbst. Der Mensch ist das, wozu er sich macht. Dies ist nach Jean-Paul Sartre (1905–1960) der erste Grundsatz des Existentialismus. Der Mensch ist dazu verurteilt, frei zu sein, d.h. sich selbst zu gestalten. Dies impliziert, dass der Mensch die volle Verantwortung für sich übernehmen muss. Wer nicht anerkennt, dass er in allen seinen Entscheidungen frei ist, belügt sich selbst. Sartre nennt dies »Unaufrichtigkeit« (*mauvaise foi*).

Erwiderung. Sartre überschätzt den Grad des menschlichen Handlungsspielraums. Wir fällen unsere Entscheidungen aufgrund dessen, was wir sind. Und das, was wir sind, ist zumindest teilweise durch die Gesellschaft und unsere Umgebung bestimmt. Somit wäre es auch unfair, einem Menschen die volle Verantwortung für sein Leben zu übertragen.

Einwand 2. Der historische Materialismus ist nicht hinreichend, um den Menschen als geschlechtliches Wesen zu erfassen. Menschen werden mit einem männlichen oder weiblichen Geschlecht geboren. Das biologische Geschlecht ist jedoch nicht das, was uns zu Frauen und Männern macht. Frauen und Männer werden wir aufgrund der je unterschiedlichen gesellschaftlichen Rollen, die uns von der Gesellschaft zugewiesen werden. Dies ist die These von Simone de Beauvoir (1908–1986). Sie zeigt, dass der historische Materialismus nicht hinreichend ist, um die Frage zu beantworten, was eine Frau ist. Denn zur Klasse der Arbeiter gehört man aufgrund der ausgeübten Arbeit, zu einem biologischen Geschlecht gehört man aber aufgrund der Geburt. Die Unterdrückung der Frau hat somit andere Grundlagen als die Unterdrückung der Arbeiter. Was eine Frau (und was ein Mann) ist, kann mit der Theorie von Marx und Engels nicht erklärt werden.

3. Das moralische Wesen

Der Mensch ist nicht nur ein rationales Wesen, das aufgrund von Gründen, sondern auch ein Wesen, das darüberhinaus auch aufgrund *moralischer* Gründe handeln kann. Zum Beispiel kann ein Mensch sich dazu entscheiden, jemandem zu helfen, weil es das ist, was aus moralischer Sicht zu tun ist, und nicht etwa aus dem Grund, weil man Mitleid mit der Person empfindet oder weil es einem selbst nützt, nicht, weil man eine Neigung dazu empfindet, sondern weil man es als die eigene Pflicht erkennt (s. S. 169).

Einwand 1. Die moralischen Pflichten, die sich im Abendland etabliert haben, beruhen auf christlichen Vorstellungen. Diese sind nicht allgemein gültig. Untersuchen wir, wie unsere moralischen Begriffe entstanden sind, so müssen wir erkennen, sagt Friedrich Nietzsche (1844–1900), dass früher, in der Antike, andere Werte als heute galten, nämlich z. B. Kühnheit oder Tapferkeit. Nietzsche nennt dies die »Herrenmoral«. Durch das Judentum und das Christentum sei es zu einer Umwertung dieser Werte gekommen: Nun würden Mitleid und Nächstenliebe als »gut« gelten. Da diese Werte ihren Ursprung im Gefühl des Ressentiments gegen andere oder sich selbst haben sollen, nennt Nietzsche dies eine »Sklavenmoral«. Der »freie Geist«, der sich der Entstehung der Werte bewusst sei, habe nun die Aufgabe, die Werte erneut umzukehren und den Weg zu bereiten für den Menschen, der unerschrocken nach seinem eigenen Willen lebt, den »Übermenschen«.

Erwiderung. Nietzsche zeigt nicht, dass es keine Moral gibt, die für alle Menschen zu allen Zeiten gilt, sondern lediglich, dass das, was man unter Moral verstanden hat, je nach Zeit verschieden ist. Der Mensch, der nach seinem eigenen Willen lebt, behält die Fähigkeit, nach moralischen Gründen zu handeln, auch wenn er nicht tatsächlich nach diesen handelt.

Einwand 2. Der Mensch ist ebenso fähig, nach moralischen Gründen zu handeln, wie er auch fähig ist, das Böse zu tun, d.h. aus Eigennutz, Habgier, Neid, oder dergleichen zu handeln. Die These geht jedoch zu wenig weit, denn es gibt auch, so Hannah Arendt (1906–1975), ein Verhalten, das die Bedingungen des Menschseins selbst zerstört. Arendt sieht dies in der Vernichtung der Juden durch die Nationalsozialisten erreicht. Ziel der Konzentrationslager sei die Zerstörung der Individualität und Spontaneität der Lagerinsassen und damit die Abschaffung der Möglichkeit des menschlichen Handelns überhaupt gewesen. Dieses Verhalten nennt Arendt das »radikal Böse«. In ihrer Reportage über den Prozess an Adolf Eichmann, einem Hauptverantwortlichen für die Deportation der Juden in die Konzentrationslager, kommt Arendt aufgrund von Aussagen von Eichmann wie die, er habe aus »Pflicht« gehandelt, zum Schluss, dass das Böse nicht teuflisch oder dämonisch sein müsse, sondern auch aus alltäglichen Gründen ausgeführt werden könne. Sie nennt dies die »Banalität des Bösen«. Dies enthebt jedoch weder Eichmann noch sonst irgendjemand von der Pflicht, zu denken und Entscheidungen nach eigenem Gewissen zu treffen. Eichmann ist verantwortlich für das, was er getan hat. Zum Menschen scheint aber auch die Fähigkeit zu gehören, die Bedingungen des Menschseins zu zerstören.

Zusammenfassung

Die Frage nach dem Wesen des Menschen ist nicht biologisch, sondern philosophisch, denn die Zugehörigkeit zu einer Spezies bestimmt kein Wesen. Der Mensch kann unter anderem als rationales, soziales und moralisches Wesen angesehen werden. Der Mensch ist in der Lage, Gründe für seine Überzeugungen und Entscheidungen anzugeben. Dies ist auch dann der Fall, sollte der Mensch keinen freien Willen haben. Der Mensch wird laut Marx und Engels erst durch die Arbeit zum Menschen und sein Wesen ist durch seine Lage in der ökonomischen Struktur der Gesellschaft bestimmt. Damit können jedoch nicht alle Aspekte des sozialen Wesens erfasst werden, zum Beispiel nicht das Geschlecht, wie de Beauvoir zeigt, und man kann einwenden, dass damit der Einfluss der Gesellschaft überschätzt werde. Der Mensch ist auch in der Lage, aus moralischen Gründen zu handeln. Nietzsche stellt in Frage, ob es überhaupt eine allgemeingültige Moral gibt, und Arendt vertritt die These, dass der Mensch dazu fähig ist, die Bedingungen des menschlichen Handelns selbst zu zerstören.

Literaturhinweise

Karl Marx / Friedrich Engels, *Die Deutsche Ideologie*, Berlin: Akademie-Verlag, 2004.

Diese Darstellung des historischen Materialismus bietet einen guten Einstieg in die Philosophie von Marx, die er in seinem Hauptwerk, *Das Kapital*, ausarbeitet. Ausschnitte aus beiden Werken und aus anderen findet man kompakt in: Karl Marx, *Philosophische und ökonomische Schriften*, hrsg. von Johannes Rohbeck und Peggy H. Breitensein, Stuttgart: Reclam, 2008.

Friedrich Nietzsche, *Genealogie der Moral*, Stuttgart: Reclam, 1988.

– *Jenseits von Gut und Böse*, Stuttgart: Reclam, 1988.

Diese zentralen Werke bieten einen guten Einstieg in die Ansichten von Nietzsche zur Moral.

Simone de Beauvoir, *Das andere Geschlecht*, übers. von Eva Rechel-Mertens und Fritz Monfort, Reinbek: Rowohlt, 1951.

Diese umfangreiche Studie der Situation der Frau gilt als ein grundlegendes Buch des Feminismus.

Jean-Paul Sartre, *Ist der Existentialismus ein Humanismus?*, Frankfurt a. M.: Ullstein, 1989.

Dieser kürzere Text bietet einen guten Einstieg in die Philosophie von Sartre. Sein Hauptwerk, *Das Sein und das Nichts*, ist umfangreich und vergleichsweise schwierig zu verstehen.

Hannah Arendt, *Elemente und Ursprünge totalitärer Herrschaft*, München: Piper, 1986.

In dieser umfangreichen Studie analysiert Arendt die Judenvernichtung der Nazis als radikal Böses.

Hannah Arendt, *Eichmann in Jerusalem. Ein Bericht von der Banalität des Bösen*, München: Piper, 1964.

In dieser Reportage über den Prozess von Adolf Eichmann stellt Arendt die später kontrovers diskutierte These der Banalität des Bösen auf.

Martha Nussbaum, *Konstruktionen der Liebe, des Begehrens und der Fürsorge*, Stuttgart: Reclam, 2002.

Nussbaum stellt eine Liste von Grundbedürfnissen des Menschen auf und verteidigt eine kognitive Theorie der Emotionen.

XIV. Angewandte Ethik

In der Ethik wird unter anderem nach allgemeinen Prinzipien für die Begründung unserer Handlungen gesucht. Zwei Prinzipien dieser Art sind besonders berühmt, der Kategorische Imperativ von Kant und das utilitaristische Prinzip von Bentham und Mill (s. S. 177). In der angewandten Ethik geht es darum, solche Prinzipien auf konkrete Fälle anzuwenden und so zu prüfen, ob das Resultat unseren moralischen Intuitionen entspricht. Wenn das Resultat unserer moralischen Intuition nicht entspricht, so kann dies bedeuten, dass wir entweder das Prinzip korrigieren müssen oder dass wir unsere Intuition ändern sollten. Zu den meistdiskutierten Themen der angewandten Ethik zählen unter anderen Tierethik, Abtreibung, Embryonenforschung, Sterbehilfe, Armut und Umwelt. In diesem Kapitel werden drei dieser Themen genauer vorgestellt.

1. Tiere

Viele Menschen essen Fleisch. Man kann dieses Verhalten mit der Geschichte des Menschen erklären. Vor Tausenden von Jahren waren die Menschen Jäger und Sammler. Sie aßen das Fleisch von Tieren, die sie erlegen konnten, und sie verspeisten die essbaren Wurzeln, Blätter und Beeren, die sie finden konnten. Ohne den Konsum von Fleisch hätten sie wohl nicht überleben können. Dass unsere Vorfahren Fleisch aßen, mag vielleicht erklären, weshalb wir auch heute noch Fleisch essen. Ein Fleischesser könnte nun die Position vertreten, dass es moralisch völlig unbedenklich sei, Fleisch zu essen. Gegen diese Behauptung gibt es jedoch verschiedene Einwände.

Einwand 1. Peter Singer (geb. 1946), einer der einflussreichsten Vertreter der Bewegung zur Befreiung der Tiere, vergleicht die Einstellung des Fleischessers gegenüber Tieren mit der eines Rassisten gegenüber anderen Menschenrassen. So wie jener die Interessen von Menschen allein aufgrund der Zugehörigkeit zu einer bestimmten Rasse als geringer achtet als die Interessen von Menschen einer anderen Rasse, so achtet der Fleischesser die Interessen von Lebewesen allein aufgrund ihrer Zugehörigkeit zu einer bestimmten Spezies geringer als die Interessen der eigenen Spezies. Diese Einstellung nennt Singer »Speziesismus«. Sie widerspricht dem ethischen Grundsatz, dass die Interessen eines jeden Individuums gleich wie die eines anderen Individuums behandelt werden müssen. Die Frage ist nun jedoch, welche Interessen Tiere genau haben. Man könnte behaupten, dass die Tiere, die wir zu Nahrungszwecken töten, zum Beispiel Schweine, Rinder und Kälber, Schafe und Lämmer, verschiedenes Geflügel und Fische, eine bestimmte Leidensfähigkeit nicht haben. Dagegen spricht aber mindestens zweierlei. Erstens zeigen diese Tiere ein Verhalten, das Anzeichen dafür ist, dass sie leiden. Zum Beispiel geben Kühe Laute der Unzufriedenheit von sich, wenn ihnen ihre Kälber weggenommen werden. Zweitens ist das Gehirn dieser Tiere so weit entwickelt, dass sich in diesen die Vorgänge abspielen können, die für das Schmerzempfinden notwendig sind. Sicherlich können Tiere nicht Gefühle von derselben Komplexität haben wie Menschen. Ein Schwein kann sich beispielsweise nicht stolz fühlen und ein Schaf kann sich nicht schämen. Aber dass Säugetiere Lust und Schmerzen empfinden, kann nicht ernsthaft bestritten werden. So wie Menschen haben auch Tiere ein Interesse daran, unnötige Schmerzen zu vermeiden. In der modernen Aufzucht in der Massentierhaltung werden sie so gemästet, dass auf möglichst billige Art möglichst viel Fleisch produziert wird. Dazu werden die Tiere meist auf engem Raum gehalten, erhalten keinen freien

Auslauf und werden an sozialen Interaktionen mit Artgenossen gehindert. Die Haltung auf engem Raum führt zu einer erhöhten Gefahr, dass die Tiere krank werden und Seuchen sich ausbreiten. Das Verhindern von sozialen Interaktionen kann zu verschiedenen Verhaltensstörungen führen. Derartiges Leiden, welches den Tieren in der Massentierhaltung zugefügt wird, ist nicht im Interesse dieser Tiere. Sie müssen diese Leiden erfahren, damit Menschen, die sich auch anders ernähren könnten, billiges Fleisch essen können. Wer Fleisch aus Massentierhaltung konsumiert, ist somit eine Speziesist.

Erwiderung. Das Argument gilt für die Massentierhaltung, aber nicht für die traditionelle und die ökologischen Tierhaltung. Hier werden die Tiere auf genügend großem Raum gehalten, sie erhalten freien Auslauf, sie werden nicht an sozialen Interaktionen mit Artgenossen gehindert und es werden ihnen vor dem Schlachten keine unnötigen Schmerzen zugefügt. Wenn das Schlachten so durchgeführt wird, dass das Tier keine nennenswerten Schmerzen spürt, dann wird zumindest dieses Interesse erfüllt.

Einwand 2. Nicht zu leiden, ist nicht das einzige Interesse der Tiere. Tiere wollen nicht sterben, sondern weiterleben. Tötet man Tiere, so handelt man damit gegen ihr Interesse, am Leben zu bleiben. Doch wie groß ist der Schaden, den man Tieren damit zufügt?

Es ist schwierig zu sagen, wie groß der Wert eines Tierlebens ist, da man dabei den Wert vom Leben für das betroffene Tier bestimmen und mit dem Wert anderer Leben vergleichen können müsste. Das ist keine einfache Aufgabe. Man könnte den Wert des Lebens daran messen, zu welcher Art von lustvollen Erlebnissen ein Wesen fähig ist, zum Beispiel durch Essen und Trinken, Bewegung, Sozialkontakt und Sexualkontakt. Tötet man ein Lebewesen, so schadet man ihm dadurch, dass man ihm die Möglichkeit zu zahlreichen lustvollen Erfahrungen nimmt.

Wenn man also mit einem anderen Nahrungsmittel einen vergleichbaren Nährwert und Genuss erzielen kann, ohne einem Tier das Leben zu nehmen, so ist dieses Nahrungsmittel dem anderen aus ethischer Sicht vorzuziehen. Da die meisten von uns in wohlhabenden Ländern die Möglichkeit haben, auf solche Nahrungsmittel zurückzugreifen, plädiert Singer aus utilitaristischen Gründen dafür, ganz auf den Konsum von Fleisch zu verzichten.

Einwand 3. Es ist nicht nötig, sich auf den Vergleich von Lustzuständen einzulassen, um das Töten von Tieren als moralisch verwerflich auszuweisen. Jedes fühlende Lebewesen hat ein moralisches Recht auf Leben, d.h. es ist moralisch unzulässig, ein fühlendes Lebewesen zu töten. Es spielt keine Rolle, wie glücklich oder ereignisreich das Leben ist: Ein Leben ist ein Leben. Tom Regan (geb. 1938), der diese Ansicht vertritt, bezieht sich in seiner Argumentation auf Kants Ethik und genauer auf den Kategorischen Imperativ, entsprechend dem man ein Vernunftwesen niemals bloß als Mittel verwenden darf (s. S. 171). Regan weitet dieses Prinzip auf alle Wesen aus, die »Subjekte eines Lebens« sind.

2. Abtreibung

Die Frage, ob Abtreibung moralisch erlaubt ist, wurde in den letzten Jahrzehnten heftig diskutiert. Bis 1967 war Abtreibung mit Ausnahme von Dänemark und Schweden in fast allen Ländern illegal. Dann wurde das Gesetz zunächst in Großbritannien, später auch in den USA und in zahlreichen europäischen Staaten liberalisiert. Hintergrund der ursprünglichen Gesetze ebenso wie der Abänderungen sind zumindest zum Teil auch moralische Überlegungen.

Die Gegner der Abtreibung argumentieren oftmals wie folgt: Es ist unrecht, ein unschuldiges menschliches Wesen zu töten; ein menschlicher Fötus ist ein unschuldiges menschliches Wesen; deshalb ist es unrecht, einen menschlichen Fötus zu töten. Damit stellt sich zunächst die Frage, ob der Fötus bereits ein menschliches Wesen ist, oder allgemeiner, wann das menschliche Leben beginnt. Man kann der Ansicht sein, dass ein menschliches Leben bereits mit der Zeugung, mit der Befruchtung der Eizelle beginnt. Dann muss man allerdings die Frage beantworten, ob das menschliche Leben nicht bereits mit der unbefruchteten Eizelle beginnt. Andererseits kann man wohl kaum behaupten, dass das menschliche Leben erst mit der Geburt beginnt, denn ein Frühgeborenes kann unter gewissen Umständen (und dank technologischer Entwicklung ab einem immer früheren Zeitpunkt) überleben. Entscheidend ist jedoch nicht, wann das Leben beginnt, sondern welchen Wert man dem Leben in einem bestimmten Entwicklungsstadium zuspricht. Die Vertreter einer radikal konservativen Position erachten bereits das Leben der befruchteten Eizelle als schützenswert und somit jede Abtreibung als ein moralisches Unrecht.

Einwand 1. Es gibt keinen moralisch relevanten Unterschied zwischen einer befruchteten und einer unbefruchteten Eizelle. Somit würde aus der radikal konservativen Position die absurde Ansicht folgen, dass es jedes Mal ein Unrecht wäre, wenn eine Frau nicht verhindert, dass eine Eizelle unbefruchtet aus ihrem Körper ausgeschieden wird.

Einwand 2. Wenn jede befruchtete Eizelle schützenswert ist, so müsste man entweder die unplausible Ansicht vertreten, dass jede der künstlich durch In-Vitro-Fertilisation (IVF) befruchteten Eizellen ausgetragen werden muss oder dass jegliche künstliche Befruchtung aus moralischen Gründen verboten ist, was ebenso unplausibel ist.

Einwand 3. Man kann einem Wesen erst dann Interessen zuschreiben, wenn es fähig ist, Lust und Schmerz zu empfinden. Nur das Leben von einem zumindest leidensfähigen Wesen hat einen Wert an sich. Bis zur 18. Schwangerschaftswoche ist der Teil des Gehirns, der mit Schmerzempfindung und allgemein Bewusstsein verbunden ist, noch nicht so weit entwickelt, dass sich in ihm die Vorgänge abspielen können, die für das Schmerzempfinden notwendig sind. Aus diesem Grund betrachtet Peter Singer einen Schwangerschaftsabbruch, der vor der 18. Schwangerschaftswoche durchgeführt wird, als moralisch neutral. Nach diesem Zeitpunkt muss der Fötus aus demselben Grund vor Schaden geschützt werden, der auch für empfindungsfähige nichtmenschliche Lebewesen gilt.

Erwiderung. Der Fötus entwickelt sich unter normalen Umständen zu einem erwachsenen Menschen. Man kann auch dem nicht-empfindungsfähigen Fötus das Interesse zuschreiben, sich zu einem erwachsenen Menschen zu entwickeln. Indem man einen Fötus abtreibt, fügt man diesem Fötus den Schaden zu, dass er sich nicht zu einem erwachsenen Menschen entwickeln kann.

Erwiderung auf die Erwiderung. Es geht nicht nur um die Interessen des Fötus, sondern auch um diejenigen der schwangeren Frau. Die Interessen von einer schwangeren Frau wiegen mehr als diejenigen von einem empfindungsfähigen Fötus, schreibt Singer.

Einwand 4. Vertreter des Feminismus machen geltend, dass Frauen ein moralisches Recht über die Kontrolle ihres Körpers haben und deshalb zur Austragung des Fötus moralisch nicht verpflichtet seien. Nun ist jedoch der Fötus nicht nur Teil des Körpers, sondern auch selbst ein Individuum. Judith Jarvis Thomson (geb. 1929) zieht deshalb eine Analogie zu einem fiktiven Fall, in welchem man ungewollt an einen berühmten Geigenspieler angeschlossen ist, der nur überleben kann, wenn er neun Monate angeschlossen bleibt. Dieser Geigenspieler habe laut Thomson kein moralisches Recht, den Körper eines anderen zu gebrauchen. Somit sei man auch nicht moralisch verpflichtet, den eigenen Körper für solch ein Projekt zur Verfügung zu stellen. Analog habe auch die schwangere Frau keine moralische Verpflichtung, den Fötus auszutragen.

Erwiderung. Wir haben dem Geigenspieler gegenüber eine moralische Verpflichtung. Wenn wir das Leben von einem erwachsenen Menschen retten können, indem wir nur neun Monate unseres Lebens opfern, so sind wir dazu moralisch verpflichtet. Wenn also die Analogie gut wäre, so dürften wir auch keinen Fötus abtreiben. Doch die Analogie ist schlecht, denn ein Geigenspieler ist ein erwachsener Mensch, ein Fötus nicht.

3. Armut und Reichtum

Der Reichtum der Menschen ist extrem ungleich verteilt. Einige sind sehr arm, andere sehr reich. Doch was heißt es, arm zu sein? Man kann Armut relativ definieren, z.B. könnte man sagen, dass derjenige arm ist, der weniger als die Hälfte des durchschnittlichen Einkommens in einer Gesellschaft verdient. Dieser Armutsbegriff ist aber nur bedingt aussagekräftig, da es der Fall sein kann, dass jemand, der in der einen Gesellschaft als arm gilt, in einer anderen mit demselben Einkommen als reich gelten würde. Für einen globalen Vergleich ist die relative Definition somit nicht hilfreich.

Man kann den Begriff aber auch absolut definieren. Dann kann man jedoch nicht das reine Einkommen hinzuziehen, weil die Preise von der einen Gesellschaft zur anderen verschieden sein können. Zudem kann es sein, dass man aufgrund von klimatischen, sozialen und anderen Bedingungen je nach Gesellschaft unterschiedliche Bedürfnisse hat, die für ein armutsloses Leben befriedigt sein müssen. Folglich muss man den Begriff der absoluten Armut daran anpassen. Eine Möglichkeit besteht darin, dass man die Fähigkeit berücksichtigt, Waren von einem bestimmten Typ zu kaufen. Eine andere und tiefer greifende Möglichkeit besteht darin, dass man berücksichtigt, was man erreichen kann. So hat zum Beispiel der Philosoph und Wirtschaftswissenschaftler Amartya Sen (geb. 1933) den Vorschlag gemacht, den Begriff Armut über die grundlegenden Fähigkeiten zur Arbeit zu definieren. Ähnlich definieren die Vereinten Nationen den Begriff, nämlich über verschiedene Faktoren wie die wirtschaftliche Grundversorgung (Zugang zu Nahrung, sauberem Wasser, Gesundheitsvorsorge), Lebenserwartung und Alphabetisierung.

Unterstellt man diese Definition, so leben auf der Welt Millionen von Menschen in absoluter Armut. Sie haben ständig Hunger, leiden an Mangelkrankheiten, haben weder Zugang zu sauberem Wasser noch zu Gesundheitsvorsorge und können weder lesen noch schreiben. Täglich sterben Tausende von Menschen, vor allem Kinder, an den Folgen von Unterernähung. Zur gleichen Zeit leben Millionen von Menschen in absolutem Reichtum. Sie haben ein höheres Einkommen, als für ihr Leben notwendig ist. Nachdem sie ihre Bedürfnisse nach Nahrung, Wohnung, Kleidung, Gesundheitsvorsorge und Bildung befriedigt haben, bleibt ihnen immer noch genügend Geld übrig, um sich Luxusartikel zu leisten. Sie suchen das Essen aus, das ihnen schmeckt, nicht das Essen, das ihren Hunger stillt.

Haben die absolut Reichen die moralische Verpflichtung, den absolut Armen zu helfen? Peter Singer hat ein Argument entwickelt, das genau dies zeigen soll. Man stelle sich folgende Situation vor. Wir sehen in einem Teich ein kleines Kind, das zur vor dem Ertrinken ist, und wir wissen, dass wir es retten können, indem wir in den Teich hineinwaten und es herausziehen. In einer solchen Situation sind wir moralisch verpflichtet, das zu tun, denn der Wert der Schuhe und Kleider, die wir damit verschmutzen, sind unbedeutend im Vergleich zum Leben, das wir damit retten würden. Können wir etwas Schlechtes verhindern, ohne etwas von vergleichbarer moralischer Bedeutsamkeit zu opfern, so sollten wir es tun. Auch gegenüber den Tausenden von Kindern, die täglich an Unterernährung sterben, befinden wir uns in einer solchen Situation. Das Argument lautet ausformuliert wie folgt: Können wir etwas Schlechtes verhüten, ohne etwas von vergleichbarer moralischer Bedeutsamkeit zu opfern, sollten wir es tun; absolute Armut ist schlecht; es gibt ein bestimmtes Maß an absoluter Armut, das wir verhüten können, ohne irgend etwas von vergleichbarer moralischer Bedeutung zu opfern; daraus folgt: wir sollten ein bestimmtes Maß an absoluter Armut verhüten. Und das bedeutet konkret: Wir sollten den Ärmsten dieser Welt von unserem Geld spenden. Singer schlägt vor, dass wir ca. 10 % unseres Einkommens spenden sollten; die einen etwas weniger, die anderen etwas mehr.

Einwand 1. Es ist nicht klar, wie wir ein bestimmtes Maß an absoluter Armut verhüten können. Singer schlägt vor, dass wir Geld spenden. Doch es ist nicht klar, ob wir damit tatsächlich absolute Armut verringern, denn dieses Geld, das wir spenden, wurde in einem kapitalistischen System erwirtschaftet, das unter anderem die Ärmsten dieser Welt ausbeutet. Die Spende selbst kann negative Auswirkungen haben. Zum Beispiel können Nahrungsmittel, die in eine Region verschickt werden, die lokale Landwirtschaft zu Grunde richten.

Einwand 2. Selbst wenn wir mit einer Spende die absolute Armut verringern könnten, ist nicht klar, ob dies die beste Möglichkeit ist. Man könnte das Geld auch einsetzen, um

Politik zu machen. Man könnte zum Beispiel eine klassenlose Gesellschaft im Sinne von Marx und Engels anstreben (s. S. 242). Oder man könnte ein globales liberales Wirtschaftssystem anstreben, das im Sinne von Adam Smith (1723–1790) allen Individuen dieser Welt möglichst viel Freiraum gibt, da die Erfahrung lehrt, dass ein solches System längerfristig zu mehr Wohlstand als andere Systeme führt. Jedenfalls ist das Problem der Armut komplexer, als es das Argument erscheinen lässt.

Zusammenfassung

Die angewandte Ethik ist die Anwendung ethischer Prinzipien auf konkrete Fälle. Ein solcher Fall ist das Töten von Tieren zu Nahrungszwecken: Dagegen argumentiert Singer auf der Grundlage seiner utilitaristischen Position und Regan mit Tierrechten. Ein weiterer Fall ist der Schwangerschaftsabbruch: Singer argumentiert dafür, dass die Abtreibung von nicht-empfindungsfähigen Föten moralisch neutral ist und dass im Normalfall auch die Abtreibung von empfindungsfähigen Föten moralische erlaubt ist. Thomson formuliert ein feministisches Argument, das jedoch auf einer problematischen Analogie beruht. Ein dritter Fall ist der Umgang mit Armut: Singer argumentiert dafür, dass wir dazu verpflichtet sind, absolute Armut zu lindern. Das Armutsproblem ist jedoch komplexer, als es sein Argument erscheinen lässt.

Literaturhinweise

Peter Singer, *Praktische Ethik*, übers. von Oscar Bischoff, Jean-Claude Wolf und Dietrich Klose, Neuausgabe, Stuttgart: Reclam, 1994.

Dies ist eine hervorragende Einführung in die angewandte Ethik, die unter anderem die Themen Tierethik, Abtreibung, Sterbehilfe, Armut und Reichtum, Flüchtlinge und Umwelt behandelt.

Wolfgang Lenzen, *Liebe, Leben, Tod*, Stuttgart: Reclam, 1999.

Dies ist ebenfalls eine sehr gute Einführung in Themen der angewandten Ethik, die sich in Zusammenhang mit Liebe, Sex, Fortpflanzung und Sterben stellen.

Dieter Birnbacher (Hrsg.), *Ökologie und Ethik*, Stuttgart: Reclam, 1980.

Dieser Band vereinigt Aufsätze der frühen Umweltethik.

Urban Wiesing (Hrsg.), *Ethik in der Medizin*, Stuttgart: Reclam, 2004.

Dies ist eine umfangreiche Sammlung von Texten zu verschiedenen Themen der Medizinethik.

Ursula Wolf (Hrsg.), *Texte zur Tierethik*, Stuttgart: Reclam, 2008.

Dieser Band enthält die wichtigsten Beiträge zur Tierethik.

Anhang
Logik

Derjenige, der eine Meinung vertritt, muss sie auch begründen können. Die Begründung einer Meinung wird meist in Form eines Arguments gegeben. Ein Argument besteht zum einen aus Aussagen, von denen ausgehend argumentiert wird (Prämissen), und zum anderen aus einer Aussage, für die argumentiert wird (Konklusion). Die Verbindung zwischen Prämissen und Konklusion ist derart, dass derjenige, der die Prämissen akzeptiert, auch verpflichtet ist, die Konklusion zu akzeptieren.

Nicht jedes Argument ist gleich gut. Was macht die Güte eines Arguments aus? Ein Argument kann in *formaler* oder in *inhaltlicher* Hinsicht beurteilt werden. Ein formal richtiges Argument ist ein *gültiges* Argument. Ein gültiges und inhaltlich treffendes Argument ist ein *stichhaltiges* oder *schlüssiges* Argument. Ein Argument ist stichhaltig (oder schlüssig) genau dann, wenn es gültig ist und alle seine Prämissen wahr sind.

In diesem Kapitel wird es vorwiegend um die Gültigkeit von Argumenten gehen. Wann ist ein Argument gültig? Die philosophische Disziplin, die sich mit dieser Frage beschäftigt, heißt Logik. Die Darstellung in diesem Kapitel beschränkt sich auf die Grundzüge der klassischen Aussagenlogik. Zu Beginn werden die Bausteine der Logik eingeführt, um zu definieren, was ein gültiges Argument ist. Dann wird erläutert, wie die Gültigkeit eines Arguments beurteilt wird, und es werden verschiedene gültige und ungültige Argumentformen vorgestellt. In einem dritten, abschließenden Teil wird erklärt, wie Argumente kritisiert werden können.

1. Bausteine der Logik

Was ist eine Aussage? Eine Aussage ist ein Satz, der entweder wahr oder falsch ist. Ein Satz, der weder wahr noch falsch oder sowohl wahr als auch falsch ist, stellt keine Aussage dar. Zum Beispiel ist der Satz: »Denk nach!« keine Aussage, sondern ein Befehl. Er ist weder wahr noch falsch. Hingegen ist der Satz: »Heute scheint die Sonne« entweder wahr oder falsch. Man muss nur zum Fenster hinausschauen, und man kann erkennen, was der Fall ist. Aber Achtung: Auch der Satz: »Morgen wird es schneien« ist wahr oder falsch, und zwar selbst dann, wenn wir heute noch nicht beurteilen können, ob er wahr oder falsch ist.

Die Prämissen eines Arguments bestehen aus Aussagen. Im Alltag, aber auch in philosophischen Texten sind die Argumente oft unvollständig. Wenn ich zum Beispiel meine Aussage, dass die Sonne scheint, damit begründe, dass ich sehe, dass die Sonne scheint, dann gebe ich damit ein Argument, das immer noch unvollständig ist. Meine Prämisse lautet: Ich sehe, dass die Sonne scheint. Meine Konklusion lautet: Die Sonne scheint. Ein vollständiges Argument ist dies noch nicht, weil der logische Zusammenhang zwischen der Prämisse und der Konklusion noch nicht angegeben ist. Dies lässt sich zum Beispiel mit dem Zusatz der folgenden Prämisse erreichen: Wenn ich sehe, dass die Sonne scheint, dann scheint die Sonne. Jetzt ist das Argument vollständig.

> Wenn ich sehe, dass die Sonne scheint, dann scheint die Sonne. (Erste Prämisse)
> Ich sehe, dass die Sonne scheint. (Zweite Prämisse)
> Daraus folgt: Die Sonne scheint. (Konklusion)

Ist dieses Argument gültig? Zur Beurteilung dieser Frage ist zuerst zu klären, was genau ein gültiges Argument ist.

Ein gültiges Argument zeichnet sich durch eine spezielle *Form* aus: Wenn die Prämissen wahr sind, dann muss auch die Konklusion wahr sein. Man sagt auch: Die Konklusion folgt logisch aus den Prämissen. Die Frage, *ob* die Prämissen wahr sind und was ihr *Inhalt* ist, hat für die Beurteilung der Gültigkeit des Argumentes keine Relevanz. Ein Argument kann auch falsche Prämissen enthalten und dennoch gültig sein. Dies zeigt folgendes Beispiel, das genau gleich aufgebaut ist wie das vorherige.

Wenn Sokrates ein Barbar ist, dann ist er kein Grieche.
Sokrates ist ein Barbar.
Daraus folgt: Sokrates ist kein Grieche.

Sowohl die zweite Prämisse als auch die Konklusion sind falsch. Dennoch ist das Argument gültig. Ein ungültiges Argument hingegen führt nicht immer von wahren Prämissen zu einer wahren Konklusion. Zum Beispiel ist folgendes Argument ungültig, obwohl in diesem Fall Prämissen und Konklusion wahr sind.

Wenn Sokrates der Lehrer Platons war, dann hat Platon Dialoge geschrieben.
Platon hat Dialoge geschrieben.
Daraus folgt: Sokrates war der Lehrer Platons.

Die Konklusion folgt nicht, denn das Argument ist nicht gültig, es führt nicht in jedem Fall dann zu einer wahren Konklusion, wenn die Prämissen wahr sind.

Wenn wir erkennen, dass ein Argument gültig ist, dann haben wir damit etwas Wichtiges gewonnen, nämlich die Gewissheit, dass wir auf eine wahre Konklusion schließen, wenn die Prämissen wahr sind. Das einzig Relevante bei der Beurteilung des Arguments ist dabei dessen *Form*. Um die Gültigkeit eines Arguments prüfen zu können, muss somit zuerst seine Form ermittelt werden. Anstelle der

Aussagen werden Satzbuchstaben (*p*, *q*, *r* ...) gesetzt. Es sei *p* der Satz: »Ich sehe, dass die Sonne scheint« und *q* der Satz: »Die Sonne scheint«. Das Argument sieht nun so aus:

Wenn *p*, dann *q*
p
Daraus folgt: *q*

»Wenn ..., dann ...« ist ein Ausdruck, mit dem zwei Aussagen miteinander verknüpft werden. Den Bindewörtern der Umgangssprache entsprechen in der Logik die Operatoren. Der Operator für den Ausdruck »Wenn ..., dann ...« heißt »materiale Implikation« und wird mit einem Pfeil $\rightarrow$ dargestellt.
»Daraus folgt« verbindet die Prämissen mit der Konklusion. In diesem Ausdruck ist ebenfalls eine »Wenn ..., dann ...«-Konstruktion versteckt: Wenn die Prämissen wahr sind, dann ist auch die Konklusion wahr. Allerdings ist diese Beziehung nicht mit der materialen Implikation zu verwechseln: Letztere verbindet lediglich einfache Aussagen zu komplexen Aussagen, stellt aber selbst kein Argument dar. Die Verbindung von Prämissen und Konklusion wird »formale Implikation« genannt. Anstelle des Ausdrucks »Daraus folgt« wird ein horizontaler Strich gesetzt.
Die logische Form des untersuchten Argumentes lässt sich dann so darstellen:

$$\begin{array}{l} p \rightarrow q \\ p \\ \hline q \end{array}$$

Um zu beurteilen, ob dieses Argument gültig ist, müssen zuerst die darin vorkommenden logischen Operatoren definiert werden. Die Kenntnis der vier folgenden Operatoren reicht aus, um alle in diesem Kapitel diskutierten Argumentationsformen zu verstehen und zu beurteilen.

Ausdruck der Alltagssprache	Name des Operators	Logisches Zeichen
wenn …, dann …	Implikation	$\rightarrow$
und	Konjunktion	$\wedge$
oder	Disjunktion	$\vee$
nicht	Negation	$\neg$

Der letzte Ausdruck in der Tabelle ($\neg$) ist derjenige, der am einfachsten zu definieren ist. Mit ihm werden nicht zwei Sätze verbunden, sondern ein einzelner Satz negiert.

Definition der Negation: »$\neg p$« ist genau dann wahr, wenn p falsch ist. Auf anschauliche Weise lassen sich Definitionen von logischen Operatoren mit Hilfe von Wahrheitswerttabellen darstellen, wie sie von Ludwig Wittgenstein (1889–1951) entwickelt wurden. *w* steht für »wahr«, *f* für »falsch«.

p	$\neg p$
w	*f*
f	*w*

Die drei anderen genannten Ausdrücke verbinden jeweils zwei Aussagen miteinander. Da jede der Aussagen zwei Wahrheitswerte besitzen kann, nämlich »wahr« und »falsch«, ergeben sich genau vier mögliche Kombinationen: p wahr, q wahr; p wahr, q falsch; p falsch, q wahr; p falsch, q falsch.

p	q
w	*w*
w	*f*
f	*w*
f	*f*

Mit Hilfe dieser Kombinationen lassen sich die drei logischen Operatoren Implikation, Konjunktion und Disjunktion definieren.

Definition der Implikation: »$p \rightarrow q$« ist genau dann falsch, wenn p wahr und q falsch ist; in allen anderen Fällen ist die Aussage wahr.

p	q	$p \rightarrow q$
w	*w*	*w*
w	*f*	*f*
f	*w*	*w*
f	*f*	*w*

Die Definition der Implikation stimmt nicht genau mit derjenigen des alltagssprachlichen Ausdrucks »wenn …, dann …« überein. In der Alltagssprache würden wir den Satz: »Wenn der Eiffelturm in Bern steht, dann liegt Sankt Petersburg in Kroatien« nicht als wahr ansehen. Logisch gesehen ist die Aussage jedoch wahr, denn wenn der Vordersatz falsch ist, dann ist es gleichgültig, welchen Wahrheitswert der Nachsatz hat, denn die Aussage bleibt unabhängig von diesem Wahrheitswert wahr. Man mag sich die Frage stellen, warum die Implikation so definiert wird und nicht anders. Die Antwort darauf ist, dass sich gewisse logische Gesetze auf diese Art einfacher darstellen lassen.

Definition der Konjunktion: »$p \wedge q$« ist nur dann wahr, wenn p und q beide wahr sind; in allen anderen Fällen ist die Aussage falsch.

p	q	$p \wedge q$
w	*w*	*w*
w	*f*	*f*
f	*w*	*f*
f	*f*	*f*

Definition der Disjunktion: »$p \vee q$« ist nur dann falsch, wenn p und q beide falsch sind.

p	q	$p \vee q$
w	*w*	*w*
w	*f*	*w*
f	*w*	*w*
f	*f*	*f*

Auch diese Definition entspricht nicht genau der Bedeutung des umgangssprachlichen Ausdrucks »oder«. Im Alltag sind für »oder« verschiedene Interpretationen möglich. Es kann einschließend oder ausschließend aufgefasst werden. »Nimm Käse oder Kuchen!« bedeutet in der Interpretation mit einschließendem »oder«: »Nimm entweder Käse oder Kuchen oder beides«, in der Interpretation mit ausschließendem »oder«: »Nimm entweder Käse oder Kuchen, aber nicht beides«. Für die Logik ist das oben mit $\vee$ bezeichnete einschließende »oder« viel wichtiger als das ausschließende, weil sich damit wiederum gewisse logische Gesetze einfacher darstellen lassen.

Mit den Wahrheitswerttabellen lässt sich nicht nur die Bedeutung von logischen Operatoren, sondern auch der

Wahrheitswert der Konklusion eines Arguments bestimmen. Somit haben wir mit den Wahrheitswerttabellen ein Mittel, mit dessen Hilfe wir gültige Argumentationsformen von ungültigen unterscheiden können. Gültig ist ein Argument dann, wenn die Konklusion in allen Fällen, in denen die Prämissen wahr sind, auch wahr ist. Ob diese Bedingung erfüllt ist, wird an den Wahrheitswerttabellen der Prämissen des Arguments ersichtlich.

Genau genommen erfolgt die Überprüfung der Gültigkeit eines Arguments durch den Nachweis, dass die konditionale Verknüpfung der Prämissen mit der Konklusion (»Wenn die Prämissen, dann die Konklusion«) immer wahr ist. Aussagen, die immer wahr sind, werden »Tautologien« genannt. Zum Beispiel ist die Aussage: »Krieg ist Krieg« eine Tautologie. Aussagen, die nie wahr sind, werden »Kontradiktionen« genannt. Zum Beispiel ist die Aussage: »Es regnet und es regnet nicht« eine Kontradiktion, denn sie kann nie wahr sein. Ein Argument ist dann gültig, wenn die Aussage: »Wenn die Prämissen, dann die Konklusion« eine Tautologie ist. Der vollständige Nachweis der Tautologie ist jedoch aufwendiger und lässt sich nicht so einfach darstellen. Deshalb wird hier nun ein einfaches Entscheidungsverfahren mit Hilfe von Wahrheitswerttabellen vorgestellt.

2. Gültige Argumentationsformen

Das einfache Entscheidungsverfahren mit Hilfe von Wahrheitswerttabellen soll anhand von konkreten Beispielen aufgezeigt werden. Die Beispiele führen zu sechs gültigen Argumentationsformen.

Argumentform 1: *Modus ponens*

Das zu Beginn des Kapitels erwähnte Argument ist ein Beispiel für einen *Modus ponens* (lat., »bejahender Modus«). Diese Argumentationsform wird deshalb so genannt, weil in ihr der Vordersatz einer Implikation als Prämisse bejaht wird.

> Wenn ich sehe, dass die Sonne scheint, dann scheint die Sonne.
> Ich sehe, dass die Sonne scheint.
> Daraus folgt: Die Sonne scheint.

Ist dieses Argument gültig? In drei Schritten gelangt man zur Antwort. Als Erstes ist die logische Form zu ermitteln.

$$\begin{array}{l} p \to q \\ p \\ \hline q \end{array}$$

Als Zweites sind die Wahrheitswerttabellen der Aussagen des Arguments aufzustellen.

p	q	$p \to q$
w	*w*	*w*
w	*f*	*f*
f	*w*	*w*
f	*f*	*w*

Als Drittes ist zu prüfen, ob die Konklusion in den Fällen, in denen die Prämissen wahr sind, immer wahr ist. Die Tabelle zeigt, dass es genau einen Fall gibt, in dem beide

Prämissen wahr sind. In diesem Fall ist auch die Konklusion wahr. Das Argument ist somit gültig.

p	q	$p \rightarrow q$
w	*w*	*w*
w	*f*	*f*
f	*w*	*w*
f	*f*	*w*

Das ist der ganze Trick.
Es gibt Argumente, die eine Form aufweisen, die dem *Modus ponens* sehr ähnlich ist. Ein Beispiel dafür ist das folgende.

Wenn die Sonne scheint, dann ist es draußen hell.
Es ist draußen hell.
Daraus folgt: Die Sonne scheint.

Ist dieses Argument gültig? Zur Beantwortung der Frage benütze man wiederum das Verfahren in drei Schritten. Die logische Form des Arguments sieht so aus.

$$\begin{array}{l} p \rightarrow q \\ q \\ \hline p \end{array}$$

Die Wahrheitswerttabelle ist dieselbe wie zuvor. Der Blick darauf zeigt, dass es zwei Fälle gibt, in denen beide Prämissen wahr sind. Im einen Fall ist die Konklusion wahr, im anderen ist sie falsch. Das bedeutet, dass die Konklusion nicht in jedem der Fälle wahr ist, in dem die Prämissen wahr sind. Das Argument ist somit ungültig.

p	q	$p \rightarrow q$
w	*w*	*w*
w	*f*	*f*
f	*w*	*w*
f	*f*	*w*

Es gibt auch noch eine zweite Methode, um zu zeigen, dass ein Argument ungültig ist. Da ein Argument nur dann gültig ist, wenn die Konklusion *in jedem Fall* wahr ist, in dem die Prämissen wahr sind, reicht bereits ein einziger Fall, in dem aus wahren Prämissen eine falsche Konklusion folgt, um nachzuweisen, dass das Argument ungültig ist. Man kann somit die Ungültigkeit eines Arguments auch damit nachweisen, dass man ein neues Argument vorlegt, das dieselbe Form besitzt, aber von wahren Prämissen zu einer eindeutig falschen Konklusion führt. Angenommen, ein Putzwagen der Stadtwerke habe bei strahlendem Sonnenschein eine Straße mit Wasser besprengt. Nun kommt jemand vorbei und stellt folgende Überlegung an:

> Wenn es kurz zuvor geregnet hat, dann ist die Straße nass.
> Die Straße ist nass.
> Daraus folgt: Es hat kurz zuvor geregnet.

Die Prämissen dieses Arguments, das dieselbe Form hat wie das Argument zuvor ($p \rightarrow q$; q; daraus folgt: p), sind wahr, aber die Konklusion ist falsch, da es zuvor nicht geregnet hat. Somit ist gezeigt, dass diese Argumentationsform ungültig ist. Sie führt nicht in allen Fällen von wahren Prämissen zu einer wahren Konklusion.

Argumentform 2: *Modus tollens*

Der *Modus tollens* (lat., »verneinender Modus«) wird deshalb so genannt, weil darin der Nachsatz einer Implikation als Prämisse verneint wird. Hier ist ein Beispiel:

> Wenn es kurz zuvor geregnet hat, dann ist die Straße nass.
> Die Straße ist nicht nass.
> Daraus folgt: Es regnet nicht.

Zur Prüfung der Gültigkeit wird wiederum das Verfahren in drei Schritten angewandt. Die logische Form sieht so aus:

$$\frac{\begin{array}{l} p \rightarrow q \\ \neg q \end{array}}{\neg p}$$

Hier ist die Wahrheitswerttabelle:

p	q	$p \rightarrow q$	$\neg q$	$\neg p$
w	*w*	*w*	*f*	*f*
w	*f*	*f*	*w*	*f*
f	*w*	*w*	*f*	*w*
f	*f*	*w*	*w*	*w*

Es gibt genau einen Fall, in dem die beiden Prämissen beide wahr sind, und in diesem Fall ist auch die Konklusion wahr. Das Argument ist somit gültig.

Wie beim *Modus ponens* gibt es auch beim *Modus tollens* Argumente, die eine Form aufweisen, die dem *Modus tollens* ähnlich, aber nicht gleich ist. Hier ein Beispiel:

Wenn ich in einem Land mit einer Demokratie als herrschender Staatsform wohne, dann bin ich politisch frei.
Ich wohne nicht in einem Land mit einer Demokratie.
Daraus folgt: Ich bin politisch nicht frei.

Das Argument hat folgende Form:

$$\frac{\begin{array}{l} p \to q \\ \neg p \end{array}}{\neg q}$$

Der Blick auf die Wahrheitstabelle zeigt: Es gibt zwei Fälle, in denen die beiden Prämissen zusammen wahr sind, wobei in diesen Fällen die Konklusion einmal wahr, einmal falsch ist. Die Argumentationsform ist somit ungültig.

p	q	$p \to q$	$\neg p$	$\neg q$
w	*w*	*w*	*f*	*f*
w	*f*	*f*	*f*	*w*
f	*w*	*w*	*w*	*f*
f	*f*	*w*	*w*	*w*

Die Ungültigkeit lässt sich auch mit folgendem Gegenbeispiel aufzeigen:

Wenn Andreas in Bern wohnt, dann wohnt er in Europa.
Andreas wohnt nicht in Bern.
Daraus folgt: Andreas wohnt nicht in Europa.

Andreas kann sehr wohl nicht in Bern und dennoch in Europa wohnen, beispielsweise wenn sein Wohnsitz Berlin ist. Also ist die Konklusion falsch, obwohl beide Prämissen wahr sind. Dies zeigt, dass die entsprechende Argumentationsform ungültig ist.

Argumentform 3: Hypothetischer Syllogismus

Der hypothetische Syllogismus enthält zwei Wenn-Dann-Sätze (Hypothesen) als Prämissen. Diese sind so ineinander verschachtelt, dass der Nachsatz des ersten den Vordersatz des zweiten bildet. Hier ein Beispiel:

> Wenn es regnet, dann ist die Straße nass.
> Wenn die Straße nass ist, dann ist ihre Farbe dunkel.
> Daraus folgt: Wenn es regnet, dann ist die Farbe der Straße dunkel.

Die logische Form sieht so aus:

$$\frac{\begin{array}{l} p \rightarrow q \\ q \rightarrow r \end{array}}{p \rightarrow r}$$

Die Überprüfung der Gültigkeit ist hier etwas aufwendiger, weil diese Argumentation drei Aussagen enthält, d. h. insgesamt acht mögliche Kombinationen von Wahrheitswerten. Die Wahrheitswerttabellen müssen hier alle acht Kombinationen aufweisen.

p	q	r	$p \rightarrow q$	$q \rightarrow r$	$p \rightarrow r$
w	*w*	*w*	*w*	*w*	*w*
w	*w*	*f*	*w*	*f*	*f*
w	*f*	*w*	*f*	*w*	*w*
w	*f*	*f*	*f*	*w*	*f*
f	*w*	*w*	*w*	*w*	*w*
f	*w*	*f*	*w*	*f*	*w*
f	*f*	*w*	*w*	*w*	*w*
f	*f*	*f*	*w*	*w*	*w*

Der Blick auf die Tabelle verrät, dass es vier Fälle gibt, in denen die beiden Prämissen beide wahr sind. In allen vier

Fällen ist auch die Konklusion wahr. Somit ist gezeigt, dass die Argumentationsform gültig ist.

Argumentform 4: Disjunktiver Syllogismus

Der disjunktive Syllogismus enthält eine Disjunktion als eine der Prämissen. Die zweite Prämisse verneint eine der beiden Aussagen der Disjunktion. Hier ein Beispiel.

Hans isst Kuchen oder Käse.
Hans isst nicht Käse.
Daraus folgt: Hans isst Kuchen.

Interpretieren wir das »oder« als einschließendes »oder«, ergibt sich folgende logische Form:

$$\frac{\begin{array}{l} p \vee q \\ \neg q \end{array}}{p}$$

Ein Blick auf die entsprechende Wahrheitswerttabelle zeigt, dass die Argumentationsform gültig ist.

p	q	$p \vee q$	$\neg q$	p
w	*w*	*w*	*f*	*w*
w	*f*	*w*	*w*	*w*
f	*w*	*w*	*f*	*f*
f	*f*	*f*	*w*	*f*

Argumentform 5: Dilemma

Die fünfte Form, das Dilemma, besteht in einer Kombination aus disjunktivem und hypothetischem Syllogismus. Die erste Prämisse liefert die beiden Möglichkeiten, die weiteren Prämissen zeigen, welche Implikation jede der beiden Möglichkeiten hat. Das Dilemma ist eine Situation, in der man von zwei Möglichkeiten eine auswählen muss und beide Möglichkeiten zum selben Resultat führen. Im Alltag ist dieses Resultat ein schlechtes Resultat. Man sagt dann, man befinde sich in einem Dilemma, weil man keinen Ausweg mehr sieht. In der Logik muss das Resultat nicht schlecht sein. Die logische Form sieht wie folgt aus:

$$\begin{array}{l} p \lor q \\ p \rightarrow r \\ q \rightarrow r \\ \hline r \end{array}$$

Hier ist ein antikes Beispiel für die Argumentform. Euathlos, ein junger Grieche, vereinbart mit seinem Rhetoriklehrer Protagoras, den Unterricht zu bezahlen, wenn er, Euathlos, seinen ersten Gerichtsprozess gewonnen habe. Aber Euathlos steigt nie in einen Prozess ein. Daraufhin wird er von Protagoras angeklagt, er habe ihm seinen Lohn nicht bezahlt. Euathlos argumentiert nun wie folgt:

> Entweder Protagoras gewinnt den Prozess gegen mich, oder er verliert ihn.
> Wenn Protagoras den Prozess gewinnt, dann muss ich nicht bezahlen (denn ich verliere meinen ersten Prozess).
> Wenn Protagoras den Prozess verliert, dann muss ich nicht bezahlen (denn ich habe den Prozess gewonnen).
> Daraus folgt: Ich muss nicht bezahlen.

Argumentform 6: *Reductio ad absurdum*

Die sechste und letzte Form, die vorgestellt werden soll, ist die *Reductio ad absurdum* (lat., »Zurückführung auf Absurdes«). Wie der Name besagt, werden in ihr die Prämissen auf eine absurde, widersprüchliche These zurückgeführt. Wenn aus einer Reihe von Prämissen etwas Absurdes, d. h. etwas in sich Widersprüchliches folgt, dann muss mindestens eine der Prämissen falsch sein. Zur Veranschaulichung dieser etwas schwierig erscheinenden, im Grunde jedoch einfachen Konstruktion, die lediglich eine Erweiterung des *Modus tollens* darstellt, sei folgendes Beispiel gegeben:

Angenommen, Gott existiert.
Wenn Gott existiert, dann ist der Mensch frei.
Wenn Gott existiert, dann ist der Mensch nicht frei.
Daraus folgt: Der Mensch ist frei und nicht frei.
Diese Konklusion ist ein Widerspruch.
Daraus folgt: Gott existiert nicht.

Die logische Form sieht wie folgt aus:

p
$p \rightarrow r$
$p \rightarrow \neg r$
———
$r \wedge \neg r$ (Widerspruch!)
———
$\neg p$

Genau genommen zeigt dieses Argument nicht, dass p falsch ist, sondern lediglich, dass eine der Prämissen falsch ist. Gehen wir jedoch davon aus, dass die zweite und dritte Prämisse beide wahr sind, dann können wir schließen, dass p falsch ist.

Damit sind die wichtigsten sechs gültigen Argumentformen vorgestellt. Wer seine neu erworbenen Kenntnisse und Fähigkeiten überprüfen möchte, der kann folgende Übungsaufgaben lösen.

(1) Man prüfe die Gültigkeit des folgenden Arguments. Wenn es kurz zuvor geregnet hat, dann ist die Straße nass. Es hat kurz zuvor geregnet. Daraus folgt: Die Straße ist nass.

(2) Man zeige, dass die Form 5 (Dilemma) eine gültige Argumentationsform ist.

(3) Zum Streitfall zwischen Protagoras und Euathlos: a) Auch Protagoras hat ein Argument, das ganz ähnlich aufgebaut ist wie dasjenige von Euathlos; es soll zeigen, dass Euathlos doch bezahlen muss. Wie lautet es? b) Die beiden Argumente lassen sich zu einem Argument zusammenführen, das die Form einer *Reductio ad absurdum* hat. Wie lautet die Konklusion dieses Arguments?

3. Kritik von Argumenten

Man muss beim Argumentieren nicht jedes Mal die Gültigkeit eines Arguments beweisen, wenn man die Form bereits kennt. Die Argumentformen sind Mittel zum Zweck. Sie sollen angewendet werden, um philosophische Positionen zu verteidigen und zu kritisieren.
Bei der Kritik von Argumenten wird zwischen *interner* und *externer* Kritik unterschieden. Die interne Kritik bedient sich einzig dessen, was im Argument bereits enthalten ist. Sie untersucht in erster Linie die Form des Arguments. Die externe Kritik führt neue Überlegungen an. Sie zielt auf den Inhalt des Arguments. Mit ihr soll die Stichhaltigkeit des Arguments geprüft werden.

Die Gültigkeit des Arguments

Eine erste Möglichkeit interner Kritik besteht darin, die Gültigkeit des Arguments zurückzuweisen. Wie man dabei vorgehen kann, ist im vorhergehenden Abschnitt ausführlich gezeigt worden.

Der Erkenntniswert des Arguments

Es gibt Argumente, die zwar nicht ungültig, aber schlichtweg trivial sind. Ihr Erkenntniswert ist gleich null. Wer eine solches Argument vorlegt, macht sich einer *petitio principii* schuldig. In einer *petitio principii* wird eine Konklusion aus Prämissen gezogen, die mindestens ebenso erklärungsbedürftig sind wie die Konklusion selbst. Hier ein Beispiel:

> Es gibt eine übernatürliche Kraft.
> Wenn es eine übernatürliche Kraft gibt, dann gibt es Gott.
> Daraus folgt: Es gibt Gott.

Dieser fiktive Gottesbeweis bedient sich eines Ausdrucks (»übernatürliche Kraft«), der nicht klarer ist als der Ausdruck in der Konklusion (»Gott«). Der Erkenntnisgewinn eines solchen Argumentes ist gleich null.
Ein Spezialfall der *petitio principii* ist der *Zirkelschluss.* In einem Zirkelschluss wird die Konklusion als Prämisse im Argument verwendet. Das, was zu begründen ist, wird selbst gebraucht, um es zu begründen. Hier ein sehr einfaches Beispiel:

> Es regnet.
> Daraus folgt: Es regnet.

Durch ein solches Argument gewinnen wir keine neue Erkenntnis.
Nun mag es so erscheinen, dass niemand so dumm sein kann, einen solchen Fehler zu begehen. Doch leider werden solche Argumente nicht selten formuliert.

Äquivokation

Die Alltagssprache enthält einige Ausdrücke, die äquivok, d. h. mehrdeutig (spätlat. *aequivocus* »gleich genannt«, »mehrdeutig«) sind. In einem Argument müssen die Ausdrücke jedoch *immer in derselben Bedeutung* gebraucht werden. Wird dies nicht berücksichtigt, können falsche Konklusionen gezogen werden, wie folgendes Beispiel zeigt.

Die Bedeutung von »Einhorn« existiert.
Die Bedeutung von »Einhorn« ist Einhorn.
Daraus folgt: Das Einhorn existiert.

Das Problem ist hier, dass der Ausdruck »Bedeutung« in zwei unterschiedlichen Weisen gebraucht wird: Zum einen ist die Bedeutung gemeint, die man in einem Lexikon finden kann, zum anderen das Objekt, das der Ausdruck bezeichnet.
Bedenkt man, wie ungenau viele Ausdrücke in der Alltagssprache sind und wie viele Möglichkeiten wir haben, mit denselben Ausdrücken etwas anderes zu meinen, sieht man, warum die Äquivokation ein größeres Problem darstellt, als es dieses einfache Beispiel nahezulegen scheint.

Vermag man ein Argument intern nicht zu kritisieren, greift man zur externen Kritik. Die externe Kritik besteht darin, dass dem Argument ein Gegenargument entgegengestellt wird, d. h. ein Argument, das aus anderen Prämissen besteht und gegen das erste Argument gerichtet ist. Als Beispiel dient ein fiktiver Gottesbeweis:

Das Universum ist unendlich oder es hat einen Anfang.
Wenn das Universum unendlich ist, gibt es Gott (denn er ist unendlich).

Wenn das Universum einen Anfang hat, gibt es Gott (denn er ist der Anfang von allem).
Daraus folgt: Es gibt Gott.

Externe Kritik an diesem Argument lässt sich an vielen Stellen üben. Jede der Prämissen scheint zweifelhaft. Es ist erstens möglich, dass das Universum weder unendlich ist noch einen Anfang hat, sondern fortwährend neu entsteht. Es ist zweitens nicht der Fall, dass es Gott geben muss, wenn das Universum unendlich ist, denn die Unendlichkeit muss nicht Gott sein. Dasselbe gilt für die letzte Prämisse. Schließlich lässt sich auch gegen die Konklusion argumentieren, etwa damit, dass man ein Argument vorbringt, das zeigt, dass es Gott nicht gibt.

Die externe Kritik erweckt die gesamte Diskussion zu neuem Leben. Denn jetzt liegt mindestens ein neues Argument vor, das wiederum geprüft und von derjenigen Person, die das erste Argument vorgebracht hat, zurückgewiesen oder zumindest irgendwie beantwortet werden muss. Dazu wird wiederum ein Argument vonnöten sein. Soll dieses kritisiert werden, braucht es wiederum ein neues Argument. Und dann wird diesem Argument wieder mit einem Gegenargument begegnet …

Die Beobachtung von solchen Situationen mag zu den Vorwürfen gegen die Philosophie führen, sie komme zu keinem Ende und sei belanglos. Beide Vorwürfe sind aber leicht zurückzuweisen.

Es ist richtig, dass die Verästelungen, die bei einer philosophischen Diskussion entstehen können, zu immer kleineren Details führen. So kann sich der Eindruck ergeben, dass diese mit den ursprünglichen Fragen in keinem Zusammenhang mehr stünden. Doch dieser Zusammenhang besteht – sofern die Diskussion mit logisch gültigen Argumenten geführt wurde. Die Diskussion von Details ist somit in solchen Fällen keineswegs belanglos, denn wenn

eine Aussage aufgegeben werden muss, kann dies Auswirkungen auf die gesamte Argumentation haben. Wie bei einem Dominospiel kann das Umkippen eines Arguments die gesamte Reihe von Argumenten zu Fall bringen.
Auch kann der Eindruck entstehen, die Diskussion führe zu keinem Ende, nämlich dann, wenn sie immer wieder auf denselben Punkt zurückkommt. Es kann tatsächlich sein, dass man in der Diskussion an einen Punkt gelangt, wo nicht mehr diskutiert werden kann, weil man erkennt, dass die Argumente beider Seiten auf Meinungsverschiedenheiten in den grundlegenden Prämissen basieren. An dieser Stelle kann trotz aller Bemühungen manchmal nicht entschieden werden, ob sie wahr sind oder nicht. An einem solchen Punkt angekommen hat man die Stärke der beiden Argumente gegeneinander abzuwägen: Das eine Argument wird einem plausibler erscheinen, weil man diese oder jene Prämisse stärker gewichtet. Solche Gewichtungen lassen sich aber weder logisch noch naturwissenschaftlich beweisen. Doch bis man zu einem solchen Punkt kommt, muss man in den meisten Fällen einen mehr oder weniger langen Weg zurücklegen. Diesen Weg zu gehen, hilft einem die Logik. Das positive Resultat dieses Weges besteht in der Klärung der Gedanken.

Literaturhinweise

Willard van Orman Quine, *Grundzüge der Logik*, übers. von Dirk Siefkes, Frankfurt a. M.: Suhrkamp, [9]1995.

Dies ist eine klassische Einführung in die Logik mit Übungen.

Ansgar Beckermann, *Einführung in die Logik*, 2., neu bearb. und erw. Aufl., Berlin: de Gruyter, 2003.

Dies ist eine ausgezeichnete Einführung in die Logik (in übersichtlicher Darstellung und mit vielen Übungen).

Paul Hoyningen-Huene, *Formale Logik. Eine philosophische Einführung*, Stuttgart: Reclam, 1998 [u. ö.].

Dies ist eine weitere gute Einführung, welche die philosophischen Hintergründe der Logik beleuchtet.

Begriffslexikon

Abstrakt. Allgemein, begrifflich. Man unterscheidet zwischen abstrakten Ideen (→ Begriffen) und → konkreten Ideen (→ Vorstellungen).

Absurd. Sinnlos, selbstwidersprüchlich. Der Begriff wird in der Logik gebraucht, um eine Argumentform zu bezeichnen (→ *Reductio ad absurdum*) und in der → Existenzphilosophie, um die Sinnlosigkeit des Lebens zu beschreiben.

Äquivokation. Trugschluss, der auf der Gleichsetzung von mehrdeutigen (äquivoken) Begriffen beruht.

Ästhetik. 1. Lehre von der Wahrnehmung (griech. *aisthesis*). 2. Im engeren Sinn: Lehre vom Schönen.

Agnostizismus. These, dass wir nicht wissen können, ob Gott existiert. → Atheismus → Theismus

Alltagssprache → normale Sprache

Altruismus. Nächstenliebe, Uneigennützigkeit. Begriff in der Ethik, insbesondere in der christlichen Ethik als Gegenbegriff zum → Egoismus.

Analogieschluss. Argument, mit dem versucht wird, ausgehend von dem Bekannten über eine Übereinstimmung (Analogie) gewisser Sachverhalte das uns Unbekannte zu erforschen. Das Argument hat die Form: *a* hat Eigenschaft *F*, *b* ist analog zu *a*, also hat auch *b* Eigenschaft *F*. Ein Beispiel für einen Analogieschluss ist der → teleologische Gottesbeweis.

Analyse. Wissenschaftliche Methode, die darin besteht, das zu Untersuchende in seine Bestandteile zu zerlegen. → Begriffsanalyse

Analytisch/synthetisch. 1. (laut Kant) Urteile sind analytisch, wenn sie allein aufgrund der Bedeutung der darin enthaltenen Begriffe wahr sind. Zum Beispiel: »Alle Schimmel sind weiß.« 2. (laut Quine) Sätze und Aussagen sind analytisch, wenn sie auf → Tautologien zurückgeführt werden können. Zum Beispiel: »Alle Schimmel sind weiß«, aber auch mathematische Sätze (»2 + 2 = 4«) und logische Wahrheiten (»Ein Hund ist ein Hund«). Urteile sind (laut Kant) synthetisch, wenn sie nicht analytisch sind, d. h., wenn sie nicht allein aufgrund der Bedeutung der darin enthaltenen Begriffe wahr sind.

Anarchismus. 1. Position in der politischen Philosophie, die den

Zustand der Anarchie als gerecht betrachtet, d. h. den Zustand ohne Staat und Autorität (griech. *anarchos* »ohne Heerführer«). 2. Bewegung, die den staats- und autoritätslosen Zustand anstrebt.

Angeborene Ideen. Begriff in der Erkenntnistheorie. Angeborene Ideen sind Begriffe, von denen angenommen wird, sie seien nicht der Erfahrung entnommen. → Rationalismus

Anomaler Monismus. Eine von Davidson entwickelte Position in der Philosophie des Geistes, der zufolge es nur Physisches gibt, deshalb »Monismus«, und das Geistige anomal sei, d. h. gesetzeslos. Dem anomalen Monismus zufolge ist jedes mentale Ereignis zugleich ein physisches Ereignis. Dies ist eine schwächere Aussage als die der → Identitätstheorie.

A priori / a posteriori. Eine Erkenntnis ist a priori, wenn ihre Rechtfertigung keiner Erfahrung bedarf. Zum Beispiel ist »2 + 2 = 4« eine Erkenntnis a priori. Eine Erkenntnis ist a posteriori, wenn ihre Rechtfertigung der Erfahrung bedarf. Zum Beispiel ist »Alle Elefanten sind grau« eine aposteriorische Erkenntnis. Wir müssen empirisch untersuchen, ob tatsächlich alle Elefanten grau sind.

Argument. Zentraler Begriff in der Logik und in der Philosophie. Ein Argument ist eine Gruppe von Sätzen, die aus Prämissen (Sätzen, von denen aus argumentiert wird) und Konklusion (Satz, wofür argumentiert wird) besteht. Dabei sind Prämissen und Konklusion derart miteinander verbunden, dass derjenige, der die Prämissen akzeptiert, verpflichtet ist, auch die Konklusion zu akzeptieren.

Atheismus. Metaphysische These, dass Gott nicht existiert. → Theismus → Agnostizismus

Aufklärung. 1. Zeitalter (17. und 18. Jahrhundert), das sich durch eine Rückbesinnung auf die Vernunft auszeichnet. 2. Bewegung, die sich gegen Autoritätsgläubigkeit, → Dogmatismus und Traditionsgebundenheit wendet.

Aussage. Eine Aussage ist ein Satz, der wahr oder falsch sein kann, der eine → Proposition ausdrückt.

Bedeutung. 1. Zeichenbedeutung; Eigenschaft von Zeichen, etwas anzuzeigen. 2. Sprecherbedeutung; das, was ein Sprecher mit einem Zeichen meint.

Begriff. 1. Sprachlicher Ausdruck einer allgemeinen Idee. 2. Allgemeine Idee. Zum Beispiel »Pferd« oder »Freiheit«.

Begriffsanalyse. Die Begriffsanalyse versucht, → Begriffe durch grundlegendere Begriffe zu erklären. Zum Beispiel lässt sich gemäß traditioneller Auffassung der Begriff »Wissen« als »wahre, begründete Meinung« analysieren.

Begründung. Urteile (Sätze, Aussagen) gelten dann als begründet, wenn sie mit einem Grund gestützt werden. Um zu klären, mit welchen Annahmen jemand eine Aussage begründet, wird die Begründung in der Form eines → Arguments dargestellt.

Bellum omnium contra omnes. (lat.) »Krieg aller gegen alle«. Ausspruch von Hobbes, um den → Naturzustand zu beschreiben.

Bestätigung. Begriff in der Wissenschaftstheorie. Eine Hypothese wird durch einen Einzelfall bestätigt. Zum Beispiel wird die Hypothese, dass alle Raben schwarz sind, durch jeden schwarzen Raben bestätigt. Aus dieser Bestätigung lässt sich jedoch nicht schließen, dass die Hypothese auch wahr ist, denn es könnte sein, dass es auch grüne oder violette Raben gibt. → Induktionsproblem

Beweis. Ein Beweis ist die → Begründung einer Aussage in Form eines → Arguments.

Bewusstsein. Sammelbezeichnung für verschiedene Formen von Aufmerksamkeit, Wahrnehmung und Erlebnis. Dazu zählen Sinneswahrnehmungen, Gefühle, Stimmungen und Gedanken. Im engeren Sinn bezeichnet der Ausdruck das Selbstbewusstsein, das Bewusstsein seiner selbst als denkendes Wesen. → Geist → Cogito ergo sum

Böse → Übel

Cogito ergo sum. (lat.) »Ich denke, also bin ich«. Aussage von Descartes, die seine Einsicht ausdrückt, dass er sich über die eigene Existenz als denkendes Wesen sicher sein kann, solange er denkt. Die Aussage findet sich allerdings so nicht in Descartes' *Meditationen*, wo er nur davon spricht, dass »ich denke, ich bin« notwendig wahr sei.

Contradictio in adjecto. (lat.) »Widerspruch im Eigenschaftswort«, begrifflicher Widerspruch; z. B.: »viereckiger Kreis«.

Deduktion. In einem deduktiven → Argument folgt im Unterschied zu einem → induktiven Argument die Konklusion logisch aus den Prämissen, d. h., die Konklusion ist immer dann wahr, wenn die Prämissen wahr sind.

Definition. Begriffsbestimmung. Im Idealfall besteht eine Definition eines Begriffs in der Angabe der → notwendigen und hinreichenden Bedingungen für seine Anwendung.

Deskriptiv/normativ. Ein deskriptiver Satz beschreibt, wie etwas ist. Ein normativer Satz beschreibt, wie etwas sein soll. → Sein-Sollens-Fehlschluss

Determinismus. Lehre, dass jedes Ereignis vorbestimmt ist durch das, was zuvor geschehen ist. → Determinismusprinzip

Determinismusprinzip. Prinzip, dass jedes Ereignis eine Ursache hat.

Dilemma. (griech., »Doppelsatz«) 1. Allgemein eine Situation, in der man von zwei Möglichkeiten eine Möglichkeit auswählen muss und beide Möglichkeiten zum selben schlechten Resultat führen oder zu Resultaten, die gleichermaßen schlecht sind. 2. In der Logik ein Argumentationsmodell, das aus einer → Disjunktion und zwei → materialen Implikationen besteht (entweder *p* oder *q*; wenn *p*, dann *r*; wenn *q*, dann *r*, also *r*).

Dilemma des Determinismus. Entweder ist der → Determinismus wahr oder der → Indeterminismus. Wenn das Erste zutrifft, dann sind wir unfrei, trifft das Zweite zu, dann sind wir ebenfalls unfrei. Also sind wir in jedem Fall unfrei, d. h., wir haben keinen → freien Willen.

Ding an sich. Ausdruck von Kant, um das Ding zu bezeichnen, wie es unabhängig von der Wahrnehmung ist. → Transzendentaler Idealismus

Disjunktion. 1. Der logische Junktor »oder«. 2. Aussage, deren Teilsätze mit diesem Junktor verbunden sind.

Disposition. Begriff des logischen Behaviorismus, um die Bereitschaft bzw. die Tendenz zu einem bestimmten Verhalten zu bezeichnen.

Dogmatismus. (Unbegründetes) Festhalten an unbegründeten Behauptungen (Dogmen) auch dann, wenn sie auf starke Gegenargumente treffen. → Aufklärung

Egoismus. 1. Begriff in der Ethik, der im Gegensatz zum → Altruismus steht und die Eigenliebe bezeichnet, die ausschließliche Rücksichtnahme auf sich selbst zu Ungunsten anderer. 2. Ethische Position, die besagt, dass man nur das Eigeninteresse verfolgen soll.

Eigeninteresse. Begriff in der Ethik, um den → Egoismus zu charakterisieren; in der politischen Philosophie, um den → Naturzustand zu beschreiben.

Eigenschaft. Begriff in der Metaphysik. Man unterscheidet zwischen Gegenständen und dem, was Gegenständen zukommen kann, also den Eigenschaften. Beispielsweise ist es eine Eigenschaft eines Hundes, vier Beine zu besitzen, und eine Eigenschaft eines Körpers, ausgedehnt zu sein.

Empirisch. Erfahrungsgemäß. Begriff in der Erkenntnistheorie. Ein empirisches Urteil ist ein Urteil a posteriori, d. h. ein Urteil, das zu seiner Rechtfertigung der Erfahrung bedarf. → a priori / a posteriori → Empirismus

Empirismus, klassischer. Erkenntnistheoretische Position, der zufolge unser Wissen ausschließlich oder zu einem großen Teil → empirisches Wissen ist. → a priori / a posteriori

Empirismus, logischer. Erkenntnistheoretische Position, wonach es nur zwei Arten von sinnvollen Aussagen gibt: → empirisch überprüfbare Aussagen und → analytische Aussagen.

Entität. Begriff in der Metaphysik, um alle Arten von Dingen zu bezeichnen. Entitäten können konkrete physische Objekte (zum Beispiel dieser Tisch) sein, oder geistige Zustände (zum Beispiel eine Vorstellung), oder abstrakte Objekte (zum Beispiel eine Zahl).

Erkenntnis. Zentraler Begriff in der Erkenntnistheorie. Gemäß der traditionellen Analyse des Begriffs besteht Erkenntnis in einer wahren, begründeten Meinung.

Erkenntnistheorie. Philosophische Disziplin, die die Bedingungen, Möglichkeiten und Grenzen der menschlichen → Erkenntnis untersucht. Zu ihren Hauptfragen zählen: Was ist Wissen? Können wir Wissen von der Welt haben? Gibt es ein sicheres Wissen, an dem kein vernünftiger Mensch zweifeln kann?

Esse est percipi. (lat.) »Sein ist Wahrgenommenwerden.« Ausspruch von Berkeley, um das Sein zu bestimmen. Grundsatz des → Idealismus.

Essenz/Existenz. Das, *was* etwas ist (das Wesen, die Essenz), ist zu unterscheiden von dem, *dass* etwas ist (die Existenz). Die Beziehung zwischen Essenz und Existenz ist umstritten. Nach Anselm von Canterbury besteht keine klare Trennung; das Wesen zeigt sich in unterschiedlichen Graden. Gemäß Kant und Frege muss zwischen dem, dass etwas ist, und dem, was es ist, deutlich unterschieden werden.

Ethik (auch: Moralphilosophie). Philosophische Disziplin, die Fragen des richtigen und erstrebenswerten menschlichen Handelns untersucht. Zu ihren Hauptfragen zählen: Was ist das Ziel des Lebens? Was soll ich tun? Was bedeutet »moralisch richtig«? Was macht einen Menschen tugendhaft?

Eudaimonia → Glück

Existenz → Essenz

Existenzphilosophie. Philosophische Disziplin, die auf Kierkegaard zurückgeht und deren Hauptfrage die existentielle Frage ist: Was soll ich mit meinem Leben anfangen? Im 20. Jahrhundert wurde die Existenzphilosophie von Camus und Sartre weiterentwickelt. Bei der Beantwortung der existentiellen Frage spielt die Erfahrung des Absurden eine entscheidende Rolle.

Experimentum crucis. Begriff in der Wissenschaftstheorie: Ein entscheidender Versuch soll die rationale Entscheidung zwischen zwei konkurrierenden Theorien ermöglichen.

Fairness. Zentraler Begriff in Rawls' Theorie der Gerechtigkeit, die die Berücksichtigung der Interessen eines jeden fordert.

Falsch/wahr. Die zwei Wahrheitswerte der klassischen Logik. Nach der aristotelischen Definition ist ein Satz dann wahr, wenn er von dem sagt, das ist, dass es ist, und von dem, das nicht ist, dass es nicht ist. Ansonsten ist der Satz falsch. Wahr oder falsch können → Aussagen und → Propositionen sein.

Fatalismus. Schicksalsglaube, Überzeugung, dass der Lauf der Dinge gleich vor sich geht, unabhängig davon, was auch immer man macht. Der Mensch hat demnach keinen Einfluss auf die Geschehnisse. (Nicht zu verwechseln mit dem Pessimismus bezüglich der Willensfreiheit.)

Feminismus. 1. Position in der politischen Philosophie, nach der Frauen in fast allen Gesellschaften zu fast allen Zeiten unterdrückt und benachteiligt werden und dieser Zustand ungerechtfertigt ist. 2. Bestreben, den Zustand der Unterdrückung und Benachteiligung zu beheben.

Formale Sprache → ideale Sprache

Freiheit. 1. Der freie Wille, die Freiheit, das zu wollen, was man will. Das Problem des freien Willens ergibt sich aus dem → Dilemma des Determinismus. 2. Die politische Freiheit, die in gewissen Rechten besteht, die es einem unter anderem erlauben, seine eigene Meinung öffentlich zu äußern, Güter zu besitzen und sich ohne Zwang und Einschränkung zu bewegen. Die politische Freiheit ist wichtig bei der Bestimmung der → Gerechtigkeit.

Funktionalismus. Theorie in der Philosophie des Geistes, der zufolge geistige Zustände funktionale Zustände sind, d. h. Zustände, die aufgrund ihrer Funktion, d. h. ihrer kausalen Rolle, identifiziert werden. Das Gefühl des Schmerzes lässt sich zum Beispiel wie folgt als funktionaler Zustand definieren: Schmerzen werden durch eine Schädigung des Körpergewebes verursacht, sie verursachen Schreien und Jammern, und sie verursachen eine Ablenkung der Aufmerksamkeit.

Geist (auch: Seele, Ich, Verstand). Grundbegriff in der Philosophie des Geistes. Geistige Zustände können als Zustände bezeichnet werden, die → subjektiv sind in dem Sinne, dass sie sich für den, der sie hat, auf spezielle Art anfühlen, und → intentional in dem Sinne, dass sie auf ein Objekt gerichtet sind. Viele geistige Zustände sind → bewusst, andere unbewusst.

Geist-Körper-Problem. Zentrales Problem der Philosophie des Geistes; es geht darum, die Beziehung zwischen → Geist und → Körper zu erklären.

Geltung/Genese. Wichtige Unterscheidung in der Erkenntnistheorie. Die Geltung einer Aussage ist ihre Rechtfertigung, die Genese ihre Entstehung. Geltung und Genese sind klar auseinanderzuhalten.

Gemeinwille. Zentraler Begriff in Rousseaus Gerechtigkeitstheorie. Der Gemeinwille ist der Wille der Gemeinschaft, und als solcher vom Willen aller zu unterscheiden.

Genese → Geltung/Genese

Gerechtigkeit. Grundbegriff der politischen Philosophie. Gemäß der Definition von Platon besteht Gerechtigkeit darin, dass jeder das Seine tut. Grundbedingung für die Gerechtigkeit ist, dass gleiche Fälle gleich behandelt werden. Zur gerechten Gesellschaft gehört nach moderner Auffassung die Gewährleistung der → Freiheiten im politischen Sinn.

Gesellschaftsvertrag. Der Gesellschaftsvertrag im philosophischen Sinn ist kein tatsächlich geschlossener oder geschriebener Vertrag, sondern ein gedankliches Konstrukt, um die Vereinigung der Menschen im → Naturzustand zu einer Gesellschaft zu rechtfertigen.

Gesetz. 1. Deskriptives Gesetz. Begriff in der Wissenschaftstheorie. Empirisch überprüfbare und bestätigte Regelmäßigkeit zwischen zwei Arten von Ereignissen. Die allgemeine Form eines Gesetzes ist: Wenn *A*, dann *B*. 2. Normatives Gesetz. Begriff in der Ethik. Allgemeingültiges Handlungsprinzip. → kantische Ethik

Gewaltentrennung. Prinzip der politischen Philosophie, das auf Locke und Montesquieu zurückgeht, dem zufolge die Macht in einem Staat nicht einem einzigen Herrscher oder einer einzigen Institution überlassen, sondern auf verschiedene Personen oder Institutionen verteilt werden soll.

Glück. 1. Zufall, Schicksal. 2. Höchstes Gefühl. 3. Gelungenes, erfolgreiches Leben (griech. *eudaimonia*).

Goldene Regel. Prinzip der christlichen Ethik: »Alles nun, was ihr wollt, dass es euch die Menschen tun, das sollt auch ihr ihnen tun!«

Gott. Der allgegenwärtige, allmächtige und allwissende Schöpfer des Universums, eine körperlose Person, vollkommen, gut, unveränderlich und ewig. → Gottesbeweis

Gottesbeweis. Argument, das ohne Rückgriff auf theologische Dogmen auf rational nachvollziehbare Weise die Existenz → Gottes begründen soll.

Gültig. Ein → Argument ist immer dann gültig, wenn die Konklusion logisch aus den Prämissen folgt.

Hedonismus. Ethische Position von Epikur, der zufolge das Ziel des Lebens das Erreichen der Lust (griech. *hedone*) ist.

Homo homini lupus. (lat.) »Der Mensch ist dem Menschen ein Wolf«. Ausspruch von Hobbes, um den Menschen im → Naturzustand zu beschreiben.

Homo-mensura-Satz. Der Mensch ist das Maß aller Dinge. Ausspruch des Protagoras, der so interpretiert wird, dass er besagt, dass alle Aussagen nur relativ zum Menschen wahr sind. Mit dem Satz wird die Position des → Relativismus ausgedrückt.

Hypothese. Vorläufige Annahme, Vermutung. Begriff aus der Wissenschaftstheorie. Durch die empirische Prüfung von Hypothesen ergibt sich das Problem der → Bestätigung, das auch als → Induktionsproblem bekannt ist.

Ideale Sprache. Konstruierte Sprache, die frei von mehrdeutigen und empirisch nicht überprüfbaren Ausdrücken dem Ziel dienen soll, die Welt wissenschaftlich zu beschreiben. → normale Sprache

Idealismus. Metaphysische Position, der zufolge es keine materielle Außenwelt gibt, sondern nur Ideen und geistige Wesen, die diese Ideen wahrnehmen. → Realismus → Materialismus

Idee. 1. Konkrete Idee, eine → Vorstellung im Geist, z. B. die Vorstellung eines Baumes. 2. Abstrakte Idee, ein → Begriff, z. B. der Begriff von einem Dreieck. 3. Bei Platon die unveränderliche Form des Seins.

Identität. Die logische Identität ist die Beziehung, die jeder Gegenstand zu sich selbst und zu sonst keinem anderen hat. *x* und *y* sind genau dann logisch identisch, wenn sie dieselben Eigenschaften haben. Die qualitative Identität besteht in der Beziehung zwischen Gegenständen gleicher Art. *x* und *y* sind genau dann in Bezug auf eine Eigenschaft identisch, wenn sie beide diese Eigenschaft haben.

Identitätstheorie. Theorie in der Philosophie des Geistes, dass geistige und physische Eigenschaften identisch sind.

Imperativ. Handlungsprinzip in der → kantischen Ethik, das allgemein für jedes Vernunftwesen gilt.

Indeterminismus. Lehre, der zufolge ein Ereignis nicht durch das vorbestimmt ist, was zuvor geschehen ist. → Determinismus → Dilemma des Determinismus

Induktion. Induktiv ist ein Argument dann, wenn der Schluss aus den Prämissen nicht logisch folgt, sondern aufgrund der Prämissen lediglich wahrscheinlich ist. → Induktionsproblem

Induktionsproblem. Problem in der Erkenntnis- und Wissenschaftstheorie, das zuerst von Hume formuliert wurde und das darin besteht, dass sich Schlüsse von Beobachtungen auf allgemeine Aussagen weder durch den Verstand noch durch die Erfahrung rechtfertigen lassen.

Inkompatibilismus. These im Zusammenhang mit dem Problem des → freien Willens, dass der → Determinismus und der freie Wille miteinander inkompatibel, d. h. unvereinbar, sind. → Kompatibilismus

Intentionalität. Gerichtetheit auf ein Objekt. Begriff in der Philosophie des Geistes, der seit Brentano gebraucht wird, um eine charakteristische Eigenschaft → geistiger Zustände zu bezeichnen.

Kantische Ethik. Pflichtethische Position, der zufolge die moralische → Pflicht in der Befolgung des → kategorischen Imperativs besteht. → Utilitarismus

Kategorischer Imperativ. Ethischer Grundsatz in der → kantischen Ethik, der in seiner bekanntesten Form lautet: »Handle nur nach derjenigen Maxime, durch die du zugleich wollen kannst, dass sie ein allgemeines Gesetz werde.«

Kausalbeziehung. Ursache-Wirkungs-Beziehung.
Kausalprinzip → Determinismusprinzip
Körper → Materie
Kommunismus. 1. Position in der politischen Philosophie, der zufolge es gerecht ist, dass die Produktionsmittel allen Mitgliedern der Gesellschaft gleichermaßen gehören. 2. Bestreben, diesen Zustand zu erreichen.
Kompatibilismus. These im Zusammenhang mit dem Problem des → freien Willens, dass der → Determinismus und der freie Wille miteinander kompatibel sind. → Inkompatibilismus
Konklusion. Schlusssatz eines → Arguments.
Kontradiktion. Satz, der notwendigerweise falsch ist; z. B.: »Dieses Viereck hat fünf Seiten.« → Tautologie → Contradictio in adjecto
Koreferentiell. Begriff in der Sprachphilosophie. Zwei Ausdrücke sind genau dann koreferentiell, wenn sie auf dasselbe Objekt Bezug nehmen, bzw. wenn sie dasselbe → Referenzobjekt haben.
Kosmologischer Gottesbeweis. Ableitung der Existenz Gottes aus der allgemeinen Ordnung der Welt (des Kosmos), zum Beispiel aus der Ordnung von Ursache-Wirkungs-Beziehungen.
Kritik, intern und extern. Die interne Kritik bedient sich einzig dessen, was im → Argument bereits enthalten ist. Sie untersucht in erster Linie also die Form des Arguments. Die externe Kritik führt neue Überlegungen an das Argument heran. Sie zielt auf den Inhalt des Arguments.
Kunstphilosophie. Disziplin der Philosophie, die sich unter anderem mit der Frage beschäftigt, was Kunst eigentlich ist. Zu unterscheiden ist zwischen der Frage nach dem ontologischen Status von Kunstwerken (also der Existenz von Kunstwerken) und der Frage nach dem entscheidenden Unterschied zwischen Kunst und Nicht-Kunst (also der Essenz von Kunstwerken). Letztere kann mit Fragen der → Ästhetik verbunden sein.
Logik. Disziplin der Philosophie, die die allgemeine Form von → gültigen Argumenten untersucht.
Logischer Behaviorismus. Theorie in der Philosophie des Geistes, nach der sich Aussagen über Geistiges auf Aussagen über Verhalten reduzieren lassen, genauer: auf Aussagen über → Dispositionen zu einem bestimmten Verhalten.
Logos. Sprache, Vernunft. Gegenbegriff zu → Mythos.

Materiale Implikation. 1. Der logische Junktor »Wenn ..., dann ...«. 2. Aussage, deren Teilsätze mit diesem Junktor verbunden sind.

Materialismus (auch Physikalismus). Metaphysische Position, der zufolge es nur Materie und keinen Geist gibt. → Realismus → Idealismus

Materie. Ausgedehnte Substanz. Begriff in der Metaphysik und in der Philosophie des Geistes als Gegenbegriff zu → Geist.

Maxime. Handlungsprinzip in der → kantischen Ethik, das nur für denjenigen gilt, der es anerkennt.

Metaphysik (auch Ontologie). Philosophische Disziplin, die sich mit der Frage beschäftigt, was es gibt.

Methodischer Zweifel. Methode von Descartes, jede Überzeugung, an der auch nur gezweifelt werden kann, zu verwerfen. Descartes nutzt diese Methode, um zu absolut sicherem Wissen zu gelangen.

Modus. Die Weise, in der etwas ist, zum Beispiel Argumentformen (→ Modus ponens, → Modus tollens), oder die Weise der Einstellung bei → propositionalen Einstellungen.

Modus ponens. Gültige Argumentform, bei der der Vordersatz eines Wenn-Dann-Satzes gesetzt wird. Wenn *p*, dann *q*. *p*. Also *q*.

Modus tollens. Gültige Argumentform, bei der der Nachsatz eines Wenn-Dann-Satzes verneint wird. Wenn *p*, dann *q*. Nicht-*q*. Also Nicht-*p*.

Monismus. Metaphysische Position, der zufolge es nur eine Art von → Substanz gibt. Zwei berühmte monistische Positionen sind der → Materialismus (Physikalismus) und der → Idealismus.

Moralphilosophie → Ethik

Multirealisierbarkeit. These in der Philosophie des Geistes, dass geistige Zustände physisch unterschiedlich realisiert sein können.

Mystik. Lehre, der zufolge die Vereinigung mit → Gott (*unio mystica*) das höchste Ziel darstellt.

Mythos. Erzählung. Gegenbegriff zu → Logos.

Naturalismus. Von Quine berühmt gemachtes Projekt, die Philosophie als Naturwissenschaft anzusehen und als solche in die Naturwissenschaften einzugliedern.

Naturrecht. Begriff in der politischen Philosophie. Recht, das nicht von Menschen gesetzt wird und unabhängig von aller menschlichen Autorität verbindlich ist.

Naturzustand. Begriff in der politischen Philosophie. Gedankenkonstrukt, um den Zustand zu beschreiben, in dem sich die Menschen befinden, bevor sie sich zu einer Gesellschaft zusammenschließen. → Gesellschaftsvertrag

Negation. Logisches Zeichen, mit dem ein Satz verneint wird.

Non sequitur. (lat.) »Es folgt nicht«. Bezeichnung für einen Trugschluss, in dem die Wahrheit des Schlusses nichts mit der Wahrheit der Prämissen zu tun hat. Zum Beispiel: 1. Alle Schwäne sind weiß. 2. Alle Schimmel sind weiß. Daraus folgt: Schwäne sind dumm.

Normale Sprache. Alltagssprache (engl. *ordinary language*). Philosophen der normalen Sprachen versuchen im Gegensatz zu den Philosophen der → idealen Sprache, die Sprache nicht als Abstraktum, sondern als konkrete soziale Realität zu untersuchen, als ein von Menschen geschaffenes Mittel, um das Verhalten anderer zu beeinflussen.

Normativ → deskriptiv

Notwendig/kontingent. Ein Satz ist genau dann notwendig, wenn seine Negation einen Widerspruch erzeugt. Zum Beispiel gilt der Satz »Alle Schimmel sind weiß« mit Notwendigkeit. Ein Satz ist genau dann kontingent, wenn er nicht notwendig ist. Zum Beispiel ist der Satz »Alle Schwäne sind weiß« kontingent, denn seine Negation erzeugt keinen Widerspruch.

Notwendige und hinreichende Bedingung. Notwendig ist eine Bedingung *x* für das Vorhandensein von einem Ding *y* dann, wenn es nicht möglich ist, dass *y* ohne *x* besteht. Hinreichend für das Vorhandensein von *y* ist eine Bedingung *x* dann, wenn es nicht möglich ist, dass *x* ohne *y* besteht.

Nützlichkeitsprinzip. Ethisches Prinzip, dass eine Handlung genau dann moralisch richtig ist, wenn ihr Vollzug zum größtmöglichen erwarteten Nutzen führt. → Utilitarismus

Objektiv/subjektiv. Ein Urteil ist genau dann objektiv, wenn es unabhängig vom erkennenden Subjekt wahr ist. Subjektiv: 1. Das, was zu einem Subjekt gehört, insbesondere die spezielle Art, in der sich Bewusstseinszustände anfühlen. → Geist 2. Das, was von einem Subjekt, insbesondere der Wahrnehmung des Subjekts, abhängig ist. → Qualitäten, primär und sekundär

Ockhams Rasiermesser. Auf Ockham zurückgehendes Prinzip, dem zufolge nur notwendige Entitäten angenommen und alle unnötigen Entitäten gestrichen werden sollen.

Ontologie. Lehre vom Sein. Philosophische Disziplin, die untersucht, was es gibt. → Metaphysik

Ontologischer Gottesbeweis. Ableitung der Existenz Gottes aus der Existenz des Begriffs von Gott.

Panta rhei. (griech.) »Alles fließt«. Ausspruch von Heraklit, um die permanente Veränderung der Einzeldinge zu beschreiben.

Paradox. Widersprüchliche Aussage.

Petitio principii. → Argument, bei dem eine Konklusion aus Prämissen gezogen wird, die mindestens ebenso erklärungsbedürftig sind wie die Konklusion selbst. Ein Spezialfall einer Petitio principii ist der → Zirkelschluss.

Pflichtethik. Ethische Position, der zufolge die richtige Handlung die pflichtgemäße ist. → kantische Ethik

Philosophie des Geistes. Disziplin der Philosophie, die hauptsächlich das → Geist-Körper-Problem untersucht.

Physikalismus → Materialismus

Politische Philosophie. Disziplin der Philosophie, die sich mit der Frage der Legitimation von gesellschaftlichen Institutionen auseinandersetzt, insbesondere mit der Frage, was → Gerechtigkeit ist.

Prädikat. Das, was in einem Urteil vom Subjekt ausgesagt wird, z. B. der Ausdruck »ist reif« von dem Ausdruck »Erdbeere« in »Diese Erdbeere ist reif«.

Prämisse. Satz in einem → Argument, von dem ausgehend argumentiert wird.

Pragmatisch. Praxisorientiert, handlungsorientiert. Die ethische Theorie von Aristoteles kann als pragmatisch bezeichnet werden.

Prinzip. Grundlegender, allgemeingültiger Satz. Die Philosophie sucht nach Prinzipien. Ein Prinzip kann deskriptiv (zum Beispiel das → Determinismusprinzip) oder normativ (zum Beispiel der → kategorische Imperativ) sein.

Prinzip der Geschlossenheit des Physischen. Prinzip, dass der Bereich des Physischen geschlossen ist, dass es also nur physische Ursachen gibt.

Privatsprachenargument. Berühmtes Argument von Wittgenstein, das zeigen soll, dass es eine Privatsprache in dem Sinn, dass nur ich wissen kann, was meine Wörter bedeuten, nicht geben kann.

Proposition. Das, was mit einem Satz ausgedrückt wird und wahr oder falsch ist. Dieselbe Proposition kann mit verschiedenen Sätzen ausgedrückt werden.

Propositionale Einstellungen. Einstellungen wie Wünsche und Überzeugungen, die sich auf eine → Proposition beziehen, z. B.: »Ich fürchte, dass es morgen schneit«. Eine propositionale Einstellung wird durch einen → Modus (z. B. »fürchten«) und einen Inhalt (z. B. »dass es morgen schneit«) charakterisiert.

Qualitäten, primär und sekundär. Wichtige Unterscheidung in der Erkenntnistheorie und Metaphysik in zwei Arten von Eigenschaften. Primäre Qualitäten kommen den äußeren Dingen unabhängig von unserer Wahrnehmung zu. Zu ihnen gehören Festigkeit, Ausdehnung, Gestalt, Bewegung und Ruhe. Sekundäre Qualitäten kommen den Dingen nur dadurch zu, dass wir die Dinge wahrnehmen. Zu ihnen gehören Farbe, Gerüche, Töne usw.

Quantoren. Logische Zeichen, die die generellen Ausdrücke der Sprache (»alle«, »kein«, »einige«) wiedergeben. Es gibt zwei Quantoren, den Existenzquantor (»Es gibt ein …«) und den Allquantor (»Für alle … gilt«).

Ratio → Vernunft, Verstand, Ratio

Rational. Vernünftig, der Vernunft entsprechend. Der Begriff wird unterschiedlich verwendet. Zum Beispiel kann man Folgendes behaupten: Ein Glaube ist genau dann rational, wenn er gut begründet ist. Eine Handlung ist genau dann rational, wenn sie dem entspricht, was die handelnde Person als die in dieser Situation beste Handlung ansieht. Ein Wesen ist genau dann rational, wenn es fähig ist, zu denken.

Rationalismus. Erkenntnistheoretische Position, die besagt, dass unser Wissen ausschließlich oder zu einem großen Teil apriorisches Wissen ist, d. h. allein durch Nachdenken erlangt werden kann. → Empirismus

Realismus. Metaphysische Position, der zufolge die Außenwelt unabhängig von einem menschlichen Bewusstsein existiert. → Idealismus → Materialismus

Reductio ad absurdum. (lat.) »Reduktion aufs Absurde«. Argumentform, bei der zunächst nur zu Argumentationszwecken eine Annahme getroffen wird, aus der eine absurde, d. h. widersprüchliche, Konklusion abgeleitet wird. Aus dieser wird dann geschlossen, dass die ursprüngliche Annahme falsch ist.

Referenzgegenstand. Das Objekt, auf das sich ein Ausdruck bezieht.

Relativismus. Position, der zufolge alles nur relativ zu etwas anderem gültig ist. Der radikale Relativismus verneint, dass es eine objektive Wahrheit gibt. → Homo-mensura-Satz

Res cogitans / res extensa. Begriffe in der Philosophie des Geistes, mit denen Descartes seinen → Substanzdualismus formuliert. Die *res cogitans* ist die denkende Substanz (der → Geist), die *res extensa* die ausgedehnte Substanz (der → Körper).

Scholastik. Schulwissenschaft, Sammelbezeichnung für die abendländischen philosophisch-theologischen Lehren des Mittelalters.

Seele → Geist

Sein → Existenz

Sein-Sollens-Fehlschluss. Fehlschluss, bei dem von einem → deskriptiven Satz (z. B.: »Im Krieg werden viele Menschen getötet«) auf einen → normativen Satz geschlossen wird, also auf einen Satz, der besagt, wie etwas sein soll (z. B.: »Kriege sollen vermieden werden«). Aus dem, wie etwas ist, lässt sich nicht ableiten, wie etwas sein soll.

Skeptizismus. 1. Erkenntnistheoretische Position, der zufolge wir über bestimmte Dinge nichts wissen und nichts wissen können. Der radikale Skeptiker verneint jegliches Wissen. 2. Zweifel, der als Methode eingesetzt wird, um zu Gewissheit zu gelangen. Dies ist Descartes' → methodischer Zweifel. Descartes selbst ist kein Skeptiker.

Solipsismus. Metaphysische Position, der zufolge nur mein Geist existiert. Alles, was ich wahrnehme, ist Produkt meines eigenen Geistes.

Sophisten. Wanderlehrer in der Antike, die ihr Wissen für Geld verkauften, oftmals einen radikalen Relativismus vertraten und nicht selten geschickte Rhetoriker waren. Zu den berühmtesten Sophisten zählen Protagoras und Gorgias.

Sprachphilosophie. Disziplin der Philosophie, die Wesen und Funktion der Sprache untersucht. Ihre Grundfragen lauten: Was unterscheidet bedeutungsvolle von bedeutungslosen Dingen? Worin besteht Bedeutung? Wie können wir als kompetente Sprecher einer Sprache neue Sätze auf Anhieb verstehen?

Stichhaltig. Ein Argument ist genau dann stichhaltig, wenn es → gültig ist und alle seine Prämissen wahr sind.

Subjektiv → objektiv/subjektiv.

Substanz. Entität, die von nichts anderem abhängt (außer von Gott, sofern es Gott gibt). Substanzen haben gewisse → Eigenschaften, die ihr Wesen auszeichnen. Zum Beispiel ist der Körper eine Substanz, die ausgedehnt ist.

Substanzdualismus. Metaphysische Position, der zufolge es zwei verschiedene Substanzen gibt: den → Geist und den → Körper. → Monismus

Syllogismus. (griech. *syllogismós* »Zusammenrechnen, Schlüsse ziehen«) Argument mit zwei Prämissen und einer Schlussfolgerung. Der disjunktive Syllogismus enthält eine → Disjunktion als → Prämisse. Die zweite Prämisse verneint eine der beiden Aussagen der Disjunktion. Der hypothetische Syllogismus enthält zwei Wenn-Dann-Sätze (→Hypothesen) als → Prämissen. Diese Sätze sind so ineinander verschachtelt, dass der Nachsatz des ersten den Vordersatz des zweiten bildet.

Synthese. Zusammenstellung oder Vereinigung verschiedener Entitäten zu einem Ganzen. Gegenbegriff zu → Analyse.

Synthetisch → analytisch/synthetisch

Tautologie. Satz, der notwendigerweise wahr ist, z. B: »Entweder du kommst hierher oder du kommst nicht«.

Teleologischer Gottesbeweis. Ableitung der Existenz Gottes aus dem Bestehen eines Planes, Zweckes oder Ziels (griech. *telos*) in der Natur nachzuweisen und daraus die Existenz eines Planers abzuleiten. → Gottesbeweis

Theismus. Metaphysische Position, der zufolge Gott existiert. → Atheismus → Agnostizismus

Theodizee. Von Leibniz eingeführte Bezeichnung für die positive Lösung des Problems des → Übels in der Welt, d. h. des Problems, wie sich die Annahme eines allmächtigen und vollkommen guten Gottes mit dem Übel in der Welt vereinbaren lässt.

Theorie. Gruppe von zusammenhängenden Aussagen, die dazu dient, die Welt zu erklären.

Transzendental. In der kantischen Philosophie: die Bedingungen der Möglichkeit von etwas betreffend.

Transzendentaler Idealismus. Metaphysische Position von Kant, der zufolge das → Ding an sich unabhängig von erkennenden Subjekten besteht, wir aber nicht erkennen können, wie es beschaffen ist. Kenntnis haben wir nur von den Erscheinungen.

Übel. Das Problem des Übels in der Welt besteht darin, die vollkommene Güte des allmächtigen Gottes mit dem Schlechten in der Welt, zum Beispiel Krankheiten, Kriege, Naturkatastrophen, in Einklang zu bringen. → Theodizee

Universalien. Scholastische Bezeichnung für Allgemeinbegriffe (z. B.: »Pferd«) im Unterschied zu den Einzeldingen (z. B.: dieses Pferd).

Universalienstreit. Streit zur Zeit der Scholastik um die Frage, ob den → Universalien, d. h. den Allgemeinbegriffen (z. B.: »Pferd«), eine eigene Existenz zukommt (Universalienrealismus), oder ob nur die Einzeldinge (z. B.: dieses Pferd) existieren und die Universalien lediglich Namen sind (Universaliennominalismus).

Utilitarismus. Ethische Position, deren Grundsatz das → Nützlichkeitsprinzip ist: Handle so, dass deine Handlung zum größtmöglichen erwarteten Nutzen führt. → kantische Ethik

Vernunft, Verstand, Ratio. 1. Allgemein das Vermögen zu denken. 2. Speziell das Vermögen, Urteile a priori, d. h. unabhängig von der Erfahrung, zu fällen.

Vorstellung. Begriff in der Erkenntnistheorie und in der Philosophie des Geistes. Idee von einem Gegenstand, z. B. die Vorstellung eines Baumes.

Wahr/falsch → falsch/wahr

Wesen → Essenz

Widerspruch. Zwei Aussagen, die einander logisch ausschließen. Zum Beispiel ist der Satz: »Heute ist Montag und heute ist nicht Montag« ein Widerspruch. Besteht ein Widerspruch in einer Theorie, lässt sich aus dieser Theorie jede beliebige Aussage ableiten. → Kontradiktion

Wissen → Erkenntnis

Wissenschaftstheorie. Disziplin der Philosophie, die die Wissenschaft untersucht. Zu ihren Hauptfragen zählen: Wann ist eine Hypothese bestätigt? Was ist eine wissenschaftliche Erklärung? Was ist eine wissenschaftliche Theorie?

Zirkelschluss. → Argument, bei dem man das voraussetzt, was mit dem Argument erst gezeigt werden soll; z. B.: Es gibt Gott. Daraus folgt: Es gibt Gott.

Zoon politikon. (griech.) »In öffentlicher Gemeinschaft lebendes Wesen«. Begriff von Aristoteles, um den Menschen im Naturzustand zu beschreiben.

Zweck. Ziel. Gemäß dem → kategorischen Imperativ darf ein Mensch niemals bloß als Mittel, sondern muss immer auch als Zweck betrachtet werden.

Personenregister

Zum Autor

Jonas Pfister, geb. 1977, studierte Philosophie und Geschichte in Bern und Paris. 2007 Promotion in Bern, 2008–09 PostDoc in Oslo. Assistent am Institut für Philosophie der Universität Bern, Mitarbeiter in der Forschungsgruppe meaning.ch und Gymnasiallehrer.